Howard Kanovitz

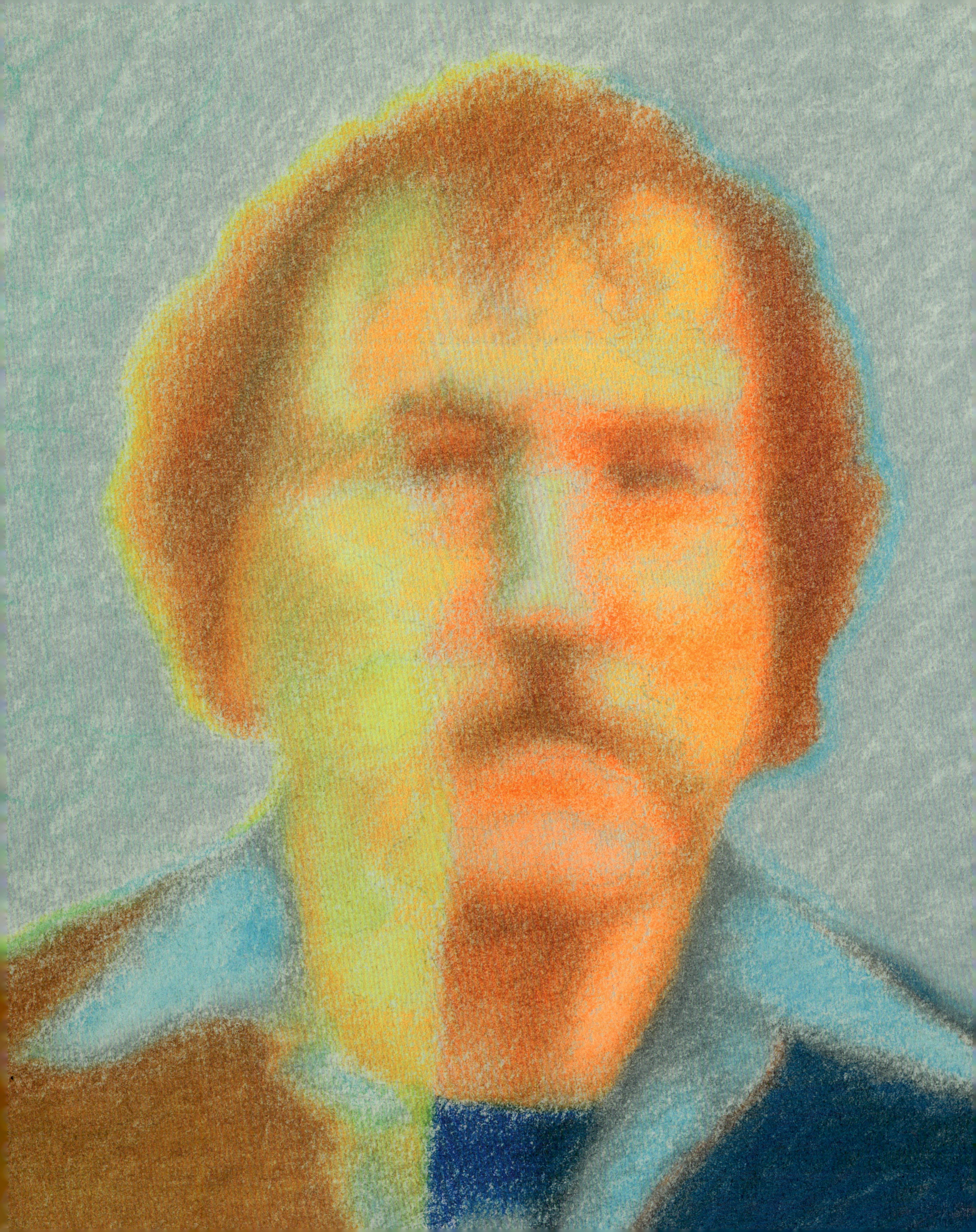

Howard Kanovitz

Visible Difference

SilvanaEditoriale

Umschlagbild / Cover
Howard Kanovitz, Living Room, 1973

S. / p. 6
Howard Kanovitz vor *Visible Difference* und anderen Werken, um 1980.
Howard Kanovitz in front of *Visible Difference* and other works, c. 1980.
Foto: Richard Jacobs, s/w-Fotografie / b/w photo, 25,3 x 20,2 cm.
The Howard Kanovitz Foundation.

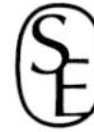

Silvana Editoriale

Verlagsleiter / Direction
Dario Cimorelli

Art Director
Giacomo Merli

Redaktionskoordinator / Editorial Coordinator
Sergio Di Stefano

Korrektoren / Copy Editor
Lorena Ansani
Mia Prucker

English translation
Oona Smyth for Scriptum, Rome

Deutsche Übersetzung
Mia Prucker für Scriptum, Rom

Layout und Textsatz / Layout
Denise Castelnovo

Produktionskoordination / Production Coordinator
Antonio Micelli

Redaktionsassistentin / Editorial Assistant
Ondina Granato

Photo Editor
Alessandra Olivari, Silvia Sala

Pressestelle / Press Office
Lidia Masolini, press@silvanaeditoriale.it

Available through ARTBOOK | D.A.P.
155 Sixth Avenue, 2nd Floor, New York, N.Y. 10013
Tel: (212) 627-1999 Fax: (212) 627-9484

Howard Kanovitz

Visible Difference

Impressum / Imprint
Dieser Katalog erscheint anlässlich der Ausstellung / This catalogue is published on the occasion of the exhibition
Howard Kanovitz – Visible Difference
Ludwig Museum, Koblenz – 26. März bis 28. Mai 2017 / 26 March to 28 May 2017.
Die Ausstellung wird unterstützt von / The exhibition is supported by The Howard Kanovitz Foundation, New York.

Herausgeber / Editor
Beate Reifenscheid, Stadt Koblenz

Kuratoren / Curators
Prof. Dr. Beate Reifenscheid, Ludwig Museum, Koblenz
Mark R. Hesslinger, M.A., Ludwig Museum, Koblenz

Redaktion / Editing
Mark R. Hesslinger

Abbildungen / Images
Helmut Beier, Koblenz
Galerie Ulrich Gering, Frankfurt a. M.
Rainer Gross, New York
Antje Hanebeck
Mark R. Hesslinger, Koblenz
Richard Jacobs
Tom Jasny
Lepkowski Studios GmbH, Berlin
mumok, Museum moderner Kunst Stiftung Ludwig, Wien
Museum Folkwang, Essen – Artothek
Hans Namuth
Wolfgang Niedecken, Köln
Paul Nozynski, Bochum
Bernd Kirtz / Lehmbruck Museum, Duisburg
Sprengel Museum, Hannover – Bildarchiv
Preußischer Kulturbesitz bpk, Berlin
The Howard Kanovitz Foundation, New York
Reinhard Voigt, New York
Uwe Walter, Berlin

Texte / Texts
Rainer Gross
Mark R. Hesslinger
Sam Hunter
(Wiederabdruck aus / Taken from: *Howard Kanovitz. Arbeiten 1951 bis 1978.* Ausstellungskat. / Exhibition catalogue. Kestner-Gesellschaft, Hannover, Berlin 1979)
Jörn Merkert
(gekürzter Wiederabdruck aus / Taken from: *Kanovitz.* Ausstellungskat. / Exhibition catalogue. WilhelmLehmbruck-Museum der Stadt Duisburg, Duisburg 1974)
Wolfgang Niedecken
(Auszug aus / Taken from: Wolfgang Niedecken / Oliver Kobold, *Für 'ne Moment. Autobiographie,* 3. Aufl. / 3rd ed., Hamburg 2011)
Carolyn Oldenbusch
Beate Reifenscheid

Danksagung / Acknowledgement
Wir möchten uns bei folgenden Personen für ihre Zusammenarbeit und Unterstützung bedanken / We would like to thank the following people for their collaboration and support:
Carolyn Oldenbusch, New York; Galerie Inge Baecker, Bad Münstereifel; Dr. Tobia Bezzola, Direktor, Museum Folkwang, Essen; Galerie Ulrich Gering, Frankfurt a. M.; Rainer Gross, New York und Köln; Courtesy Hauser & Wirth, Zürich; Galerie Carol Johnssen, München; Karola Kraus, Generaldirektorin, mumok Museum moderner Kunst Stiftung Ludwig, Wien; Dr. Susanne Neuburger, Abteilungsleitung Sammlung, mumok Museum moderner Kunst Stiftung Ludwig, Wien; Wolfgang Niedecken, Köln; Reinhard Voigt, New York; Erich Waechter, Berlin; Klaus und Anneliese Wolf, Essen, sowie zahlreichen privaten Sammlern, die ungenannt bleiben möchten / and many private collectors who prefer to remain anonymous.

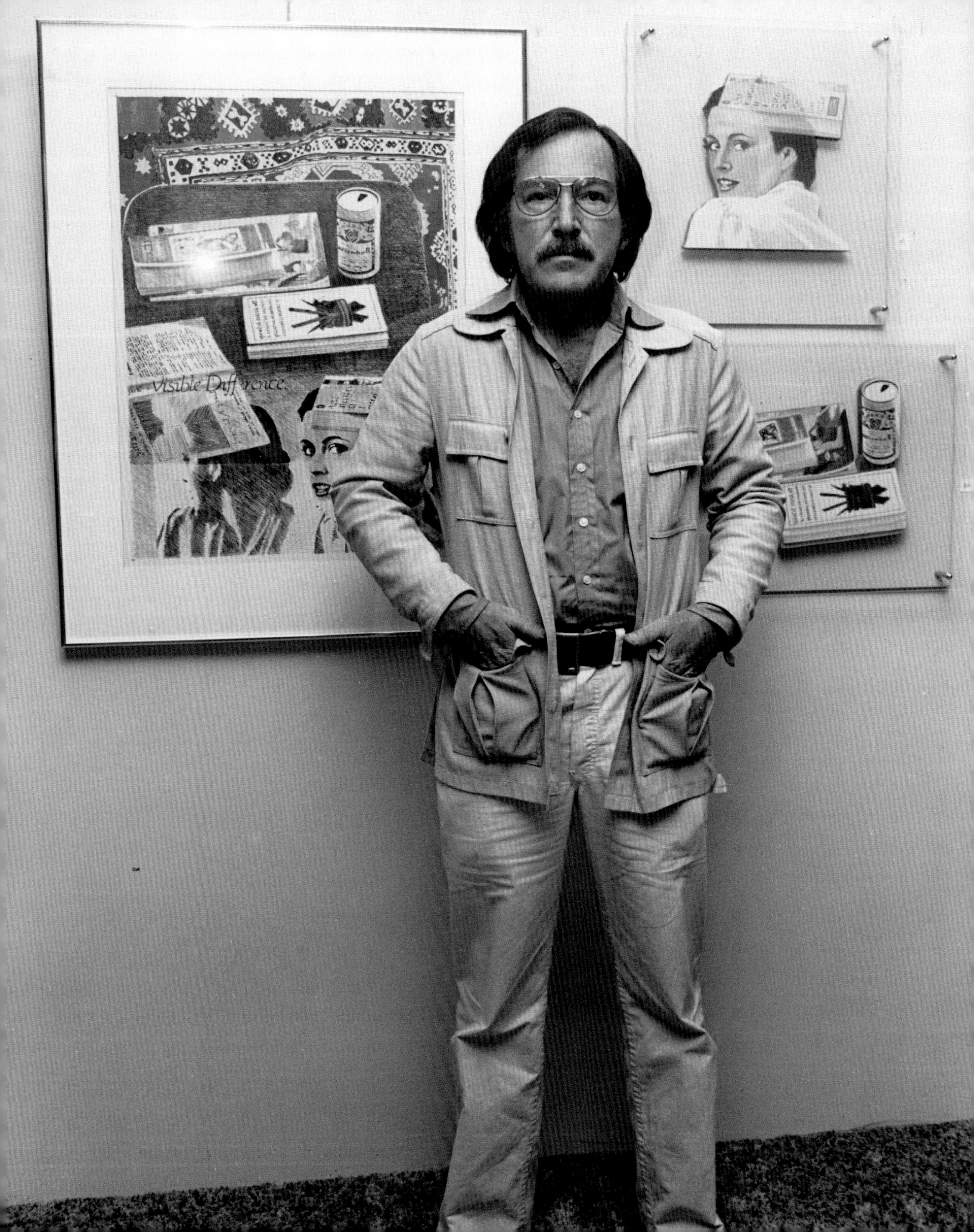
Visible Difference.

Inhalt / Contents

Howard Kanovitz: Das Konstrukt Realität

Beate Reifenscheid

– Sie haben einmal gesagt, Sie benutzen deswegen Fotos, weil die Kamera objektiver sieht als Ihr eigenes Auge. Sie kennen das Manipulationsregister der Fotografie – wollen Sie dennoch eine objektive Wirklichkeit zeigen?
– Nein. Ein Kunstwerk ist ja erstmal selbst Objekt, und die Manipulation ist nicht vermeidbar, sie ist Voraussetzung. Aber ich brauchte das objektivere Foto, um meine Sehweise zu korrigieren: wenn ich z. B. einen Gegenstand nach der Natur zeichne, fange ich an zu stilisieren und ihn so zu verändern, wie es meiner Anschauung und meiner Vorbildung entspricht. Wenn ich aber ein Foto abmale, kann ich die ganzen Kriterien dieser Vorbilder vergessen und sozusagen gegen meinen Willen malen. Und das empfand ich als eine Bereicherung.

Gerhard Richter in einem Interview mit Peter Sager, 1972. In: Gerhard Richter, *Text 1961 – 2007. Schriften, Interviews, Briefe.* Köln 2008, S. 64.

Kaum ein Künstler hat sich so intensiv mit der sichtbaren Welt in der zweiten Hälfte des 20. Jahrhunderts auseinandergesetzt wie der Amerikaner Howard Kanovitz. In geradezu *trompe-l'œil*-hafter Manier zeichnete und malte er seine Sujets. Auf diesem Wege hin zu seinen künstlerischen Werken beschritt Kanovitz den umgekehrten Weg, nämlich von einer intensiven Phase abstrakter Malerei kommend, entwickelte er – parallel zu den Trends der damals aufkommenden Pop-Art – eine immer komplexer werdende figurative Malerei. Im Angesicht der faktischen Realität der Objekte, Menschen und Landschaften erforschte, erkundete und übersetzte Howard Kanovitz diese in vielfältigen Facetten scheinbar realer Ansichtigkeit.

Howard Kanovitz beginnt die Realität zu explorieren, als seine amerikanischen Künstlerkollegen sich in den 1960er Jahren mit der Banalität des Alltags, des Konsums und der Massenproduktion auseinandersetzen. Allen voran sind dies Andy Warhol, Robert Indiana, James Rosenquist, Roy Lichtenstein und Jasper Johns. Sie alle interessieren sich für die Lebenswelt, für die neu entdeckte Ästhetik der Gebrauchswelt, die massenhaft den Alltag überflutet und neue visuelle

Howard Kanovitz: The Construct of Reality

Beate Reifenscheid

– You once said that you used photographs because a camera sees more objectively than your own eyes. Given the existence of photo manipulation can you really claim that photos show an objective reality?
– No. An artwork is of course an object in itself, and manipulation is not only unavoidable, it is a condition. But I needed photography, which is more objective, in order to correct the way I see things. For example, if I draw an object from life, I will begin to stylize it, changing it to meet my perception and my preconceptions. But if I paint from a photograph I can forget all the criteria of these models and somehow paint against my will. And I considered this an enrichment.

(Gerhard Richter in an interview with Peter Sager, 1972. In: Gerhard Richter, *Text 1961 – 2007. Schriften, Interviews, Briefe*. Cologne 2008, p. 64.)

In the second half of the 20th century few artists worked so intensely with the visible world as the American artist Howard Kanovitz who painted and drew his subjects in a virtually trompe l'œil manner. Travelling in the opposite direction to most of his peers, he went on from an intensive phase of abstract painting to develop an increasingly complex figurative art that evolved on a parallel path to the emerging Pop Art trend. Howard Kanovitz explored the actual reality of the objects, persons and landscapes, transforming it into the many facets of a seemingly real perspective.

Howard Kanovitz began to explore reality in the 1960s as his fellow American artists were tackling the banality of everyday life, consumerism and mass production. In the forefront were artists like Andy Warhol, Robert Indiana, James Rosenquist, Roy Lichtenstein and Jasper Johns. They were all concerned with the life and times, with the newly discovered consumerist aesthetic that was flooding the everyday world and revealing new visual opportunities. Ranging from typography in journalism to the impact of billboards and the over-medialization of cities whose every wall and corner displayed the neon signs, billboards

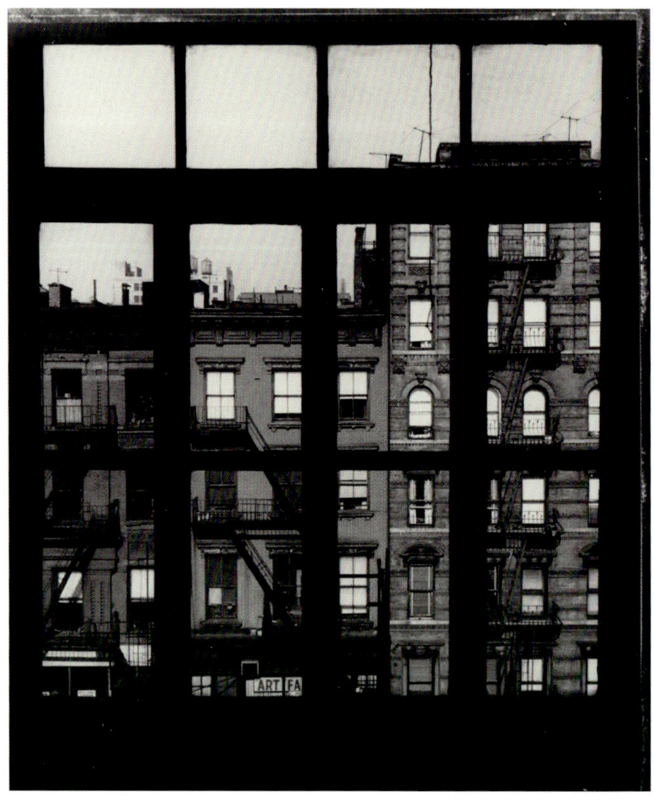

Atelierfensterblick / view from the studio, Second Avenue, New York, um / c. 1965. S/w-Fotografie / b/w photo, 38 x 32 cm.
The Howard Kanovitz Foundation

Möglichkeiten aufbringt. Das erstreckt sich nicht nur bis zur Typographie des Zeitungswesens, sondern insbesondere auch auf die Wirkkraft der großen Billboards, die Übermedialisierung der Großstädte, in denen von allen Wänden und Ecken herab die Reklameschilder, die Leuchttafeln und die Werbetafeln für eine immer rasanter wachsende Konsumgesellschaft bereitstehen. Andy Warhol vertieft sich in dieser Zeit vor allem in die Möglichkeiten der Massenreproduktion und sakralisiert auf seine Weise die von Walter Benjamin beschworene Reproduzierbarkeit der Kunst im Zeitalter der Reproduktionstechniken. Angefangen mit den berühmt gewordenen *Brillo Boxes* (1964) und den nicht minder bekannten Etiketten der Campell's Soup-Marke. Indem er nicht einmal in die bereits vorhandene Ästhetik des Objekts eingreift, sondern dieses nur noch repetiert, setzt er zugleich den von Marcel Duchamp in die Kunst eingeführten Gedanken des Ready-mades fort. Allerdings besteht konzeptionell ein deutlicher Unterschied darin, dass Andy Warhol die ersten *Brillo Boxes* tatsächlich nachbaut und gleichsam originalgetreu aussehen lässt, ohne direkt auf die Originale selbst zurückzugreifen. Entscheidend ist hier die Imitation von Realem, unter Vorspiegelung, dass es sich um ein Objekt handelt, das sowohl Realität wiederspiegelt als auch zugleich sich von dieser als Kunstwerk distanziert. Das Objekt selbst vereint somit zweierlei Qualitäten in sich, die das Original selbst entbehrt, und es ist eben nicht – wie bei Duchamp – eins: Alltagsobjekt und Kunstwerk in einem. Claes Oldenburg betont sehr exakt den Unterschied zwischen den originalen Seifenkisten und den von Warhol nachgebauten Schachteln: „Seine *Brillo Boxes* weisen ein gewisses Maß an Entfernung von wirklichen Schachteln auf und werden zum Objekt, das nicht wirklich Schachtel ist. In gewissem Sinn sind sie eine Illusion einer Schachtel, was sie dem Bereich der Kunst zuordnet."[1] Wichtig ist meines Erachtens genau die Bezeichnung *illusion* – Täuschung –, die Warhol seiner Meinung nach gleichsam instrumentalisiert hat. Nirgendwo wird diese Täuschung deutlicher als in genau diesen *Brillo Boxes*.

Nicht weniger wichtig für die Entwicklung bestimmter Strömungen innerhalb der Kunst der 1960er Jahre sind zudem Warhols Fotos berühmter Zeitgenossen, nicht zuletzt aber auch die *Death Chairs* und seine wenigen politischen Zeitungsfotos (wie das vom Vietnamkrieg). Sie führen vor Augen, wie intensiv das massenhaft vervielfältigte Bild der Zeitungen und Magazine die Wahrnehmung der Welt zu beherrschen beginnt. Bis auf Roy Lichtenstein, der ebenfalls eine ganze Weile mit bereits vorgefundenen Fotos reproduktiv arbeitet, entwickeln die meisten anderen Künstlerkollegen ihr Spektrum rein aus der Malerei heraus. Deutlich wird dies an Jasper Johns' wundervollen, wie kleine Inkunabeln formulierten Serien zu Zahlen, die rein aus der malerischen Faktur heraus entwickelt werden (Anfang der 1960er Jahre), aber auch an den von James Rosenquist entworfenen Bildepen, die gerne im zuckersüßen Farbenrausch der

and hoardings necessary for a rapidly growing consumer society. Andy Warhol spent this period investigating the possibilities offered by mass reproduction and sacralizing the reproducibility of art in the age of mechanical reproduction first invoked by Walter Benjamin. He did so in his own personal way, beginning with the celebrated *Brillo Boxes* (1964) and the no less famous Campbell's Soup labels. By merely repeating rather than transforming the existing aesthetic of the object he was also continuing the ready-made concept introduced by Marcel Duchamp. However, conceptually there was a major difference because Andy Warhol recreated Brillo boxes that appeared true to the original without actually falling back on the original. The key aspect is that this imitation of reality takes place under the pretence that this is an object reflecting reality while simultaneously distancing itself from it as an artwork. The resulting object embodies a duality that can do without the original and is not – as in Duchamp – an everyday object and artwork in one Claes Oldenburg emphasizes the difference between the original soap pad boxes and the boxes recreated by Warhol: "With his Brillo Boxes there is a degree of removal from actual boxes and they become an object that is not really a box. In a sense they are an illusion of a box and that places them in the realm of art."[1] In my opinion the key word here is "illusion", a concept that Warhol felt he was almost instrumentalizing. Nowhere is this illusion more apparent than in his Brillo boxes.

Equally important in shaping certain currents in Sixties art were Warhol's photos of his contemporaries, not least his *Death Chairs* and his few political works based on press photographs (like the Vietnam War photo). Such images are clear proof of the hold that the mass-reproduced pictures of newspapers and magazines were beginning to have on our perception of the world. Most other artists of the time developed their work based on painting alone, including Roy Lichtenstein, who also spent a considerable period reproducing found photos. This painterly approach also emerges from the

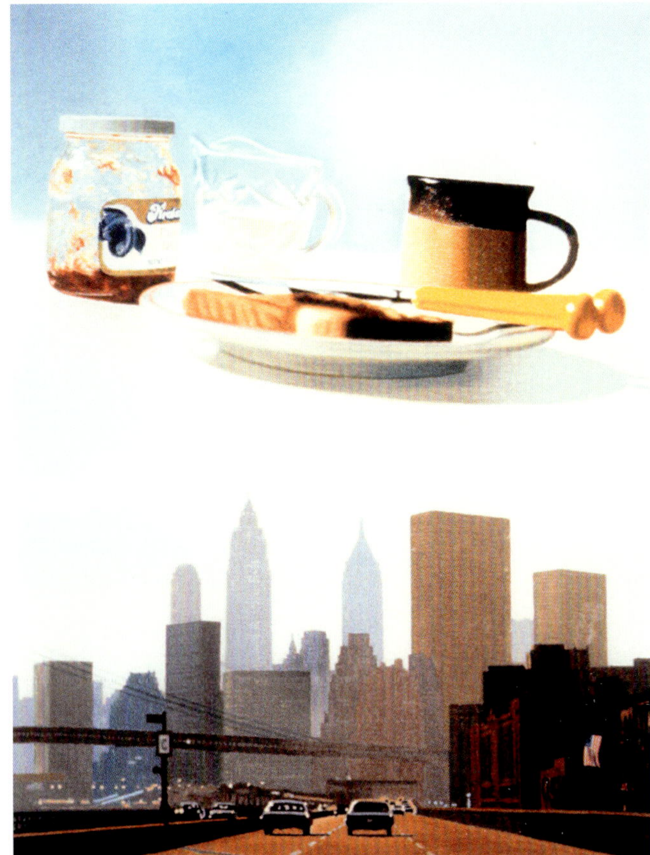

East Side Drive, 1976

marvellous incunabula-like works in Jasper Johns' series on numbers (early 1960s) as well as from James Rosenquist's paintings wallowing in the sugary-sweet colour rush of the illusionistic world of advertising. Several American Pop Artists – Mel Ramos and Robert Indiana, in particular – dedicated themselves wholly to the consumer world, channelling it directly into their works rather than interpreting it through mass-market products. Tom Wesselmann, on the other hand, soon turned his attention to outlines that evoked the paper cut-outs whose subtle decorative potential had been so thoroughly explored by Henri Matisse long before him. Other than West Coast painter Mel Ramos no one worked so intensely with the visible world as Howard Kanovitz would do. But while Ramos has always focussed on the consumer world, combining it with his ubiquitous pin-ups, Kanovitz explored the most diverse aspects of the

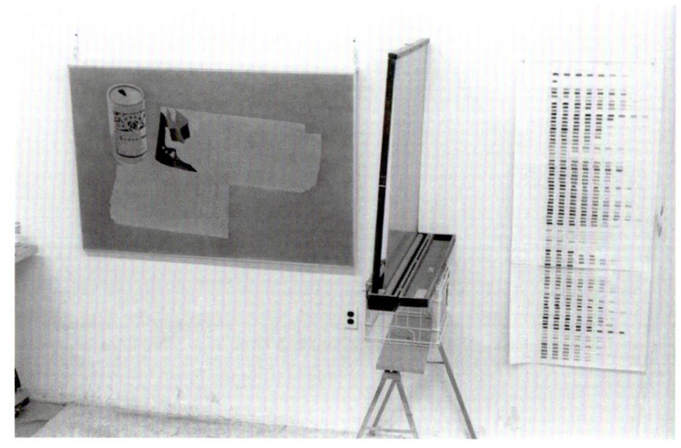

Schirmprojektion in Howard Kanovitz' Atelier / rear projection in Howard Kanovitz' studio, Photo: © Reinhard Voigt

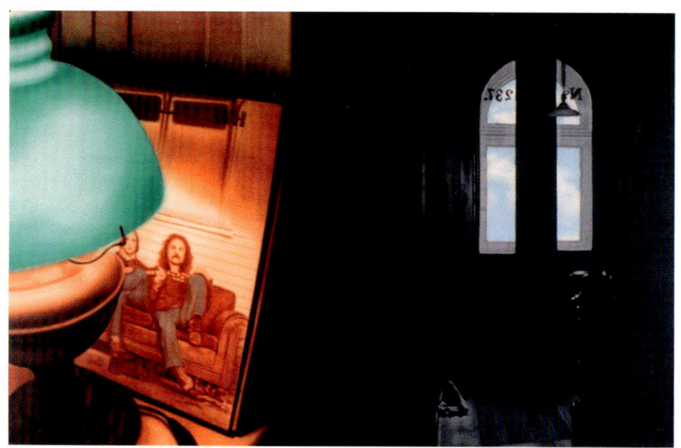

Still Life on 18th Street, 1971

illusionistischen Werbewelt schwelgen. Einige der amerikanischen Pop-Art-Künstler konzentrieren sich zwar ebenfalls ganz auf die Konsumwelt, allen voran Mel Ramos und Robert Indiana, setzen diese aber nicht so sehr als Massenprodukte, sondern zunächst ebenfalls rein in Gemälden um. Tom Wesselman hingegen konzentriert sich sehr bald auf Umrisslinien, die an *paper cuts* erinnern, wie sie lange vor ihm schon Henri Matisse in all ihrer dekorativen Finesse ausgelotet hat. Außer dem Westküstenmaler Mel Ramos gibt es niemanden, der sich so intensiv mit der sichtbaren Wirklichkeit auseinandersetzt, wie dies schließlich bei Howard Kanovitz zu beobachten ist. Aber während Ramos sich bis heute ganz auf die Konsumwelt bezieht und diese mit den allseits auftauchenden Pin-Up-Girls kombiniert, setzt sich Kanovitz mit den unterschiedlichsten Facetten der sichtbaren Welt auseinander, um sie in ihren unterschiedlichsten Wahrnehmungsstufen zu sezieren und neu auszubreiten. Für den Betrachtenden bedeutet dies eine Differenzierung zwischen dem, was real existiert, und dem, was scheinbar möglich ist oder gegebenenfalls auch nur als vorgespiegelte Illusion sichtbar wird. „Ceci n'est pas une pipe" stand schon 1929 bei Magritte auf dessen berühmt gewordenem Gemälde einer Pfeife (*La trahison des images*). Magritte machte nicht einmal mit surrealistischen Mitteln, sondern rein auf der Ebene der Abbildung verständlich, dass es nicht um den Gegenstand an sich geht, sondern das Ganze zugespitzt wird auf die gemalte Repräsentanz des Objektes (gleich als Stellvertreter für das Original), dessen gemalte Ansicht sich logischerweise fundamental vom wirklichen Gegenstand unterscheidet (keine haptische Präsenz, nicht dreidimensional, keine Materialhaftigkeit etc.). Indem die Malerei auf ihre Funktion als Repräsentant von etwas thematisiert wird, entwickelt sie ein neues Bewusstsein und eine neue Wahrnehmung ihrer Aufgaben, die deutlich vorauszuweisen scheinen, was sich später in Warhols *Brillo Boxes* und anderen Repräsentanzsujets erweisen wird. Die Repräsentanz verweist zugleich auf die aufkommende Dominanz des Objekts und auf den Konsum, die spätestens nach dem Zweiten Weltkrieg zu dominieren beginnen.

Dabei wird ab 1963 deutlich, dass Kanovitz unterscheidet zwischen dem „sehenden Sehen" und dem eine eigene Wirklichkeit ermöglichenden Sehen. Das erstere wurde bereits bei John Ruskin angesichts der damals neuartigen Heuhaufenbilder von Claude Monet formuliert. Ruskin unterschied deutlich zwischen dem „vorgewussten" Sehen und dem auf Empirie beruhenden Sehen, das sich den Gegebenheiten zu beugen gewillt ist, wenn zum Beispiel die Sonne derart auf das Heu scheint, dass dieses im Abendlicht flammend rot zu werden scheint. Die Anpassung des Malers an die sichtbare

visible world, breaking them down into different levels of perception and reorganizing them. For the viewer this means distinguishing between what really exists and what is apparently possible or, as the case may be, only revealed as a simulated illusion. The words "Ce n'est pas une pipe" had already appeared in Magritte's celebrated painting of a pipe (1929). Magritte did not even need Surrealism, merely communicating at the level of the image itself that this was not the object as such but a painted representation of the object (a substitute for the original), whose painted appearance was obviously fundamentally different to the real object (no haptic presence, no three-dimensionality, no materiality, etc). The focus on painting as representation led it to develop a new awareness and perception of its purposes, clearly prefiguring Warhol's *Brillo Boxes* and other representational subjects. Representation alluded to both the nascent predominance of the object and to the consumption that would become overriding by the post-war period.

By 1963 it had become clear that Kanovitz distinguished between a "seeing seeing" ("sehenden Sehen") and a seeing creating its own reality. The former concept was first formulated by John Ruskin with reference to Claude Monet's innovative haystack paintings. Ruskin distinguishes between "preconceived" seeing and the empirically-based seeing that is forced to adapt to circumstances as when the hay seems to glow red in the rays of the setting sun; "seeing seeing" refers to the painter's capacity to adjust to the visible reality even when it occurs for a fleeting moment.

Howard Kanovitz continued his intense investigations of seen reality but did not leave it at that. Yet right from the start objects or landscapes were required to reveal contents worth seeing and viewers were supposed to experience directly how perception of reality can be put together and combined like a puzzle. In this respect his works are like a school of seeing or a guide explaining how we can rediscover the world through seeing and how we can understand its construction from the perspective developed by Kanovitz. It seems that the constructive aspect is always in the forefront for him along with the fact that real and painted objects represent each other and can somehow strengthen each other when they are perceived.

Kanovitz articulated the increasingly complex structures of his paintings by means of a dual formal approach: first, by organizing the pictorial space on several levels, either by means of juxtaposed episodes or by means of views through windows or glasses that distorted or reflected perspective. Filtering a view through a pair of glasses casually left on a table or fragmenting it through the grid formed by the bars of a lattice window were tested methods allowing Kanovitz to break up the continuity of reality and make it appear multidimensional.

By using mirroring and real reflections the deliberately Verist painting and drawing technique that made the scene depicted seem both complex and within reach, would appear simultaneously real (conceivably possible) and unreal (conceivably impossible).

To understand the realities developed by Kanovitz we need to comprehend his artistic process. The recurring motive of the window dates back to the early works created back in his Second Avenue studio days. The mullions of the grid-like window forming square image fields in turn not only recur as a motive but also as a formal grid recalling photographic image resolution as well as digital reproduction technology. Kanovitz began to deconstruct the visible world into its component parts very early on in his work. Windows and grids formed a double picture plane that was crucial both to content as well as on a formal level. At the level of content the window places a barrier between inside and outside, which are also linked through the view glimpsed through its transparent panes and bringing these two realms together. Windows open up the inside of a room to the world outside. It is clear that the theme of divided-up window drawn upon so frequently in his later work was

Realität, auch wenn sie nur momenthaft aufflackert, ist mit dem „sehenden Sehen" gemeint.
Howard Kanovitz beschäftigt sich immer intensiver mit der gesehenen Realität, belässt es aber nicht dabei. Jedoch ist von Anfang an der Gegenstand oder die Landschaft immer schon auf ihren sehwürdigen Gehalt hin befragt, soll der Betrachtende unmittelbar Teilhabe erfahren, wie die Wahrnehmung von Realität puzzlehaft zusammen gefasst und kombiniert werden kann. Insofern kann man seine Werke als eine Schule des Sehens verstehen, als eine Anleitung, im Sehen die Welt ganz neu zu entdecken, aber auch in ihrer durch Kanovitz geschaffenen Sichtweise die Konstruktion zu begreifen. Für ihn – so scheint es – ist immer das Konstruktive im Vordergrund und auch die Tatsache, dass der reale Gegenstand und der gemalte *vice versa* sich gegenseitig repräsentieren und in der Wahrnehmung auf irritierende Weise wechselseitig verstärken können.
Die Bildstrukturen wurden bei Kanovitz zunehmend komplexer, was er durch Zweierlei formal deutlich artikulierte: zum einen durch die Staffelung des Bildraumes in mehrere Ebenen, entweder durch nebeneinander geschehende Bildepisoden oder durch Fensterausblicke oder durch Brillengläser, durch die die Perspektive verfremdet oder gespiegelt erscheint. Die Sicht durch eine wie zufällig auf dem Tisch liegende Brille oder der Blick durch ein mit Sprossen geteiltes Fenster, das wie ein fremdes Raster den Ausblick fragmentiert, all dies sind probate Mittel bei ihm, die Realität in ihrem Kontinuum zu brechen und mehrdimensional werden zu lassen. Zum anderen ist das Entscheidende bei ihm, dass die bewusst veristische Malerei und Zeichnung, die das Dargestellte zum Greifen nah und komplex erscheinen lässt, durch die Spiegelungen und Reflexionen im wahrsten Sinne des Wortes gleichermaßen real (denkbar möglich) wie auch irreal (denkbar unmöglich) erscheint.
Die Vorgehensweise von Howard Kanovitz ist bei der Erschließung seiner Realität(en) von entscheidender Bedeutung. Beginnt man mit den frühen Werken, die in seinem Atelier in der Second Avenue entstanden, so stellt sich wiederkehrend das Motiv des Fensters ein. Jenes mit Sprossen derart gerasterte Fenster, das seinerseits quadratische Bildfelder formiert, taucht nicht nur als Motiv wiederkehrend auf, sondern auch als formales Raster, das an fotografische Bildauflösung ebenso erinnert wie an die Reproduktionstechnik digitaler Bildstrukturen. Es erschließt sich hier bei Kanovitz schon früh das Zerlegen der sichtbaren Welt in ihre Einzelteile. Das Fenster und das Raster bilden eine doppelte Bildebene, die sowohl inhaltlich als auch formal entscheidend ist. Auf der Ebene der inhaltlichen Bedeutung stellt das Fenster immer eine Trennung zwischen Innen und Außen dar, zugleich aber verbinden sich diese beiden getrennten Bereiche vermittels des Durchblicks, der durch das klare Glas ermöglicht wird und die Bereiche miteinander in Beziehung bringt. Aus dem Inneren des Raumes erschließt das Fenster die Welt da draußen. Schon hier zeigt sich, dass sein später immer wieder angewandtes Sujet der Fensterrubrizierungen wiederkehrend ist. Bedeutendste Komposition hierzu ist das Werk *The New Yorkers I* von 1965.[2] Aus ihr gehen diverse Bildfassungen hervor, die sich in zwei Richtungen entwickeln: einmal in der Rasterung von Bildwerken, die schließlich auch am Ende seines Lebens noch einmal eine besondere Relevanz gewinnen und in einzelnen Bildtafeln – wie lose Puzzleteile – einander zugeordnet werden[3] und dann schließlich andererseits in der Herauslösung der Personen aus ihrem Kontext, um sie dann gleichsam isoliert gänzlich neu zu arrangieren.[4] Dies ist eine Methode, die Howard Kanovitz gerade dann anwendet, als er sich intensiv mit dem neu entstehenden Kunstmarkt auseinandersetzt. Es ist das gesellschaftliche Leben, das er dabei unter die Lupe nimmt, die diversen Treffen der Intellektuellen und (Neu-) Reichen, die Ausstellungseröffnungen, in denen es immer wieder um die Haltung der Betrachter, der Kunstkenner ebenso wie der Amateure, geht. Kanovitz nimmt serienweise Fotos auf und begutachtet deren Tauglichkeit im Fotostreifen ebenso wie im Fotoabzug, in den er munter hineinschneidet,

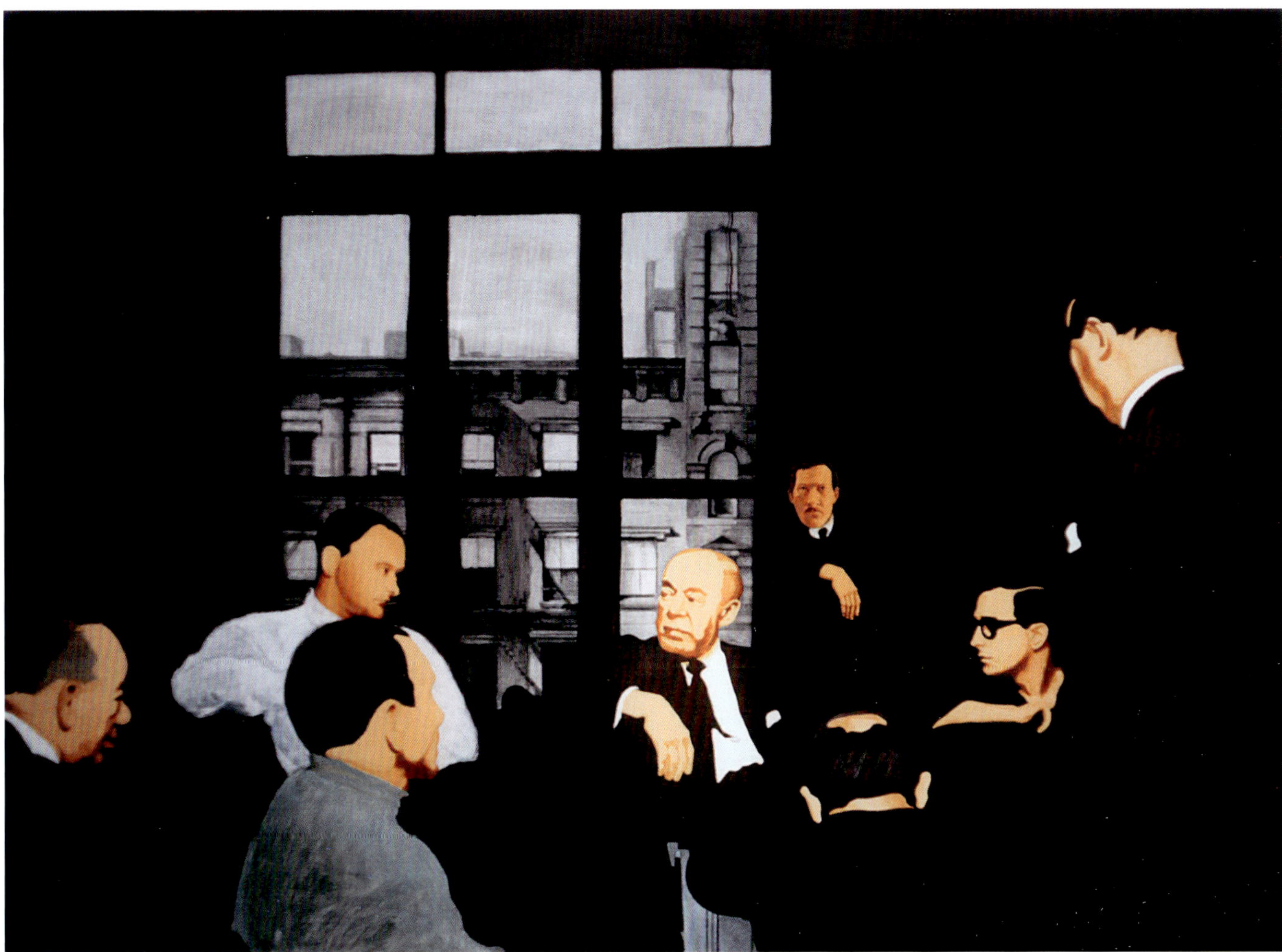

The New Yorkers I, 1965

recurrent even in his early period. It is particularly well illustrated by his 1965 work *The New Yorkers I*.[2] This painting draws upon a variety of approaches to the image that would head in two directions, leading to the grid painting made up of a series of single panels laid out like the scattered pieces of a puzzle[3] (a technique that Kanovitz would turn to again towards the end of his life) and to works made up of isolated figures detached from their context then re-arranged in a completely new way.[4] The latter method, used by Kanovitz at a time when he was particularly concerned with the emerging art market, allowed him to place under his lens contemporary social life, the different occasions in which the intellectuals and (nouveau) wealthy of the time would meet, and the exhibition openings where the focus was always on the attitude of the viewer, whether critic or art-lover. Kanovitz would take entire series of photographs, examining the photo strips and prints to assess their suitability. Next he would begin to cut into them, skilfully detaching the figures from their surroundings and placing the single figures on a sheet of white paper to judge the effect. Only then would he begin to group together the cut-out figures, re-arranging them them as he saw fit and cancelling everything previously perceivable as space continuum, instead placing all his actors in a neutral and perspectiveless space (see by way of comparison: *The Opening*, Kunsthalle Bremen).

A key aspect of his creative process involved the use of black and white photographs, which

um Figuren geschickt in ihrer Kontur auszulösen und zunächst auf einem weißen Blatt Papier allein wirken zu lassen. Erst allmählich fügt er die ausgeschnittene Figur an weitere vereinzelte Personen, um sie nach den eigenen Vorstellungen neu zu gruppieren. Dadurch negiert Kanovitz zugleich alles, was zuvor als Raumkontinuum noch erfahrbar war. Stattdessen stehen alle Akteure nur noch in einem neutralen und zugleich perspektivlosen Raum (vergleiche hierzu: *The Opening*, Kunsthalle Bremen).

Ganz wesentlich für den Schaffensprozess ist die Nutzung von s/w-Fotos, die er der weiteren Bildfindung zugrundelegt. Das Medium Fotografie spielt nach seinen eigenen Aussagen seit dem Tod des Vaters im Jahr 1963 eine bedeutende Rolle, weil es ihm zunächst ganz natürlich als Reflexion der Vergangenheit dient. Kanovitz wird so zu einem der ersten Künstler überhaupt, die sich der Fotografie zur Rekonfiguration von Wirklichkeitsebenen im Gemälde bedienen. Darin unterscheidet er sich sehr bald von den anderen Pop-Art und Hyper-Realismus-Künstlern. Interessanterweise geschieht dies wiederum auf zweierlei Art, denn so sehr er sie als Dokumentation einsetzt, um den *status quo* des Augenblicks festzuhalten, desto mehr entfremdet er diesen auch wieder, indem er Partien und Personen aus dem Ursprungsfoto herausschneidet, um diese dann gänzlich anders und völlig neu zusammenzusetzen. Die dokumentierte Wirklichkeit wird ihm so zu einem neu zu legenden Puzzle, dessen Regieanweisung allein er übernommen hat. Es ist dabei hoch spannend zu beobachten, wie er die Akteure hin- und herschiebt, bis sie in sein späteres Bildkonzept passen. Dabei werden jedoch akribisch Posen, Bekleidung und Gesichter von den dokumentarischen Fotos abgenommen und als Referenz zur im Foto wahrgenommenen Wirklichkeit übernommen und in die konstruierte Bildwirklichkeit übertragen. Dies war keine originäre Erfindung von Kanovitz, aber dennoch wurde es bei ihm zu einem hoch komplexen Konstrukt bei der Bildfindung und Realisation, da er es nicht allein auf die Übertragung der Fotos in die Zeichnung oder ins Gemälde beschränkte, sondern in den unterschiedlichen Stufungen von Foto, ausgeschnittenen Partien, Projektionen von Fotos auf Leinwand das Werk neu (scheinbar analog zur Wirklichkeit) entstehen ließ. Nun erst fügte er alles zur gewünschten Größe. Dabei entwickelte Kanovitz eine eigenwillige Verschränkung von Realitätsnähe und großer Realitätsferne. „Die wechselseitige Durchdringung der Bilder im Bild bringt eine dichte Wahrnehmungserfahrung hervor, in der die Ordnung des Sichtbaren nicht der pragmatischen Einstellung einer Alltagswelt gegenüber gehorcht; zwar sind die einschlägigen Sujets der Fotorealisten vertrauten Lebenswelten entliehen, doch häufig erwirken sie das prozessuale und analytische Auslesen der Dinggrenzen, der inneren Bildverhältnisse und der Raumkonstruktion."[5]

Der Prozess vom Foto zum Bild ist geleitet von zahlreichen Ebenen der Dekonstruktion und Konstruktion, die ihrerseits dazu führen, dass vielfach beides zugleich für den Betrachter deutlich wird. Vor allem in den ausgeschnittenen Figuren vor Gemälden, wie in *The People* (1968) oder in Gemälden wie *Wie es war* wird nachvollziehbar, dass es sich um einen Kontext handelt, der ursprünglich eine andere Konstellation markierte, die nun – neu arrangiert – eine Überhöhung erfährt. So werden quasi eine mutmaßlich andere Wahrheit und glaubhaftere Realitäten erschaffen, die ihrerseits jedoch die ganz Künstlichkeit des neuen Arrangements erkennbar werden lassen. Es entfaltet sich ein Vexierspiel zwischen Realität und Banalität sowie von möglicher, aber nicht realer Wirklichkeit. Insofern ereignet sich hier – für den späteren Bildbetrachter weitgehend unbemerkt – die mehrfache Metamorphose von Realitäten bzw. deren Projektionen.

Für längere Zeit begnügt sich Kanovitz mit diesen doppel- und vielfachsinnigen Spiegelungen in seinem Entwurf einer konstruierten Wirklichkeit, die so denkbar und möglich erscheint, die aber in ihrer komplexen Konstruktion nicht Realität, sondern nur vorgebliche Realität wiedergibt. *Visible difference*, jene stilllebenhafte Lithografie, die der

allowed him to develop further images. Kanovitz himself said that the medium of photography began to play an important role after the death of his father in 1963 and that he instinctively felt that it was a reflection of the past. Kanovitz would be the first artist to use photography to reconfigure planes of reality in paintings. However, he would soon distance himself from the other Pop Artists and Hyperrealists, doing so in two different ways: the more he used photographic documentation to capture the state of the moment, the more he alienated it by cutting out parts and persons from the original photo then re-assembling them in entirely new arrangements. The documented reality became a puzzle ready to be laid out again according to his directions. It is highly compelling to observe how he shuffles around his actors until they fit into his subsequent visual concept. The process also involves extracting the exact poses, clothing and faces from the documentary photos, using them as a reference for the reality perceived in the photo and transferring them into the constructed reality of the painting. Although not the inventor of the original process, Kanovitz was responsible for turning it into a highly complex technique for image conception and development. In fact, he did not merely transform photos into drawings or paintings but used various stages comprising photos, cut-out sections, and the projection of photographs onto the canvas in order recreate the work as an entirely new piece of art apparently on the same lines as reality. He would begin by making everything the right size. This allowed him to develop his unconventional combination of extreme realism and lack of reality. "The compenetration of pictures within the picture reveals a dense perceptive experience in which the ordering of the visible does not obey the pragmatic attitude of the everyday world. Photorealists may borrow their subjects from worlds familiar to them but they frequently carry out a procedural and analytical selection of object boundaries, internal image relations and construction of space."[5]

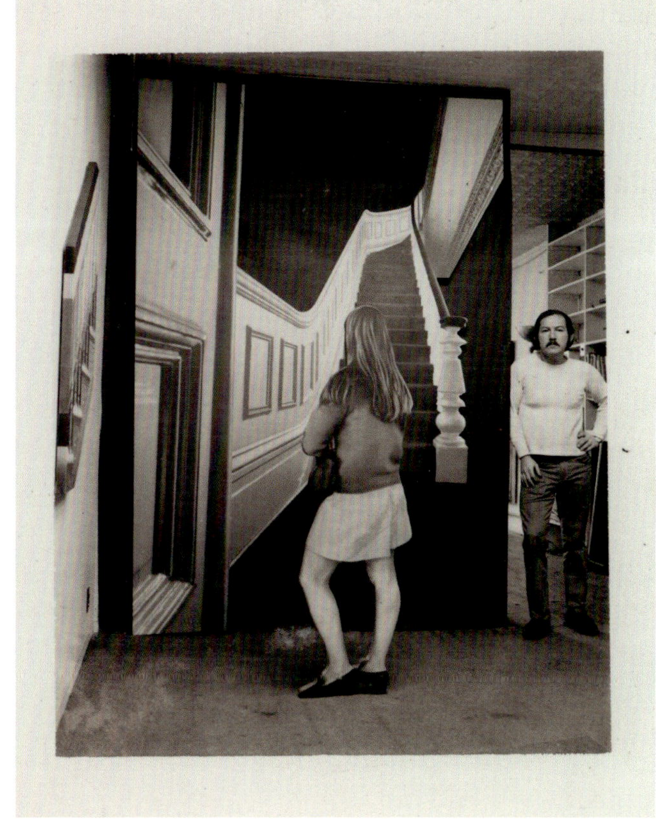

Howard Kanovitz neben seinem Gemälde *Cleo's View*, um 1968 / Howard Kanovitz next to his painting *Cleo's View*, c. 1968. S/w-Polaroid, 19 x 10,8 cm. The Howard Kanovitz Foundation

The photo to painting process is guided by numerous levels of construction and deconstruction that in turn make many aspects of both apparent to the viewer. The cut-out figures in front of paintings in works like *The People* (1968) or *Wie es war* clearly reveal that the context in question originally appeared in a different form that was re-arranged and exaggerated to create a seemingly different truth and more believable realities, which in turn cause us to recognize the complete artificiality of the new arrangement. This leads to a game of deception switching between reality and banality and possible yet unreal realities.

The multiple metamorphoses of realities – or of their projections – that unfold will go largely unnoticed by the subsequent viewer of the painting.

For a long time Kanovitz was happy to use these double and multiple reflections in his creation of a

Ausstellung ihren Titel verliehen hat, erweist sich als eine solche. Spannend sind jedoch insbesondere jene Werke, die sich ganz konkret mit den verschiedenen Mitteln der Projektion befassen. Dadurch provoziert er ein neues Nachdenken über die von ihm scheinbar so realistisch wiedergegebenen Personen, die jetzt jedoch zur Staffage mutieren. Gerade hier wird die Konstruktion als eine solche auch dekuvriert. Insofern wird die Malerei mit den Mitteln der Fotografie neu ausgerichtet, da die Malerei der Fotografie den Rang abzulaufen trachtet, aber diese ihrerseits wiederum gänzlich in die Malerei zurückgeführt wird. Dies jedoch nur unter Nutzung all der Techniken – Schnitte, Überblendungen, Unschärfen und Schärfen –, wie man sie manipulativ auch in der Fotografie einsetzen kann. Der Theoretiker Peter Lunenfeld bezeichnet Gemälde, die aus der Fotografie heraus abgeleitet entstehen und die darauf abzielen, eine glaubhafte Ähnlichkeitsbeziehung zum ursprünglichen Foto (Realität) herzustellen, als „dubitative Bilder". Lunenfeld entlehnt „den Begriff *dubitativ* dem amerikanischen Avantgardefilmer, Fotografen und Theoretiker der digitalen Medien Hollis Frampton, um besondere Wirklichkeitsansprüche, die der Fotografie als dominantem Repräsentationsmedium entgegengebracht wurden, in Zweifel zu ziehen. Insofern das Dubitative 'als geeignet zu zweifeln oder als dem Zweifel anheimgegeben' definiert ist, drückt der Begriff (insbesondere im Zeitalter der digitalen Fotografie) den medienpragmatischen Vertrauensverlust aus".[6]

Gerade in den letzten Lebensjahren verschachtelt Kanovitz immer weiter und immer surrealer die Bildebenen, die er teils miteinander verschmilzt, dann aber auch wieder ganz abrupt gegeneinander ausgerichtet vorstellt. Auch hier changiert er zwischen Kontinuum und Diskontinuum. Die Bildstrukturen sind weitaus komplexer und es scheint, als würde er nicht einmal immer in einer Zeitebene bleiben, sondern die konstruierten Bildräume zu konstruierten Bildzeiten ausweiten. Vor diesem Hintergrund betrachtet, gerät auch manche späte Landschaft bei ihm eher zu einem Sehnsuchts-, denn zu einem Abbild. Damit bedient Kanovitz weit mehr als rein veristische Malerei und spielt nicht nur die Malerei gegen und mit der Fotografie wechselseitig aus, indem er Mittel und Möglichkeiten der Fotografie anwendet, sondern agiert wie ein Filmregisseur, der in szenischen Sequenzen denkt und zugleich Zeitverläufe nach eigenen Vorstellungen vor- und zurückspulen kann. Kanovitz beschreitet einen Weg, der ihn von der abstrakten Malerei der 1950er Jahre hinführt zur Beschäftigung mit der Fotografie und durch sie mit einer Realistik, die ihrerseits die Glaubhaftigkeit der Fotografie und mit ihr den Anspruch auf Wirklichkeitsrepräsentanz hinterfragt. Schon früh beginnt er, diese eben nicht einfach zu übernehmen, sondern eigene Wahrnehmungen von Wirklichkeit mit den scheinbar probaten Möglichkeiten der Fotografie zu erweitern. Am Ende der komplexen Auslotungen von Realität, Illusion, Repräsentanz und Sequenzierung steht ein verschachteltes Bildverständnis, das sich weder in Überblendungen noch im Verismus erschöpft, sondern zurückführend zur Malerei diese wieder ins Zentrum rückt, aber erweitert um das Wissen der im letzten doch sehr limitierten Möglichkeiten reiner Fotografie. Die Imagination bei Kanovitz bedient sich der Perfektion technischer Möglichkeiten, aber dem Erzählfluss fügt er die Dimension der Zeit als Erinnerung und Projektion hinzu.

[1] Michael Luethy: „Zur Interpretation der *Brillo-Box*", in: Christoph Menke und Juliane Rebentisch (Hrsg.): *Kunst. Fortschritt. Geschichte.* Berlin 2006, S. 57-66.

[2] Whitney Museum of American Art, New York

[3] Vgl. *House* (2007); *Vessel* (2007), Howard Kanovitz Foundation

[4] *The People* (1968), Lehmbruck Museum, Duisburg

[5] Christian Pischel: „Die Wiederholung des Fotografischen in der Malerei. Zur Bildpoetik des Fotorealismus", in: Uta Daur (Hrsg.): *Authentizität und Wiederholung. Künstlerische und kulturelle Manifestationen eines Paradoxes.* Bielefeld 2013, S. 81-104.

[6] Peter Lunenfeld: „Digitale Fotografie. Das dubitative Bild", in: Herta Wolf (Hrsg.): *Paradigma Fotografie. Fotokritik am Ende des fotografischen Zeitalters.* Frankfurt a.M. 2002, S. 167.

constructed reality that appeared so plausible and possible yet only reflected a feigned reality, and not reality itself, in its complex construction. One such work was *Visible Difference*, the lithograph resembling a still life that gave its name to the exhibition. Particularly fascinating are the works created using projection devices because they force us to reflect again on the people that Kanovitz has portrayed so realistically and yet transformed into accessories. In fact, it is in these works that the construction is exposed as precisely that. His painting, newly equipped with all the tools of photography, seeks to challenge photography, which is in turn channelled back into painting. And he made sure to use all the techniques used to manipulate images in photography – editing, cross-fades, soft and sharp focus. The theorist Peter Lunenfeld defines paintings stemming from photographs and aiming to recreate a credible resemblance to the original photo (reality) as "dubitative images". "Lunenfeld borrowed the term 'dubitative' from Hollis Frampton, the American avant-garde director, photographer and digital media theorist, in order to cast doubts on the particular demand for realism made of photography as the dominant medium of representation. Given that dubitative is defined as "tending or given to doubt", in the time of digital photography in particular, the term expresses the media-pragmatic loss of confidence."[6]

In his final years Kanovitz confounded the picture planes more and more, and in an increasingly surreal manner, partially fusing them together or abruptly setting them up in opposition to each other. Here too we find him constantly switching between continuum and discontinuum. The painting structures become far more complex and it seems as though he no longer wishes to be restricted to a single time scale but seeks to expand the constructed picture space and picture times. Set against this background some of his later landscapes appear more like a form of yearning than a depiction. Here we see Kanovitz going far beyond merely veristic art by playing painting off against photography, exploiting the potential offered by photography and its tools, and behaving like a film director who can visualize scenic presentations as sequences and forward or rewind time at will. Kanovitz left behind the Abstract art of the 1950s to explore photography, using it to explore a realism that would in turn question the credibility of photography and its claim to represent reality. Very early on he stopped simply accepting this claim, using the seemingly tested possibilities of photography to expand his own perception of reality. This complex exploration of reality, illusion, representation and sequencing arrives at a convoluted understanding of the image not ending with fades or Verism but leading back to painting, enriching it with the knowledge of the rather limited means of pure photography and then moving it back into the limelight. Kanovitz' imagination uses the perfection of technical potential, adding the dimension of time as memory and project to the narrative thread.

[1] Michael Luethy, 'Zur Interpretation der Brillo-Box', in: *Kunst. Fortschritt. Geschichte*, eds. Christoph Menke and Juliane Rebentisch, Berlin 2006, pp. 57-66.

[2] Whitney Museum of American Art, New York

[3] Cf. *House*, 2007; Vessel, 2007, Howard Kanovitz Foundation

[4] *The people*, 1968, Lehmbruck Museum, Duisburg

[5] Christian Pischel, *Die Wiederholung des Fotografischen in der Malerei. Zur Bildpoetik des Fotorealismus*, p. 191.

[6] Peter Lunenfeld, 'Digitale Fotografie. Das dubitative Bild', in: Herta Wolf (ed.): *Paradigma Fotografie. Fotokritik am End des fotografischen Zeitalters*, Frankfurt a.M. Suhrkamp 2002, p. 167.

Zwischen den Welten: Howard Kanovitz. Ein Maler des Widerspruchs

Jörn Merkert

Die Photographie hat das Ebenbild zerstört.

Elias Canetti

I

Howard Kanovitz malt Bilder, in denen das alltäglich Vertraute, das Selbstverständliche, das Banale wieder Anlass wird, vor der Wirklichkeit zu staunen.

Ich sitze in einem Taxi, das am Straßenrand hält, und schaue durch die Windschutzscheibe hinaus. Ich sehe: die asphaltierte Straße im Dämmerlicht, blicke in die Scheinwerfer entgegenkommender Autos. Direkt vor mir, im Scheinwerferlicht meines Taxis, ein großes Werbeschild, dazwischen Leitungsmasten mit langen hängenden Verbindungsdrähten: „Sugar Plum". Ich sehe: den Rückspiegel, der in aller Schärfe ein Werbeschild der gegenüberliegenden Straßenseite reflektiert: Schriftfetzen. Ich sehe zugleich: vor mir im Dämmerlicht verfärbte Bäume, die ich als einzelne kaum mehr unterscheiden kann, nur noch braungelbe Silhouetten in goldfarbenem Gleißen, nicht nur Umrisse, sondern voluminöse Farbkörper, sehe verschwommen zwischen und vor ihnen die Rückseite einer Schrifttafel auf der linken Straßenseite, sehe einen dichten, dunstig durchschimmerten gelb-braun verfärbten Himmel. Dies sehend mache ich mir bewusst: ich sehe auch, eher: registriere – weil verschwommen im Blickfeld – die Rahmung der Frontscheibe, einen Teil des Armaturenbrettes, den Taxameter, sehe Zahlen, Nummern, *driving-license,* Passfoto.

Ich sehe dies alles nicht. Denn ich sehe ein Bild. Ich sehe dies alles als Bild. Das Bild *Sugar Plum* von 1974 täuscht mir vor, Wirklichkeit zu sein. Alles ist so groß, so klein, wie ich es sehen würde, wenn. Ich bin in dem Bild, denn der Rahmen der Scheibe suggeriert mir einen nicht dargestellten Raum, in dem ich sitze, von dem aus ich sehe.

Ich sehe ein nach einem Foto gemaltes Bild, das mir mit Hilfe der Kamera-Technik gleichzeitig zeigt , was ich natürlicherweise nacheinander sähe. Was ist wirklicher? Was ich sehe, oder was ich mir einbilde zu sehen, – das so ist / tut, als ob es das sei, was ich sähe, wenn ich sehen würde? Was ist wirklicher: die Tatsache, dass ich ein Stück Malerei sehe, oder die Tatsache, dass es zum Verwechseln mit der Wirklichkeit ist, die Wirklichkeit aber auch schon „nur" ein Foto ist, nach dem dieses Bild gemalt wurde?

Was ich besonders deutlich sehe, ist das, was

Between Worlds: Howard Kanovitz. Painter of Contradiction

Jörn Merkert

Photography has destroyed verisimilitude.

Elias Canetti

I

Howard Kanovitz paints pictures in which the everyday, the familiar, the self-evident, the banal once more become an occasion to view reality with amazement.

I sit in a taxicab that has stopped by the side of the road and look out through the windshield. I see the asphalt roadway in twilight, and the headlights of oncoming cars. Directly in front of me, illuminated by the headlights of my taxi, a large road sign amid light poles with power lines strung between them, the words "Sugar Plum." I see a rearview mirror which sharply reflects, in reverse, another sign on the other side of the road. Simultaneously, I see trees in front of me tinged with the half-light of dusk. I can scarcely distinguish individual trees, only brown-yellow silhouettes in a golden haze. These are not just outlines but masses of color in the midst of which I discern the back of a road sign on the left side of the highway. Above I see a dense, misty, luminous, orange-beige sky. At the same time as I see all this, I suddenly realize that I am also seeing an out-of-focus rendering in my field of vision of the windshield frame, a portion of the dashboard, the taxi meter, its numerals, the driver's hack license, and an I. D. photograph.

Actually, I don't see all this.

What I'm seeing is depicted in a painting, a painting titled *Sugar Plum* (1974). The painting creates the illusion of its existence as reality. The scale of the objects is exactly as I might see them. I am inside the painting. The windshield suggests an undefined space in which I sit and out of which I see.

I see a painting the model for which is a photograph, a painting which shows me a unified camera derived image simultaneous with what I would see sequentially in real life. Which is more tangible, what I see, or what I imagine I am seeing, the latter of which characterizes what I would see if I were truly seeing? Which is more tangible, the fact that I see a painted canvas, or the fact that I might experience the reality? But the reality in question is itself "only" a photograph from which this image was painted.

What I see with particular clarity is that which appears behind the windshield and is thus separated from me: a highway landscape, also a hybrid landscape, which on the one hand is romantically

hinter der Glasscheibe erscheint, also von mir getrennt ist: die Landschaft, Straßenlandschaft, Zwitterlandschaft, die mich einerseits romantisch an Naturerfahrung erinnert, andererseits durch Signale gestört ist, die in mir zugleich ein Stadt-Bild wachrufen. In dieser Landschaft aber erscheint ein Schrift-Bild: „Sugar Plum" – Bild im Bild im Bild im Bild im...: Nämlich Schriftbild im Straßenbild – vor dem ein gespiegeltes Bild erscheint – in dem nach einem Fotobild gemalten Bild.
Der Blick auf das Kanovitz'sche Bild von banaler Wirklichkeit straft mein Alltagssehen Lügen. Das Sehen veranlasst mich, meine Sehgewohnheiten zu überprüfen. Aber nicht allein, was ich sehe, wird kontrolliert, sondern vor allem auch, wie ich sehe. Überprüfe ich damit Wirklichkeit, was immer das sein mag? Vorerst nicht. Wohl aber frage ich mich nach meinem Seh-Verhalten. Und erfahre dabei ganz banal, vordergründig, dass mein Sehen mit Erkennen zu tun hat. Die Genauigkeit der Darstellung lässt nichts zu wünschen übrig. Aber gerade durch die und in der Genauigkeit der Darstellung fühle ich mich getäuscht. Täuschend echt wird mir an einem eigentlich unmöglichen Ort - nämlich einer Kunstausstellung – Wirklichkeit vorgehalten, die mir zugleich bewusst macht, dass dies nicht die Wirklichkeit sein kann, sondern nur ein Bild von ihr, oder gar ein Bild eines Bildes von dieser Wirklichkeit. Ich habe den Verdacht, dass mich dieses Bild von der Wirklichkeit täuschen wird, wenn ich mich darauf einlasse.

II

Als Siebenundzwanzigjähriger, 1956, hat Howard Kanovitz Bilder gemalt, die von dem zuvor beschriebenen Verwirrspiel mit zusammengehörenden und zugleich im Bild sich widersprechenden Realitäten, dieser unsere Augen provozierenden Erkenntnispraxis, noch nichts wussten. Gleichwohl reflektieren sie schon damals differierende und divergierende Wirklichkeitsebenen. Sie zeigen aber ein ganz anderes Verhältnis zur Welt, einen ganz anderen Maler. In seiner fast abstrakten, dem Gegenständlichen aber verhaftet bleibenden expressionistisch übersteigerten Malweise jener Zeit setzt Kanovitz sich schon allein thematisch mit seiner direkten Umgebung und seinem alltäglichen Leben auseinander.
Bis zu Beginn der fünfziger Jahre verstand sich der Maler Kanovitz durchaus gleichwertig, wenn nicht vorrangig, als Jazzmusiker. Zur Kunst und auf die Kunsthochschule war er erst über die Musik gekommen, über ein Mitglied der eigenen Band. Das war Ende der vierziger Jahre.[1] Er war dabei, dieses Kapitel seines Lebens abzuschließen, hatte er doch für dasselbe Jahr eine ausgedehnte Europareise geplant, auf der er die klassischen Kunststätten sehen wollte: Italien, Rom und Florenz vor allem, und Frankreich, das damals Paris hieß.

III

Die Reise nach Europa, 1956, war für Kanovitz von Anfang an mehr als eine Bildungsreise, wie sie nach klassischem Vorbild abendländischer Künstlerlehre auf manchem Lebensplan europäischer Maler gestanden haben mag, – die heute womöglich in umgekehrter Richtung durch die notwendige New York- oder Amerika-Reise europäischer Künstler gespiegelt wird. Denn für einen amerikanischen Künstler dieser Zeit stand es eher an, eine amerikanische Selbstbestimmung, Standortbestimmung von Kunst zu betreiben, auch gegen das europäische Erbe, das über die Immigranten aus der Alten Welt des Ersten und Zweiten Weltkrieges an amerikanischen Kunsthochschulen vermittelt worden war. Insofern ist also schon allein die Tatsache ungewöhnlich und von besonderer Bedeutung, dass ein Amerikaner in dieser Zeit nach Europa fährt, um zu lernen. Aber Kanovitz fuhr nicht nur als Amerikaner, sondern als gewissermaßen typischer Amerikaner: Kanovitz ist Jude der ersten amerikanischen Generation, er ist als Amerikaner in Amerika aufgewachsen. Aber seine Eltern sind vor russischen Judenpogromen aus der litauischen Hauptstadt Wilna erst zu Anfang des Jahrhunderts in die USA eingewandert; der Vater fuhr voraus, um zunächst allein eine Existenz aufzubauen und dann seine junge Frau nachholen zu können.

evocative of a drive in the country but on the other is interrupted by signals which simultaneously evoke an urban image. But in this landscape appears a road sign – "Sugar Plum" – an image within an image within an image within an image within etc.... That is, the image of the word within the image of the highway, in front of which a mirror image appears, within an image painted from a photographic image.

A look at Kanovitz's image of banal reality tells me of the inaccuracy of my everyday way of seeing and gives me the opportunity to put it to a test. I will not only test what I see but how I see it. Would that also be a "reality check" – whatever "reality" means? Quite offhand, I ask myself about my attitude as it relates to seeing, and realize that my seeing relates to recognizing. The precision of the image leaves nothing to be desired. But precisely by means of and within the precision of the image I feel myself subject to illusion. So in the rarefied atmosphere of a museum or a gallery this deceptively authentic-looking reality is proposed to me while at the same time making me aware that this can't be reality but only an image of it. Indeed, an image of an image of this reality. I suspect that this image of reality could deceive me if I let it.

II

In 1956, when he was 27, Howard Kanovitz's paintings had as yet nothing of this eye-provoking interaction between homogeneous and mutually contradictory realities. They nevertheless already reflected differentiating and diverging levels of reality. These works show the artist in a completely different relationship to the world – a completely different painter. In his almost abstract yet more figurative expressionist style of this period, Kanovitz only thematically approaches his immediate environment and day-to-day life.

Until the early 1950s the painter Kanovitz was an accomplished jazz musician. He was introduced to art and then to art school by a member of his own band in the late 1940s.[1] He was close to concluding this chapter of his life when in 1956 he planned

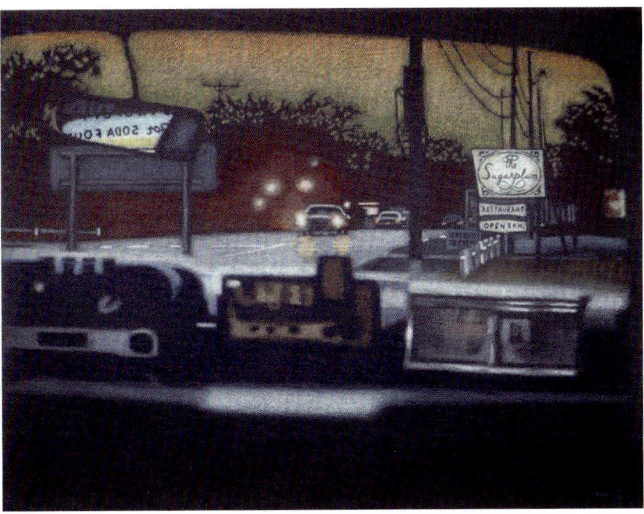

Sugar Plum, 1974

an extended European trip to see the art of the old masters in Rome, Florence, and Paris.

III

Kanovitz's trip to Europe in 1956 was from the outset more than just the "Grand Tour." It differed from the classic standards of fine arts training in which the art student was obligated to travel in order to see the great monuments of Western art. Now the situation for European artists is different, in that the mandatory art-trip points toward New York City and the United States. Most American artists of Kanovitz's generation were ambivalent about the necessity of steeping themselves in the European heritage. Regardless, Kanovitz was not traveling as a typical American. He is a first-generation American Jew. His parents arrived in the United States around the turn of the century from the Lithuanian capital of Vilna under the threat of pogroms. His father came first, in 1904, and began to make his life in the New World. His future bride followed two years later. It was in this transition from the old to the new that the young people began living together, themselves still steeped in the old country ways but finding that these ways, although often a source of comfort and security, no longer sufficed to solve problems in the alien New World.[2] This ambivalence between the conservation of old

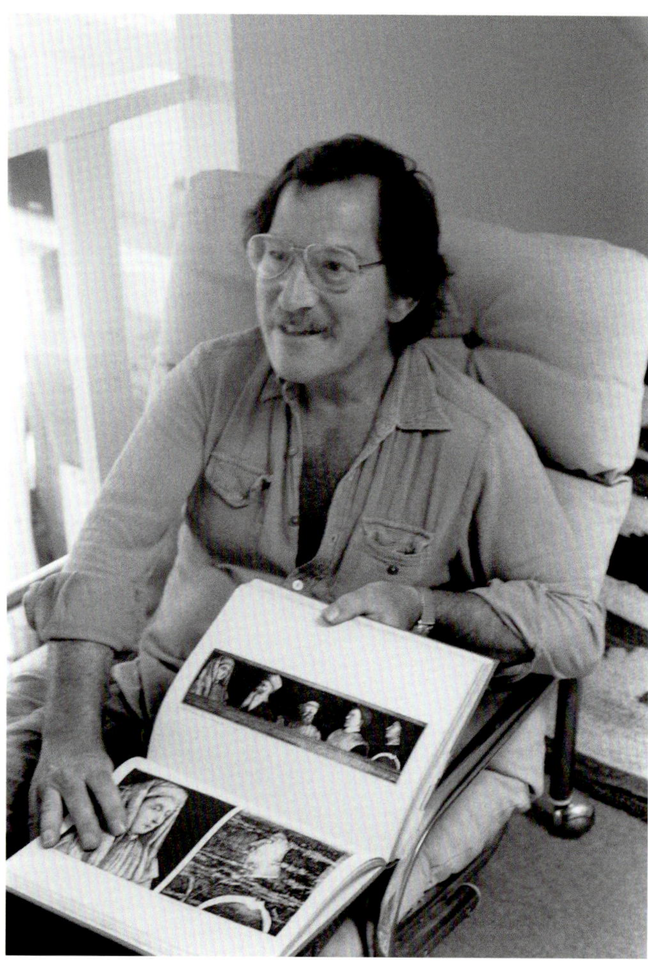

Howard Kanovitz mit einem Band über italienische Renaissancekunst, um 1975 / with a volume on Italian Renaissance art, c. 1975.
Foto: © Reinhard Voigt

So gründeten sie in diesem Zwiespalt ihr gemeinsames Leben: selbst noch in alten kulturellen und sozialen Traditionen erzogen, die in der Neuen Welt wohl manchmal einziger Rettungsanker und letzter Halt gewesen sein mögen, gleichzeitig aber nicht mehr hinreichten, die Probleme der fremden Welt zu meistern.[2] Von diesem Spannungsfeld zwischen überlebensnotwendigem Bewahren alter Traditionen und dem ebenso notwendigen Verzicht auf solche Lebensantworten ist Kanovitz sicherlich auch geprägt, gerade auch in seiner Entschiedenheit, mit der er Amerikaner ist.
Zwar war diese Reise für ihn nichts weniger als eine Rückkehr in die Alte Welt, wohl aber eine intensive Begegnung mit einem alten Grund, den auch er in sich trug. Wir finden hier auf völlig anderer Ebene die Zwiespältigkeit, der wir schon in den inhaltlichen Widersprüchen seiner Bilder begegnet waren. Wir werden diesen Faden in vielerlei Zusammenhängen weiterverfolgen.
Auf dieser Reise lebt er einige Monate in Florenz, studiert eifrig die italienische Malerei und entdeckt in tiefster Übereinstimmung mit seiner innersten künstlerischen Haltung, die er aber in seinen Bildern noch nicht zu formulieren vermag, seine Verwandtschaft, Nähe, Sehnsucht, besonders zu den frühen Italienern, Paolo Uccello, Piero della Francesca. Er studiert, besucht die Museen, kopiert, zeichnet viel, um visuell genauer und kontrolliert zu erfassen. Schließlich findet er nach langem Suchen ein Atelier. Zufällig, von Freunden wird es ihm angeboten, weil ein Kollege für ein paar Monate Florenz verlässt: Er zieht in das frühere Atelier von Adolf von Hildebrand, das anscheinend vom alten Zustand noch nicht zu viel eingebüßt hat: Sogar die Gipsabgüsse der Londoner Elgin-Marmore, Teile des Parthenon-Frieses von der Akropolis, den Kampf der Lapithen gegen die Kentauren darstellend, zieren noch die hohen Wände des Raumes.
Der intensive Dialog mit der italienischen Malerei bedeutet auch eine intensive Auseinandersetzung mit europäischer Bildtradition, abendländischer Bildauffassung, der europäisch-abendländischen Auseinandersetzung mit der Wirklichkeit und wie sich das Tafelbild zu ihr verhält. Dazu galt es, die bildnerische Sprache, das bildimmanente Denken dieser Malerei zu begreifen. Wie kann über Malerei Wirklichkeit interpretierend ins Bild gesetzt, zur Imago überhöht werden? Um dies auf einen Begriff zu bringen, könnte man von einer anti-amerikanischen Bildungs-Erfahrung sprechen.
Hier greift auf eigentümliche Weise das Faktum ein, dass Kanovitz während seiner Ausbildung als Maler auch Schüler von Franz Kline war. Seine frühen Bilder vom Beginn der fünfziger Jahre, von denen nur noch wenige erhalten sind, weisen Kanovitz ganz eindeutig als einen Schüler aus, der mit seinen bildnerischen Versuchen in die Fußstapfen seines Lehrers tritt. Er erreicht dabei glaubwürdige, in sich stimmige Bildfindungen und -formulierungen,

traditions necessary for survival and the equally necessary renunciation of such answers to life's problems certainly also shaped Kanovitz.

This trip represented a return encounter with Old World ideas he had grown up with. Here, on familiar ground, he carried within himself that conflict which we have already encountered in the contradictions implicit in the content of his work. We shall further pursue this thread of complex contradiction in Kanovitz's art.

In the course of his European trip Kanovitz lived for several months in Florence and while there found Italian painting to be in close harmony with his artistic attitude (which he had not yet been able to put to use in his work). He particularly admired the early Italians Paolo Uccello and Piero della Francesca. He studied, visited museums, copied, and sketched. By a stroke of luck, a studio was offered him at this time. An artist his own age was leaving Florence for a couple of months and made available to him what had been the studio of Adolf von Hildebrand, a famous turn-of-the-century German academic sculptor. Judging from the photograph of the studio it had not lost too much of its original appearance. Still adorning the high walls of the studio were plaster casts of the Elgin Marbles, parts of the Parthenon frieze depicting the battle of the Lapiths and the Centaurs.

Kanovitz's interest in Italian painting led him to an intensive analysis of Western painting tradition and esthetics, together with an analysis of the issues arising from the use of nature as a model, in its relationship to painting. In order to deal with these concepts, it was essential that he understood the language and thinking characteristic of Italian painting. How can reality be interpreted in the painting and, beyond that, be raised to the level of icon? In order to conceptualize this, we might speak of an art educational experience quite alien to the typical American one.

On the other hand, we must mention the fact that in 1951 Kanovitz was a student and assistant of Franz Kline. His paintings from the early 1950s, of which only a few remain, and several are on view in this exhibition for the first time, place Kanovitz unmistakably as a student who is following in his teacher's footsteps. His paintings of that period show accomplishment in form and color, but are substantially derivative. Discernible in these early works, however, are his feeling for color and approach to the problems of space as it relates to the two-dimensional surface and how color values may shift their expression according to their position. In this context we should note, first, that in 1956, around the period when he returned to figurative painting in "Four A.M. Eastern Standard Time," Kanovitz had already grasped the psychic power of color and form as an expression of inner reality. Second, he received this directly from a painter who found his way, as did Jackson Pollock, to a personal statement that put in question the very idea of painting as understood by Europeans. To Kline, likewise, a year in London shortly before World War II had been significant in the development of his artistic identity.

Kanovitz was thus artistically equipped in a manner contradictory to the Italian painting that had so moved him, and it is hardly surprising that his artistic consciousness suffered a crisis. For two years he travelled around Europe and North Africa. In 1958 he returned to the United States. Almost all the works done after his European experience had no plausibility for Kanovitz, are parenthetical to him, and have been for the most part destroyed. Only at the beginning of the 1960s did he again succeed in creating paintings that he now stands by.

IV

With his abstract paintings of 1962, Kanovitz gives a self-reliant answer to the problems raised by American abstract expressionism. Certainly one sees in paintings such as *Wanderjahr* or *Ouequechan* both the influence of his teacher Kline and a coming-to-terms with him, as well as with other Americans such as Jackson Pollock, Arshile Gorky, and Philip Guston, and European-Americans such as Hans Hofmann and Willem de Kooning. As

aber ohne allzu große Eigenständigkeit. Sie rüsten ihn allerdings mit einem Gefühl für Farbwerte aus, für deren räumliches Verhalten auf der Fläche, wie sie sich gegenseitig durch Nachbarschaft in ihrer Ausdrucksweise verändern können und bedingen. Das in unserem Zusammenhang Wichtige ist an zwei Punkten festzumachen: Einmal, dass er darüber auch die psychische Dimension, Farbe und Form als Ausdruck der Innenwelt begreift, die ihm dann u. a. als Handwerkszeug gedient hat für ein Bild wie das zum Gegenständlichen zurückkehrende *Four A.M. Eastern Standard Time*. Zum anderen erhält er dieses Rüstzeug von einem Maler, der zu einer Bildform gefunden hatte, die die europäische Auffassung vom Tafelbild, ähnlich wie Jackson Pollack, in Frage zu stellen suchte. Dabei war auch für Kline eine Europareise kurz vor dem Zweiten Weltkrieg für seine künstlerische Identitätsfindung wichtig geworden.
Kanovitz ist also auf eine Weise bildnerisch gerüstet, die im Widerspruch zu der ihn bewegenden italienischen Malerei steht, so dass es nicht verwunderlich erscheint, wenn sein künstlerisches Bewusstsein in eine Krise gerät. Zwei Jahre reist er in der Alten Welt, geht aber auch für einige Monate nach Nordafrika. 1958 kehrt er in die Staaten zurück. Aber fast alle Arbeiten nach dem europäischen Kulturschock haben für Kanovitz keine Glaubwürdigkeit, sind ihm beiläufig, werden zum großen Teil zerstört. Und erst zu Anfang der sechziger Jahre gelingen ihm wieder Bilder, zu denen er steht.

IV

Mit seinen abstrakten Bildern von 1962 gibt Kanovitz eine eigenständige Antwort auf den amerikanischen abstrakten Expressionismus. Sicher sieht man Gemälden wie *Wanderjahr* oder *Quequechan* die Beeinflussung durch seine Auseinandersetzung mit seinem Lehrer an, auch durch die anderen großen Amerikaner, Jackson Pollack, Arshile Gorky, Philip Guston, oder die europäischen Amerikaner Hans Hofmann und Willem de Kooning. Sie sind seine Reaktion auf die amerikanische Ausprägung existentialistischer Welterfahrung, folgen aber nicht allein den Spuren, wie noch 1951/52 denen seines Lehrers, sondern sind wie Antwort auf die Findungen seiner Leitbilder.

V

Bilder wie *Wade Ins*, *Hermaphrodite* oder *The Artist's Parents* geben nie „realistische“ Raumdefinitionen – abstrakte Farbflächen organisieren einen Bildraum, der allein auf der Bildfläche sich ereignen kann. Sie sind von der gestalterischen Organisation her aus seinen abstrakten Bildern entwickelt.
Mit dem Tod seines Vaters, 1963, geriet Kanovitz über die Ordnung des Nachlasses und der Familienalben auch in eine intensive Auseinandersetzung mit der Fotografie, dem Medium, mit dem wir alle unsere Vergangenheit bewahren können. Er erkannte in ihnen, gerade aus seinem emotionalen Bezug heraus, besondere Bildqualitäten, die ihn für seine bildnerischen Probleme reizten, als da sind das Banal-Alltägliche, das auch Zufällige, die Verfügbarkeit der Bilder, die spontane, unkontrollierte Ästhetik des Sehens, die Abstraktion von der Realität und der großen Nähe zu ihr gleichermaßen, das Gefrieren des Augenblicks zum Bild, das Ausschnitthafte, die Umsetzung einer räumlichen Situation in die Fläche des Bildes, die Authentizität und – wie im Widerspruch dazu – die Verwischung der Realitätsintensität solcher Wirklichkeitsabbilder. Der so geschärfte Blick führte ihn in eine Beschäftigung mit Zeitungsfotos, die eine besondere Ausstrahlung auf ihn ausübten. Er beginnt, Fotos nachzuzeichnen (*The Bather*, *The High Jumper*) und setzt sich mit dem vorgegebenen Gegenstand Fotografie auseinander wie mit sonstigen Gegenständen, die ihm als Bildanlass dienen. Sie werden in einem zeichnerischen Prozess umgestaltet, der in Feldbegrenzungen Helligkeitswerte festhält, die für den Malprozess von Wichtigkeit sein werden, aber auch eine zeichnerisch-abstrakte Auflösung des Gegenstandes bedeuten und damit eine Umsetzung des Gegenstandes in eine abstrakte Flächenorganisation. Die so gewonnenen

Kanovitz's reaction to the American brand of the existential experience, the 1962 paintings do not merely (as still in 1951–52) follow in the master's footsteps, but constitute an answer to the discoveries implicit in the latter's major works.

V

Paintings such as *Wade Ins* (1963), *Hermaphrodite* (1963), or *The Artist's Parents* (1965) do not attempt define space realistically. Abstract planes of color define space in ways that can occur only on the surface of the painting. Their structural composition evolved from Kanovitz's abstract work.

After his father's death in 1963, Kanovitz came upon some old family snapshots while putting the family papers in order. In the snapshots he recognized, through his emotional link with them, special pictorial qualities which stimulated his artistic imagination – the ordinary, everyday occurrence, the unexpected, the spontaneous, naïve esthetic which makes an abstraction of reality while closely approximating it, the frozen moment, the slice of life, the transposition of a spatial situation onto the surface of a picture, the authenticity and, as well, the blurring of real-life intensity. With the conviction of a new insight, he was drawn to newspaper photographs. These were to have a special influence. He began to make drawings from photographs, *The Bather*, *The High Jumper*, and came to terms with the found object, photography, just as he had with any other object in nature. He transformed the photographs in the drawing process and by squaring them up (use of a grid) isolated units of light value important to the process of painting.

The photo dissolves into an abstraction by virtue of the drawing, and the subject matter is transposed as an abstract pattern onto the surface. The grid, once obtained, served as the basis for a cartoon which was then drawn on the canvas and later painted. The question of figure and background, as I mentioned earlier, becomes, with the use of photographs as subject matter, the predominant theme of Kanovitz's paintings of 1965, to the point that in some paintings this preoccupation achieves the status of a theme. *Nude Greek, Reclining Nude Greek*, and *The Lovers* are typical examples. In almost ornamental fashion, the figures are woven into the background, which in its technical handling has become even more anonymous, a surface painted by a housepainter. But there is a third plane in the picture, whose surface character demonstrates yet another type of abstraction. The figure is "realistic" because it is painted from a photograph. But the tonal treatment of the nude figure has been broken down in such a way that the eye reconstructs it into a "deceptive likeness". In almost Matisse-like fashion, Kanovitz paints a bed with a boldly patterned built. This pattern serves to describe the object in an abstract color sense while nevertheless depicting it in the anecdotal sense, which sharply distinguishes it from the nude figure in the degree and kind of abstraction used in its construction. All this is backed up by an anonymously brushed background which exhibits no further distinctive brushwork, no color nuances. But the monochrome surface not only isolates the objects, not only takes from the spatial relationship which they imply, not only alters the realistic/abstract balance, specifically that of surface (the body) which stands in front of another surface (the bed) both of which are backed up by a third surface (the background), but also may be understood as a magical superelevation of the figure. This is reminiscent of the gold background in medieval and Byzantine painting. The "banal" image undergoes an escalation to the level of an icon somewhere between reality and the invisible world, and by means of this artifice becomes an exact likeness.

VI

This manner of figurative image discovery via abstraction is developed by an across-the-board use of abstraction in such paintings as *The Dance, New Yorkers I*, and *New Yorkers II*, as well as *The Dinner* and *Lunch at Ratner's*. The subjects no longer help to define the mechanics of the picture space, as was the case with *Nude Greek*. They are all equivalent. Their appearance in the painting is much

„Koordinaten" werden als Vorzeichnung auf die Leinwand übertragen und dann „ausgemalt".
Die zuvor beschriebene Bildproblematik zwischen Figur und Bildgrund wird – auch ausgelöst durch die Nutzung von Fotografien als Vorlage – zum beherrschenden Thema seiner Bilder von 1965, so weitgehend, dass sich in ihnen dieses bildnerische Problem quasi inhaltlich verselbständigt. *Nude Greek, Nude Greek Reclining* oder *The Lovers* sind typische Beispiele dafür. In fast ornamentaler Weise stehen die Figuren eingebunden in dem Bildgrund, der in der malerischen Behandlung noch anonymer geworden ist, eine zugestrichene Fläche. Aber er ist auch wie zu einem dritten Bildplan geworden, der in seiner Flächigkeit nunmehr eine dritte Möglichkeit abstrakter Malerei demonstriert. Da ist einmal die Figur „realistisch", weil nach einem Foto gemalt. Sie ist aber in der Farborganisation des Körpers, wie beschrieben, in eine Flächen-Organisation aufgelöst, die erst das Auge wieder zur „täuschenden Ähnlichkeit" zusammensetzt. Da ist in fast Matisse'scher Weise ein Bett mit einer großgemusterten Decke gemalt, deren Dekor als Vorwand genommen wird, mit abstrakter Farbordnung einen Gegenstand zu beschreiben, der dabei aber in erzählerischem Sinne Bild vom Gegenstand bleibt, und sich in Grad und Andersartigkeit der Abstraktion deutlich von der Aktdarstellung unterscheidet. Dies wird hinterlegt mit einem anonym-zugestrichenen Grund, der keine gestalterische Handschrift, keine farbigen Nuancierungen mehr aufweist. Aber die monochrome Fläche isoliert die Gegenstände, nimmt ihnen nicht allein den räumlichen Bezug, den sie untereinander behaupten, macht die realistische und abstrahierend-realistische Gegenstandsdarstellung noch einmal abstrakt, nämlich zur Fläche (dem Körper), die vor einer Fläche steht (dem Bett), die beide mit einer Fläche (dem Hintergrund) unterlegt sind; sondern sie kann auch als magische Überhöhung der Darstellung begriffen werden – könnte erinnern an den Goldgrund mittelalterlicher und byzantinischer Malerei; das banale Abbild erfährt eine Steigerung zum Imago zwischen Wirklichkeit und Jenseits und wird durch diesen Kunstgriff zum Ebenbild.

VI

Diese Weise der gegenständlichen Bildfindung über die Abstraktion wird in Bildern wie *The Dance, New Yorkers I* und *New Yorkers II*, aber auch *The Dinner* oder *Lunch at Ratner's* mit einer Art von Verabsolutierung der Abstraktion vorangetrieben. Auch in diesen auf Fotografien zurückgehenden Gruppenbildern sind die Figuren voneinander isoliert, auch wenn sie gemeinsam etwas zu tun scheinen. Die Gegenstände tragen nichts mehr zu einer inhaltlichen Definition des Bildraumes bei, wie es in *Nude Greek* noch geschah. Sie treten gleichwertig, ebenso wie die Figuren als abstrahiertes Stillleben im Bild auf. In *The Dance* stehen die Figuren nicht mehr, in *New Yorkers* sitzen sie nicht mehr. Der Raum – und mit ihm die den Raum besetzenden Gegenstände – ist wie weggesogen, weggezogen. Nur einen Stuhl gibt es noch in *The Dance* als gleichwertiges ornamentales Formelement wie die Figuren und ihre Gesten. Auch die Körperlichkeit der Figuren selbst ist zurückgenommen zu sich überschneidenden abstrakten Farb-Form-Flächen, die als solche bildformale Beziehungen untereinander eingehen, gleichwertig zu den nun eigentlich nicht als solche zu bezeichnenden „Hintergründen". Selbst das Fenster in *New Yorkers* ist lediglich aus flächigen Farbstreifen zu Rechtecken und Quadraten zusammengesetzt, die spannungsvoll in Gegensatz zu den gerundeten und quasi organischen Formen der Figuren treten. Auch der Ausblick ist weniger Ausblick als eher zerteiltes – flächiges – Bild im Bild, das in seinem zum roten Grund kontrastierenden Schwarz-Weiß den Farbdialog mit den anderen Farbflächenteilen des Bildes aufnimmt. Dabei ist auffallend, dass es lediglich die Köpfe und Hände der Personen sind, die sowohl farbig differenziert als farbig-plastisch gegeben sind. Die abstrakt genannten Flächen sind wie anonym zugemalt. Die subjektive, bewegte Handschrift der Pinselführung der früheren Bilder ist hier völlig aufgegeben. Wie diese sind die Bilder

like that of objects in an abstract still life. In *The Dance* the figures are not really standing. In *New Yorkers* they are not really sitting. Space, and with it their space, is as if sucked away, withdrawn. There remains only a chair in *The Dance* as an ornamental formal element equivalent to the figures and their gestures. The figures' very physicality is reduced to intersecting abstract color/shapes, which enter into equally important formal relationships with one another, as well as with the background, which now may no longer be called a "background". Even the mullions of the windows in both versions of *New Yorkers* consist purely of flat color strips made up of rectangles and squares which stand in marked opposition to the rounded and quasi-organic forms of the figures. Further, the view out the window is less a view than a fragmented, flat picture within a picture. Its grisé contrasts with the red background and engages in a color dialogue with the other color areas in the painting. It is also worth noting that only the heads and hands of the figures are color-differentiated and tonally rendered. The areas we have designated as abstract are painted in flat solid color. The subjective, agitated idiom of the brushwork characteristic of Kanovitz's earlier work is here completely abandoned. As in the earlier works, these paintings are color/space related compositions, but the abstract has given way to the objective. At the same time, the tonal, "realistic" treatment of heads and hands stands in sharp contrast to the surrounding picture space as well as to the bodies to which they belong. Simultaneously, because of their cut-out character, the heads and hands approach the non-figurative. The individual color areas in the picture are organized relative to one another in accordance with principles of composition independently of their relationship to one another as objects. Although these paintings are based on photographs as patterns, and although Kanovitz has always in a certain way taken strict care to stick as closely as possible to the object of depiction, namely the photograph, he at the same time comes to terms very freely with its original pattern on the formal level. He in fact cuts it up, puts it back together, corrects it, transforms it into a collage. This becomes especially clear when you know the background of *New Yorkers I* and *New Yorkers II*. This *New Yorkers II* source was a news photograph of the composer Richard Rodgers sitting with associates in a darkened theater. Dissatisfied with *New Yorkers I*, Kanovitz began work on a second version. He revised the content, asking a carefully chosen group of friends to take one or another of the poses depicted in the news picture. He photographed them one by one, made drawings from the photographs, and transferred them to canvas, while retaining the same basic composition. Various significant details were expressively intensified, however. The fortuitous character of the news picture was transformed in the large-scale composition.

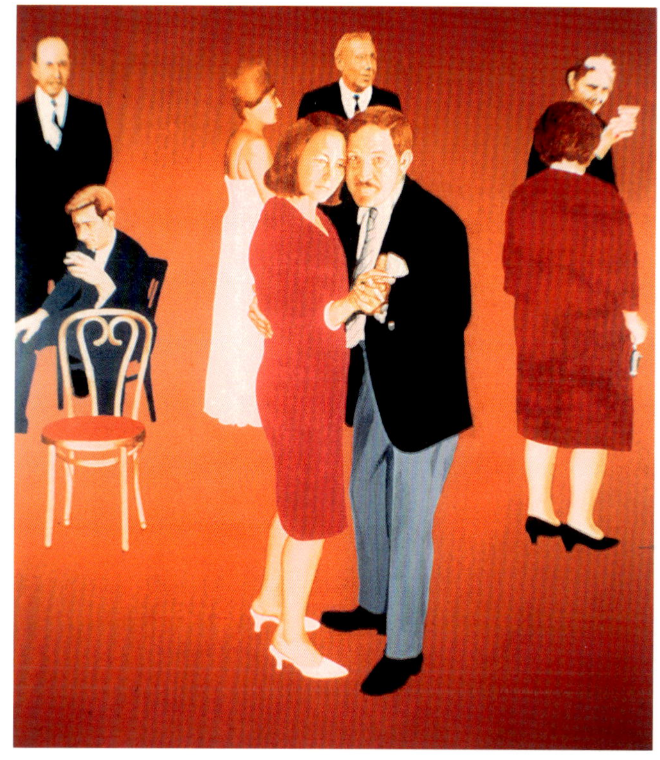

The Dance, 1965

So the space we are dealing with is at once a picture space and (in the viewer's imagination which has been provoked by fragments of objectively depicted reality) a "real" space, one that is not illusionistically simulated but only suggested to the eye, which

farb-raum-verschränkte Bildkompositionen, aber das Abstrakte gerät zum Objektiven. Dabei tritt die plastisch-„realistische“ Darstellung von Köpfen und Händen in scharfen Kontrast zum umgebenden Bildraum sowie zum dazugehörenden Körper, was sie aber gleichzeitig durch das Mittel des Ausschnitts, des Fragmentarischen auch ungegenständlich macht. Die einzelnen Farbbildteile sind einander nach Kompositionsgesetzen und unabhängig vom Gegenstandszusammenhang zugeordnet. Obwohl sich diese Bilder also auf Fotografien als Vorlagen beziehen und Kanovitz auch immer auf eine bestimmte Weise streng bemüht ist, sich an diesen Bildgegenstand Fotografie so genau wie möglich zu halten, setzt er sich gleichzeitig formal sehr frei mit der Vorlage auseinander, ja, er setzt die Vorlage im Wortsinne auseinander, zerschneidet sie, setzt sie neu zusammen, korrigiert sie, collagiert sie.

Das wird an der Geschichte der Bilder *New Yorkers I* und *II* besonders deutlich. Ausgangspunkt war ein Zeitungsfoto, das den berühmten Schlagerkomponisten Richard Rodgers mit wichtigen Mitarbeitern in seinem New Yorker Büro zeigt. Mit der ersten Fassung nicht zufrieden, beginnt Kanovitz zeichnerische Studien zu einer zweiten. Dabei überprüft er den formalen Bildinhalt, indem er eine Reihe seiner Freunde bittet, die Pose einer der abgebildeten Personen einzunehmen. Er fotografiert sie, setzt die Fotos zeichnerisch um, überträgt sie auf das Bild, das im Grundsätzlichen der Komposition erhalten bleibt. Wichtige Details aber werden zum Ausdruck hin intensiviert. Die Zufälligkeit des Zeitungsschnappschusses wird zur großen Bildkomposition umgestaltet.

Der Raum ist Bildraum und zugleich in der durch die Realitätsfragmente provozierten Imagination „real“. Er wird nicht illusionistisch vorgetäuscht, sondern durch die bildnerische Form dem Auge suggeriert, das im selben Moment durch eben dieses Spannungsfeld des Widerspruchs aufgefordert ist, seine eigenen Wahrnehmungsmechanismen zu überprüfen. Die Figuren sind so real, dass sie den sie umgebenden Raum in sich tragen, der deswegen nicht dargestellt zu werden braucht. Daher sind auch perspektivische Mittel überflüssig, um Raum zu suggerieren. Der „realistischen“, sich an das Foto anlehnenden genauen Darstellung der Figuren tritt antithetisch die „offen“-gelassene Form als Spontanes gegenüber. Die so dialektisch angelegten Mittel fördern dialektisches Sehen.

Peter Sager hat die glatt zugestrichenen Bildflächen als der Ikonographie der Pop-Art zugehörig analysiert, als der Welt der Reklamemalerei entnommen.[3] Ich meine jedoch, dass bei genauem Hinsehen darüber hinaus deutlich wird, dass dieses Formmittel weitergehende Qualitäten hat. Es ist ein bildnerisches Spannungsmittel, das nicht der Banalisierung dient, sondern dazu, das Banale zu erhöhen, zum Besonderen zu machen, zum Allgemein-Typischen. Das wird zugleich an der Kongruenz zwischen diesem bildnerischen Formgriff und einem anderen inhaltlichen Aspekt deutlich. Wir haben gerade in *New Yorkers* ein Gesellschaftsbild vor uns. Wir hatten gesehen, dass die Stellung der Figuren vor den anonymen Farbgründen nicht nur eine Monumentalisierung, sondern ebenso große Isolierung bedeutet. Wir hatten darüber hinaus an den kunsthistorisch-bildnerischen Zusammenhang, an den Goldgrund mittelalterlicher Malerei, erinnert. Was aber in den religiösen Bildern inhaltlich ganz eindeutig die *promesse de bonheur* war, Glücksverheißung und Paradies-Versprechen, ist in den Bildern von Howard Kanovitz zu einer Angst und Einsamkeit visualisierenden Leere geworden, in der man sich halt- und standortlos und nur scheinbar selbstverständlich aufhält.

Sam Hunter hat von diesen Bildern gesagt: „Etwas von der allgegenwärtigen amerikanischen Erfahrung urbaner Einsamkeit hält sich in diesen Bildern auf“.[4] Diese geistige Collage macht noch einmal die inhaltliche Breite und tiefe Auslotung des Gegenstandes deutlich, der so verwandelt zum Spiegelbild amerikanischer Gesellschaft wird, für das aber bildnerische Mittel benutzt werden, deren Vorbilder in der europäischen klassischen Tafelmalerei zu finden sind.

is thereby challenged to revise its own perceptual mechanisms. The figures are so real they absorb the space surrounding them -it does not need to be represented. Perspective is likewise superfluous. From photography-based "realism" of figuration we have moved to its antithesis: free, open-ended shape as a spontaneous picture element, a device which, applied in this dialectical fashion, challenges the viewer to see dialectically.

According to Peter Sager, these blank areas derive from Pop Art (which in turn took them over from advertising art).[3] In my opinion, however, if you take a hard look at what Kanovitz is doing here, it becomes obvious that he is using this method in an altogether different fashion, to generate a tension which, rather than serving to trivialize in the manner of advertising art, instead serves to elevate everyday thing to a universal level. Here we are dealing with a concept that meshes with yet another aspect of these paintings' content: *New Yorkers* is a social painting. As noted earlier, the placement of figures in front of anonymous color backgrounds served not only to monumentalize but correspondingly to isolate. We have also pointed out the historical connection with the gold background in medieval painting. But in the old religious paintings this type of background quite unambiguously represents a promise of felicity in Paradise; in Howard Kanovitz's paintings the blank background is a void, serving as a visualization of that anxiety and loneliness in which, uprooted and homeless, we only seemingly have our place.

Of the same works Sam Hunter has written: "Something of the ubiquitous American experience of urban loneliness haunts many of these paintings... ."[4] *New Yorkers* exhibits a breadth of theme and a depth of content that make of it a worthy reflection of American society; however, the artistic means used to achieve this end all stem from the European classical tradition.

VII

The Opening (1967) represented a summing up of Kanovitz's insights as an artist up to that time.

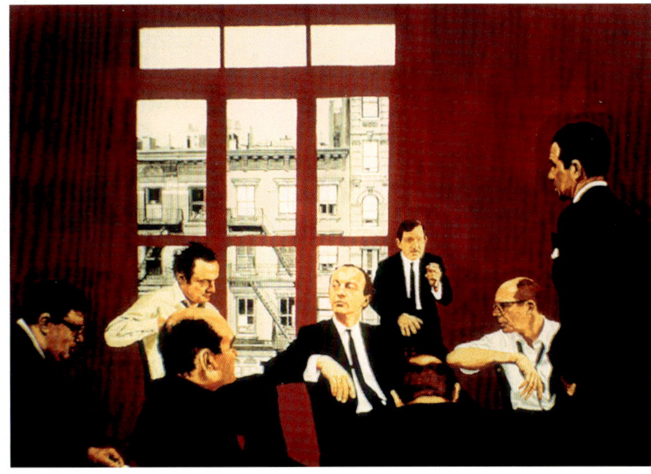

The New Yorkers II, 1965. Von links nach rechts / from left to right: Morton Feldman, Sam Hunter (vorne / in front), Larry Rivers, Frank O'Hara, Howard Kanovitz, B. H. Friedman, Alex Katz

The techniques of using photography in his art were highly refined; and at the same time he had broadened his collage technique in such a way that these experiments would soon lead to a new type of painting. Moreover, he had for the first time utilized a procedure that in coming years he would come to use exclusively: "painting with air," i.e. with the air brush. *The Opening* represents a typical art opening, one that never actually happened but easily could. In accordance with this concept, the painting is thematically complex, depicting a mixed crowd in which "anonymous" art-lovers rub elbows with well-known artists, critics, museum people, and other luminaries, shown in groups they would never actually have formed in real life... or would they? Thus we find, left to right: Thomas B. Hess, then editor of *Art News*, an unknown woman, the painter Barnett Newman, Dorothy Miller of the Museum of Modern Art, Howard Kanovitz, the collector Max Wassermann, Sam Hunter of Princeton University, an unknown couple, the art dealer Frank Lloyd, Mrs. Max Wassermann, H. H. Arnason, formerly of the Guggenheim Museum, Irving Sandier the art critic, and Kynaston L. McShine of the Museum of Modern Art.

Kanovitz had photographed them at numerous openings and other events in the course of that year

VII

Mit *The Opening* von 1967 zieht Kanovitz die Summe aus den künstlerischen Einsichten seiner zuvor beschriebenen Bilder. Die bildnerischen Techniken der Ausnutzung der Fotografie als Hilfsmittel und Medium seiner Malerei hat er verfeinert und dabei zugleich die schon angedeutete Collage-Technik in einer Weise ausgeweitet, dass diese Erfahrungen zu einer neuen Bildform führen werden.

Darüber hinaus hat er zum ersten Mal ein Verfahren benutzt, das er in den kommenden Jahren ausschließlich anwenden wird: das „Malen mit Luft", mit der Spritzpistole. *The Opening* ist als Auftragsarbeit entstanden; es zeigt die Eröffnung einer Kunstausstellung als typisch gesellschaftliches Ereignis wie es nie stattgefunden hat, wohl aber stattgefunden haben könnte. Es sollte nach den Vorstellungen des Künstlers auch inhaltlich sehr komplex sein, sollte ein „anonymes" kunstinteressiertes Publikum neben berühmten oder weniger berühmten Künstlern, Kunstkritikern, Museumsleuten und Kunstpäpsten versammeln. So, wie sie alle wohl nie zusammenstehen würden – oder doch? So finden wir denn Abbilder von (v. l. n. r.): Thomas B. Hess, damals Herausgeber der Kunstzeitschrift *Art News*, einem unbekannten Mädchen, dem Maler Barnett Newmann, Dorothy Miller vom Museum of Modern Art, Howard Kanovitz selbst, dem Sammler Max Wassermann, Sam Hunter von der Princeton University, einem unbekannten Paar, dem Kunsthändler Frank Lloyd, Mrs. Max Wassermann, H. H. Arnason, früher beim Guggenheim Museum, lrving Sandler, Kunstkritiker, und Kynaston L. McShine vom Museum of Modern Art.

Kanovitz hatte sie im Laufe einer Saison auf zahlreichen Ausstellungseröffnungen und anderen Anlässen fotografiert und sie sowohl unter formalen wie unter inhaltlichen Gesichtspunkten zusammengestellt. Die aber überschnitten sich. Ein erstes Zusammenlegen der Foto-Ausbeute ergab ein weites Panorama. Häufig stimmten die kompositorisch notwendigen Posen nicht; die mussten aber stimmen, denn das gestaltete Bild sollte ja zumindest ebenso authentisch werden wie die Fotovorlagen. Bisweilen passten sehr bedeutsame Gesten, nur gehörten sie dann nicht zu ebenso bedeutenden Personen. Die inhaltlichen und formalen Gewichte waren zu ungleich gelagert oder bis zur Spannungslosigkeit gleichwertig verteilt. Also ging er erneut auf Fotojagd, wurde erneut die Ausbeute mit dem schon Gesammelten konfrontiert, überlagert, zusammengestellt, auseinandergeschnitten, wurden Zusammenhänge konstruiert, wie sie so nicht bestanden, wohl aber typisch wären, gewesen sein könnten. Daraus entstand eine erste Collage, die das Ziel schon genauer ansteuerte. Nun galt es, artifizielle Korrekturen einzubringen. Also wurden bestimmte Personen gebeten, unabhängig von einer Eröffnung in eröffnungstypischen Haltungen zu posieren. So ließ sich Kanovitz selbst im Gespräch mit Tom Hess auf der Straße fotografieren und H. H. Arnason musste in seinem Büro des Guggenheim-Museums Modell stehen. In dem Gepuzzle mit den Fotos entdeckte Kanovitz plötzlich, dass eine Figur sehr schön war, nur die Haltung des Kopfes nicht passte: Tom Messer, der Direktor des Guggenheim hatte in die „falsche" Richtung geblickt. Aber Sam Hunter hatte die „richtige" Stellung; also montierte er den Foto-Kopf von Hunter auf den Foto-Körper von Messer. Für die Farbkomposition fertigte Kanovitz eine fast abstrakte Collage aus verschiedenfarbigen Papieren, um die Farb-Muster und -bewegungen, -abläufe und -verteilungen zu ordnen. Der Farbzusammenhänge wegen wurden bisweilen Kleidung und Personen ausgetauscht; gelegentlich wohl auch die Stellung der Füße, eine Handhaltung, Gewandmuster und Accessoires, Zigarette, Handtasche oder ein Cocktailglas. Die endgültige Foto-Collage wurde fotografiert und mit Hilfe eines Epidiaskops auf Transparentpapier projiziert. Sie wurde in Umrissen nur in den Teilen nachgezeichnet, die später auch tatsächlich auf dem Bild erscheinen sollten. Aber eben alles in Teilen: Gewandstücke, -muster, Hände, Köpfe, Haltungen, die dann optimal und frei kombiniert werden

and had assembled the figures from both formal and thematic standpoints. However, form and content overlap. An initial consolidation of the pictures yielded a broad panorama. Frequently, the compositionally necessary poses did not harmonize. But they had to harmonize. The composite painting had to be at least as authentic-looking as the photographs on which it had been based. Extremely significant gestures turned up; only, more often than not, they belonged to less significant persons. Content and formal values were either so unevenly distributed or, conversely, so much alike as to drain them of all potential tension. So Kanovitz went out again and took more pictures. He compared the new batch with those already collected. Putting them all together, he superimposed some of the pictures, made composites and cut-ups of others, constructed relationships that had never existed in reality but were typical and could have happened that way. From all this emerged a first collage, which was already moving more in the right direction. It was now time to introduce a number of artificial corrections. Certain friends were asked to pose in attitudes typical of an opening. Kanovitz had himself photographed in the street, conversing with Tom Hess. H. H. Arnason posed in his office at the Guggenheim. While assembling this jigsaw puzzle, Kanovitz discovered that one figure might be very nice but the head wasn't held right. For example, Guggenheim director Tom Messer was looking the "wrong" way. So Kanovitz mounted Hunter's head on Messer's body. For the color composition, he prepared an almost abstract collage with multicolored pieces of paper, so as to regulate the patterning, movements, shifts, and overall distribution of colors. For the sake of color relationships, garments and persons were occasionally switched, even sometimes the placement of a given figure's feet, the attitude of a hand, the pattern of a garment, down to such details as a cigarette, handbag, or cocktail glass. The finished collage was photographed, then projected by means of a slide projector onto tracing paper. It was copied in outline only in those portions that would later actually appear in the painting. All this was done piecemeal fragments of

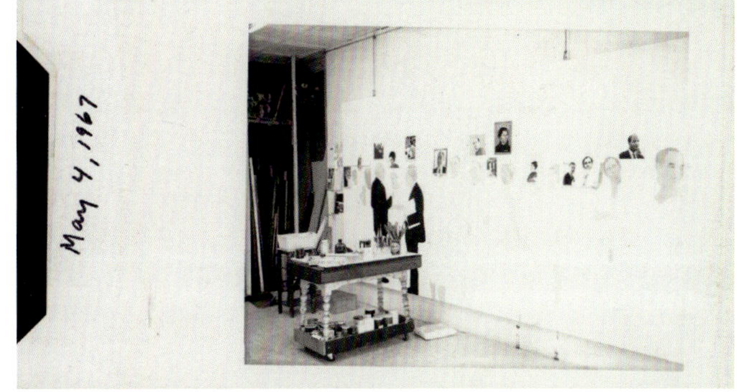

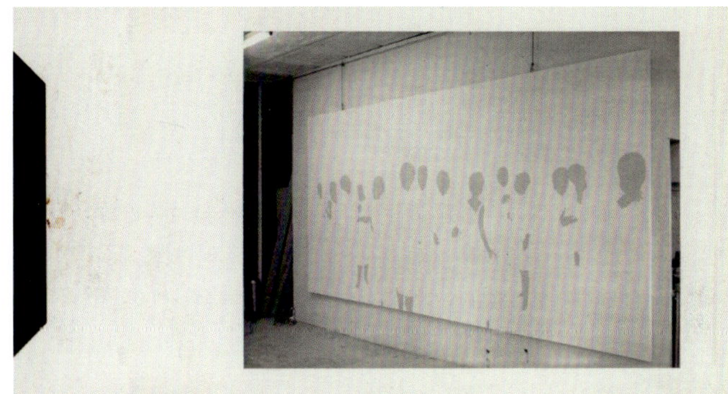

Das Atelier von Howard Kanovitz während der Arbeit an *The Opening*, Porträtköpfe zur Vorlage an die Leinwand gepinnt, 1967 / the studio during the work at *The Opening*, portrait heads pinned on the canvas as models, 1967. S/w-Polaroids, je / each 10,8 x 19 cm. The Howard Kanovitz Foundation

garments, garment patterns, hands, heads, poses, all of which could be readily combined to the best advantage. These Kanovitz transferred by means of carbon paper to the canvas by tracing the drawing over the carbon paper. At the same time, the individual fragment was drawn in its abstract color relationships. Color areas were delimited either by solid lines or by dotted lines or strokes signifying various tonal values. This represented a renewed process of abstraction and analysis not limiting itself to materials but touching upon faces as well as garments, alienating and transforming them into chunks of subject matter to be reassembled solely by color. Color fields were still painted by brushwork; a face, for example, was constructed like a mosaic. Between roughly adjacent color fields, the canvas was treated with a transparent glaze.

Finally, the finished figures were covered with precisely matching stencils. The blue background

konnten, indem er sie mit Hilfe von Kohlepapier, über dem er die Transparentpapierzeichnung nachzog, auf die Leinwand übertrug. Dabei wird, wie in früheren Bildern schon, nun aber detaillierter, das einzelne Fragment in seine abstrakten Farbzusammenhänge zerzeichnet. Nicht also nur mit Um-Rissen, sondern auch mit In-Rissen werden die Farbfelder entweder mit durchgehenden Linien oder auch gestrichelten eingegrenzt, die jeweils andere Helligkeitswerte bedeuten. Dies ist ein erneuter Abstraktions- und Zergliederungsprozess, der sich nicht ans Stoffliche hält, sondern Gesichter wie Kleider gleichermaßen erfasst, sie umsetzt, verfremdet und zu bildnerischen Gegenstandsfragmenten macht, die erst die Farbe wieder zusammenfügen wird. Die Farbfelder werden in diesem Bild noch mit dem Pinsel ausgemalt, ein Gesicht zum Beispiel wie ein Mosaik zusammengesetzt. Zwischen den verhältnismäßig grob nebeneinander stehenden Farbinseln wird mit Lasuren vermittelt. Zum Schluss erst werden die fertigen Figuren mit Papp-Schablonen genauestens abgedeckt. Der blaue Hintergrund wird dann mit einer Spritzpistole, die die Farbe gleichmäßig und strukturlos auf der Fläche verteilt, aufgespritzt. Das bewirkt zwar einen strahlend blauen, gleißenden, fast möchte man sagen optimistischen *background,* suggeriert aber auch eine ungeheure Leere, die durch die jedem Blau innewohnende räumliche Ausdruckskraft noch verstärkt wird.

Für Beteiligte am Kunstbetrieb steckt das Bild voller Informationen, aber dazwischen sind eben auch anonyme Ausstellungsbesucher, wie andererseits wohl für die Mehrzahl der Betrachter dieses Bildes alle dargestellten Personen unbekannte Größen sind. Das Spezielle kippt wie schon bei *New Yorkers* wieder ins Allgemeine um. Denn es scheint Kanovitz kaum von Bedeutung gewesen zu sein, weshalb die Menschen auf seinem Bild zusammengekommen sind. Wenn es wirklich die Eröffnung einer Kunstausstellung ist, dann scheint nicht die Kunst wichtig – sie gibt es auf diesem Bild nicht – sondern die Kommunikation. Die Anordnung der Personen auf dem Bild bezieht den Betrachter mit ein, besonders auch dadurch, dass durch die Anonymisierung des Raumes, der über die „realistische" Darstellung der Personen gleichwohl wieder präsent ist, sich die Szene im Nirgendwo und überall zugleich abspielt. Die silhouettenhafte Figuration auf dem Bildgrund zeichnet aber auch noch eine andere Formfindung vor, die seiner *shaped canvases,* Bilder, die wie aus der Leinwand herausgeschnitten sind und frei im Raum stehen. Das reichhaltige Fotomaterial, das über die Vorarbeiten zu *The Opening* zusammengetragen worden war, hatte Kanovitz über seine Collagestudien auch auf die Idee von isolierten Figurengruppen gebracht. *The People* entstanden ein Jahr später, 1968, und bilden in der Vorstellung des Künstlers zusammen mit *The Opening* ein in den Raum greifendes Bild. Hier ist die schon früher beschriebene inhaltliche Anonymisierung auch formal durchgeführt. Wir sehen nur Rückenansichten von Menschen, die sich genauestens etwas betrachten. Auch in der Zuordnung zum Tafelbild *The Opening* beziehen sie den Betrachter mit ein. Wir verhalten uns wie „the People". Gleichzeitig treten wir wie sie in Kommunikation mit „The Opening" als gemaltem Bild, das auf einer Kunstausstellung hängt. „The People" sind aber auch Teil der dargestellten Eröffnung, treten in Kommunikation mit dem auf dem Bild dargestellten Thema. Dann allerdings fiele der Grund für die Zusammenkunft dieser Menschen wiederum aus, denn dann wäre es keine Eröffnung mehr, weil es keine Kunst zu sehen gibt. Die Leere wäre wieder da, die, wie Hunter es nannte „allgegenwärtige amerikanische Erfahrung urbaner Einsamkeit". Diese Leere wird für uns als Betrachter auch physisch zwischen Wandbild und Figuren-Bildern im Raum erfahrbar, da die unübersehbaren Zusammenhänge zwischen all diesen Gesamt-Bild-Teilen Räumlichkeit suggerieren, ohne sie perspektivisch darzustellen.

Nicht alle Bilder von Kanovitz sind im Einzelnen wie *The Opening* oder *The People* entstanden, wohl aber im Prinzipiellen; und Teile des Herstellungsprozesses sind für seine Arbeitsweise charakteristisch. Das Grundlegende ist die, im

was then applied with a spray gun, which distributed the color evenly and texturelessly over the surface. This created a luminous (one might almost say "optimistic") blue background, while at the same time suggesting a vast abyss intensified by that expressive power inherent in every blue. For art world insiders, the painting is full of information; yet amid the celebrities are also anonymities – just as for the great majority of viewers, every one of the persons represented is an unknown quantity. Once again, the particular spills over into the general, just as it did in *New Yorkers*. It seems as though it hardly mattered to Kanovitz why the people in his painting came together. If it does really represent an art opening, the art doesn't seem to matter (there is none represented in the painting) but communication does. The arrangement of the figures draws the viewer in, precisely because (thanks to the creation of an anonymous space in which the "realistic" figures are enclosed) the scene is being played nowhere and everywhere at one and the same time.
The silhouette-like figures anticipate yet another formal development in Kanovitz's work, that of his free-standing cut-outs. The wealth of photographic material that had been assembled in the preparatory stages of *The Opening* had brought Kanovitz in the course of his collage studies to the idea of isolated figure groups. *The People* emerged a year later, in 1968, and in the artist's conception formed, together with *The Opening*, a single work extending into three-dimensional space.
The claim to authenticity proper to photography is extended into painting by means of this method. Kanovitz's collage method is therefore not simply a technique but also relates to the intellectual content of his work. It creates not only visual but intellectual illusions, leading us to pose certain questions. The trompe-l'œil becomes a *trompe-l'esprit*. By painting deceptively realistic copies of reality, Kanovitz is at the same time an inventor of reality, insofar as he invents realities in his paintings, which create an effect of being simple found objects that were copied – therefore real things. But he does this only the better to deceive us.
In *The People*, the content-related process of anonymization is developed on the formal level. We are shown only rear views of people who appear to be intently gazing at something. In their arrangement vis-a-vis *The Opening*, these cut-outs are attention-grabbers. We, the real viewers, are compelled to strike poses exactly like the ones they represent. Like them, we enter into communication with *The Opening* as a painted picture hung in an exhibition. But *The People* also belongs to the depicted opening and is plugged into that painting's theme. In any case, the reason for the gathering of all these people would vanish and there would be no more opening if there were no art to look at. The void would be back with a vengeance, as Hunter called it, „the ubiquitous American experience of urban loneliness..." For us as viewers, this void is physically tangible, too, in the space between the freestanding figures and the picture on the wall. The invisible connections between all of these elements suggest space without representing it by means of perspective.
Not all of Kanovitz's paintings correspond to *The Opening* or *The People* in the details of their genesis and development, but on the whole they definitely do, and certain general principles may be seen to underlie all of his work. The basic fundamental is a coming-to-terms with the world, while maintaining distance from it. They are instead invariably composed into an image of reality that could correspond to reality. That which does not exist quite the same way in reality is introduced as if it were real, and vice-versa. Photorealism and trompe-l'œil serve as instruments to that end.

VIII

The use of compressed air permits extremely precise modulations and opens up all kinds of other possibilities, whether through regulating the air pressure, or varying the distance between nozzle and painting surface, or the duration of the spraying, or spraying several times with several different colors. However, this technique, distinctive as it may be at the outset, involved a certain loss of personal character. By the very fact of its

Wortsinn, Auseinandersetzung von und mit der Welt. Dazu ist der Fotorealismus und das augentäuschende *trompe-l'œil*-Verfahren ein Instrument. Die dem Foto eigene Behauptung von Authentizität wird mit diesem Verfahren in die Malerei hereingeholt. Das Collage-Verfahren ist also nicht allein ein technisches, sondern ein inhaltlich geistiges. Es gestattet nicht nur visuelle, sondern auch inhaltliche Täuschungen, die uns zu Fragen führen. Das *trompe-l'œil* wird zum *trompe-l'esprit*. Der, der nach der Wirklichkeit täuschend wirklich malt, ist zugleich ein Finder von Wirklichkeit, indem er Wirklichkeiten in seinen Bildern erfindet, die so tun, als ob sie nur gefunden und verzeichnet, also wirklich seien. Um uns zu täuschen.

VIII

Das Arbeiten mit Pressluft und unterschiedlich großen Düsen erlaubt eine sehr präzise Malweise, mit Modulationen und vielerlei Möglichkeiten für den Künstler, sei es durch Regulierung des Drucks der Luftzufuhr, durch Veränderung des Abstands zwischen Düse und Leinwand, durch Dauer des Spritzens oder durch mehrfaches Überspritzen mit verschiedenen Farben. Doch diese sehr unterschiedlich einzusetzende Technik ist von einem Verlust der persönlichen Handschrift gekennzeichnet. Durch die Perfektion der Technik nähert sich die Malerei der Perfektion der Fotografie an und gerät darüber ins Anonyme. Zumal eben nicht der Gegenstand wiedergegeben wird, sondern sein Abbild. Dabei wird das Foto zum Gegenstand. Denn die Wahrnehmungstechnik der monokularen Kamera ist eben eine andere als die unseres binokularen Sehens.

Diesen Unterschied des Sehens jedoch in seinen Bildern zu reflektieren, zum Bildinhalt zu machen, ist für Kanovitz sekundär. Er setzt dieses Problem eher als formales Element ein, um zu anderen inhaltlichen Fragestellungen zu gelangen. Unser Staunen und unsere Wirklichkeitszweifel, die der wie fotografiert täuschend ähnlich nachgemalte Gegenstand schon als Oberflächenabbild auslöste, musste durch die Identität zwischen Abbild und äußerer Form zwangsläufig noch gesteigert werden. Und um wieviel größer noch musste die Irritation sein, wenn außer der Übereinstimmung zwischen Gemaltem und Gegenstand, zwischen Bildform und Gegenstandsform nun auch noch Bildgröße und Objektgröße übereinstimmten. Die Realität der Ausstellungssituation tritt in Widerspruch zur Realität der suggestiven Realismusmalerei. Zwei Wirklichkeiten widersprechen sich in ihrem Zusammenhang und unterstreichen gegenseitig ihren jeweils unterschiedlichen Realitätsanspruch. In der langen Reihe seiner Fensterbilder von 1968 bis 1970 spitzt Kanovitz diesen Konflikt zu. Ein *trompe-l'œil*-haft gemaltes Fenster-Bild vor einer Wand behauptet, Fenster in dieser Wand zu sein. Die täuschende Abbildlichkeit des Bildes, das als solches Realität ist, stellt die Realität in Frage. Und zugleich sagt das Fensterbild von sich nichts anderes, als dass es ein Bild sei und unterstreicht diese Behauptung noch durch eine vom Thema her gegebene Verschiebung der Fragestellung, die da lautet: Ist nicht das, was das Fenster einrahmt, das Bild? Diese Fragestellung lässt sich dann verfeinern, verschränken, verkomplizieren, und das kann dann alles jeweils Anlass zu einem weiteren Bild sein. Was ist das Bild: „geformte Leinwand", die ein Fenster mit Rahmen zeigt? Das, was der Fensterrahmen wie ein Bild umgibt? Das, was wir hinter der Scheibe sehen – oder die andere Hälfte des Bildes? Das, was wir durch das halbgeöffnete Fenster sehen? Ist die Stadtsilhouette von SoHo mit seinen komplizierten Dachverschachtelungen und Wassertanks auf den Häusern, die wir im scharfen Gegenlicht gegenständlich verunklärt sehen, dafür aber im Umriss umso schärfer – ist die Stadtsilhouette von SoHo also auch nur ein Beispiel dafür, wie unterschiedlich real Realität uns plastisch oder flächig erscheinen mag – oder ist sie doppelbödig eingesetztes ironisierendes Bildelement, das wie zufällig nur wie eine Stadtsilhouette aussieht? Ist sie in Wirklichkeit eine abstrakte Formorganisation, die aus kompositionellen Gründen hier im Bild ihren Platz hat und in ihrer flächigen Zugesp(r)itztheit die

perfection, the technique approaches the perfection of photography and the anonymity of photography, as well. It is not the subject that is being rendered, but its image. At the same time, the photograph becomes itself a subject. The perceptual mechanism of the camera's single eye is quite different from seeing with two eyes.

To reflect this difference between the two kinds of seeing in his paintings and to make of it a thematic element was, however, secondary for Kanovitz. He instead introduced this problem as a formal element only in order to pose other questions.

Our surprise and doubt about reality, which was provoked by the photographically deceptive object painted onto a surface, could not fail to be heightened by the identity between image and external shape. And it was even more provoking to discover that – besides the correspondence between the painted image and the subject itself, between the shape of the painting and the shape of the subject – the size of both subject and painted image now corresponded!

The reality of the exhibition situation was introduced in contradiction to the reality of "realism". The two realities contradicted each other, pressing their separate claims to reality. In the long series of window paintings, from 1968 to 1970, Kanovitz heightens this contradiction. A trompe-l'œil painting of a window placed in front of a wall claims to be a window in that wall. The illusionistic representationalism of the painting, which is a reality as such, puts reality itself on the spot. At the same time, the window painting makes no claim about itself beyond the fact that it is a picture. It further emphasizes this claim by thematically restating the question: Isn't the thing framed by the window a picture? Isn't it the picture? This question lends itself to being refined, folded and unfolded at successive levels of complexity, all of which leads inevitably to further paintings. What is the painting? A shaped canvas representing a window with a frame? Or is it what the window frame surrounds like a picture? Or is it what we see behind the windowpane? Or is it the other half

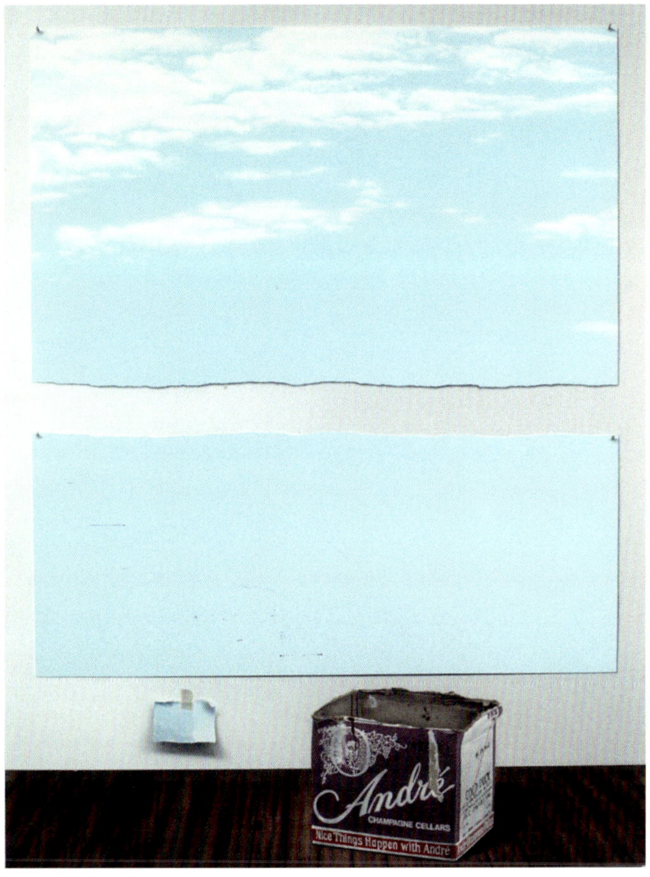

Sky With André, 1972

of the picture? Is the Soho skyline with its complex outline of rooftops and watertanks, which are completely darkened, hence sharply silhouetted against the bright sky background, only an example of how very real reality can appear, regardless of whether it is presented flat or in three dimensions? Or is it an ironical picture element which only happens to resemble a skyline? Is it actually just an abstract configuration of shapes, which for compositional reasons has a place in this painting – because its angularity constitutes an abstract quality to set off the lush and subtly nuanced handling of other portions of the painting?

If Kanovitz paints trompe l'œil, it is not merely to demonstrate a technical perfection reflecting an art-for-art's-sake aesthetic stance; it is instead always a way of asking questions about our reality and our relationship to reality. The provocation inherent in Kanovitz's work doesn't come from

luxuriös-differenzierte malerische Handhabung der anderen Bildteile – so realistisch sie auch gemalt sein mögen – als abstrakte bildnerische Qualität noch einmal unterstreicht?

Wenn Kanovitz also in *trompe-l'œil*-Manier malt, ist ihm dies nicht Demonstration seiner technischen Perfektion, die sich über ästhetische Qualitäten mit einem *l'art pour l'art*-Standpunkt begnügt, sondern dann ist sie ihm immer Mittel, Fragen nach unserer Wirklichkeit und unserem Verhalten gegenüber der Wirklichkeit zu stellen. Die Irritation liegt nicht in der perfekten Technik, sondern in der Koppelung von Inhaltlichem beziehungsweise dessen Fragmentarisierung. Der Abstraktionsprozess, den wir während der gesamten Entwicklung der Malerei von Howard Kanovitz von Stufe zu Stufe verfolgt haben, war dort, wo sie nichts als abstrakt schien, mit emotionaler Hitze eingebunden in eine innenweltliche Wirklichkeit. Jetzt, wo der realistische Täuschungsgrad des Bildes nicht mehr zu steigern scheint, hat sich die Abstraktion auf die gedankliche Verschachtelung des Bildgegenstandes verschoben. Und gerade an der Reihe der Fensterbilder begegnen wir wieder seinem alten Thema, dem zwischen Drinnen und Draußen, Innenwelt und Außenwelt.

IX

Projected Street Scene, One by Threes und *Composition,* alle von 1971, sind die drei Bilder, mit denen Howard Kanovitz auf der documenta 5 1972 in Kassel vertreten war. Sie wurden sowohl im Ausstellungszusammenhang – „Befragung der Realität. Bildwelten heute" – wie auch von der Kunstkritik weitgehend unter dem Stilbegriff „Fotorealismus" eingeordnet. Darunter verstand man die dialektische Auseinandersetzung vieler Künstler mit der Fotografie als Bildthema, an dem Wirklichkeitszweifel festgemacht werden konnten. Diese künstlerischen Untersuchungen wurden ebenso als Beiträge zur Definition des Unterschieds zwischen unserem organischen zweiäugigen Sehen und der mechanischen Registrierung von Wirklichkeit durch die einäugige Kamera verstanden. Kanovitz macht in diesen Bildern die Fragwürdigkeit unserer diesseitig-oberflächlichen Wirklichkeit nicht durch fremdartige Zusammenstellungen von Wirklichkeitsteilen bewusst. Er hält sich scheinbar viel vordergründiger an das, was er sieht, was ihn umgibt. Kanovitz reflektiert also in seinen Bildern grundsätzliche Wirklichkeitszweifel jedes einzelnen, indem er sie dadurch glaubwürdig macht, dass er sie als seine eigenen aufzeigt, die ihm im Arbeitsprozess begegnen. Er denunziert sie einerseits dadurch, dass er sie als künstlich darstellt, künstliche Probleme eines Künstlers im Künstlerstudio. Da sie andererseits an äußerst banalen gegenständlichen und räumlichen Situationen aufgezeigt werden, sind sie auch glaubwürdig als die ureigensten Zweifel des Betrachters. Er demonstriert über die Einfachheit gleichzeitig die Glaubwürdigkeit der Künstlichkeit. Kanovitz setzt sich gerade in diesen Bildern in einem Maße mit der Problematik Foto – Malerei – Wirklichkeit auseinander und nutzt dabei sowohl fotografische Inhalte wie auch die Fotografie im Herstellungsprozess wie bisher noch nie. Er entwickelt in ihnen die in den früheren Bildern schon vorformulierten Realitätszweifel an Hand von Fotos, Projektionen, nachgezeichneten und nachgemalten Fotos, die an der Wand hängen, Objekten, Wänden, die zu „Bildern" werden – und malt dies alles. Dabei werden die Gegenstände aber nie größer, aber auch nie kleiner gegeben als sie in Wirklichkeit sind, wobei die Wirklichkeit entweder durch den Gegenstand oder das Foto repräsentiert werden kann. Damit ist alles aus der alltäglichen Umgebung im Bild verfügbar, manipulierbar und den Stimmungen des Künstlers entsprechend verwendbar. In der Konstruktion solcher Bildinhalte und der Überschneidung der darin aufgehobenen Wirklichkeitsebenen greift im gedanklichen Prozess des Bildentwurfs das Element Collage ein, ohne dass das Bild dazu wird.

In den großen Pastellbildern fallen die Wirklichkeiten durcheinander und zusammen. Nicht mehr die Dinge, die wir sehen, sind das Bildthema, sondern die Erfahrungen, die wir mit

the perfection of his technique, but rather from his juxtaposition of technique and content, together with the fragmentation of content. The abstraction process which we have traced step by step from the outset of Howard Kanovitz's career as a painter was zealously linked by him with internal reality, so long as it appeared to be purely abstract. As it would now seem that the illusionistic realism of his paintings cannot be intensified any further, abstraction has shifted to the conceptual complexity of the subject matter. And precisely in the window painting series, we once again encounter Kanovitz's old theme, between internal and external, between inner world and outside reality.

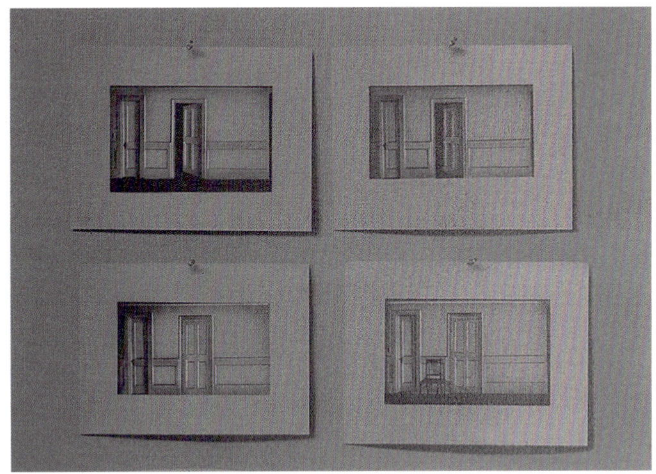

Projected Street Scene, 1971-72, Detail

IX

Projected Street Scene, *One by Threes*, and *Composition*, all executed in 1971, were exhibited at documenta V in Kassel in 1972 and classified in the exhibition category *Questioning Reality: Image Worlds Today*. Many critics also spoke of them as "photorealism", a term intended to denote the dialectical confrontation of many artists with photography as thematic content, which could be pegged in terms of "doubt as to the nature of reality." These artists' investigations were immediately hailed as contributions to the definition of the difference between our organic two-eyed vision and the mechanical registration of reality by the one-eyed camera.

Superficial as our experience of reality may be, Kanovitz does not make its dubiousness intelligible by means of exotic juxtapositions. He puts himself much more to the fore relative to what he sees and what surrounds him. Kanovitz reflects the basic doubts about reality that anyone might have and makes them all the more believable by depicting his own private doubts just as he experiences them in the course of his work. He nails them, as it were, by the very act of representing them artistically as an aesthetic problem facing the artist in his own studio. As these doubts are embodied in completely ordinary objects and spatial situations, they also mesh plausibly with the viewer's own most private doubts. The believability of artifice is thereby demonstrated. Kanovitz deals with the problems of photography/painting/reality in toto and in the process uses both photographic subject matter and photography itself as they have never been used before. He develops the same doubts vis-a-vis reality that were formulated in his earlier work by the device of photographs, projections, traced and painted photographs hanging on the wall, objects, walls, and so forth, which he transforms into „images“ and paints. In the process the objects are rendered neither larger nor smaller than they are in reality; this makes it possible to represent reality either by the object or the photograph. In this fashion, every object belonging to the everyday environment is available to be manipulated and used at will as subject matter. In the structuring of this type of subject matter and in the intersections of the levels of reality captured in it, an element of collage enters into the conceptual process of creating the painting. However, this doesn't automatically turn the painting into a collage.

In the large pastels, divers realities fall through one another and together. No longer do the things we see make up the theme of the picture. The theme is rather the experiences we make of these things, the awareness we have of them, Pictures of things become so abstract that they become image – concepts of things. Kanovitz is at the same time moving in idiosyncratic fashion on a wide curve

ihnen machen, das Bewusstsein, das wir von ihnen haben. Die Bilder von den Dingen geraten so abstrakt, dass sie zu den Bildbegriffen der Dinge werden. Kanovitz kehrt dabei in einem weiten Bogen auf eigentümliche Weise wieder zu seinen Anfängen einer psychologisch motivierten abstrakten Malerei zurück. Denn die Bilder durchdringen einander, blitzen auf, tauchen wieder weg, werden überlagert, wie sich Bilder des Unbewussten mit Bildern auf unserer Bewusstseinsebene vermischen. Sie sind Spiegelungen der Innenwelt der Außenwelt.

X

Immer aber, auch dann, wenn Kanovitz nicht gerade traditionelle technische Verfahren in der Bildherstellung anwendet, steht sein bildnerisches Denken in einer europäischen Tradition. Seine Bilder bleiben Bilder in unserer klassischen Vorstellung von ihnen. Sie reflektieren Wirklichkeit. Nie wird das Medium Tafelbild in Frage gestellt, wohl aber das Bild als Blick auf die uns umgebenden Wirklichkeiten; denn diese haben in den fotografischen Medien ihr eigenes, authentisches Reproduktionsmittel gefunden, das als Bild einen Wirklichkeitsanspruch behauptet, der sich gegen das gemalte Tafelbild richtet. In dieser Auseinandersetzung unterläuft Kanovitz mit seinen Bildern die Authentizität der Fotografie, indem er sie scheinbar unverwandelt einbezieht und zur Malerei überhöht.

Seine Bildthemen – Portraits, Landschaft, Stillleben – reihen sich bruchlos in die uralte Tradition von Malerei ein, sind nichts Außergewöhnliches, sind nur zeitgenössisch. Landschaft wird oft vom Auto aus gesehen, Zivilisation und Technik sind in ihr immer anwesend, ob durch Autos, Straßen, Überlandleitungen oder Freilichtkinos; ein Blick übers Meer zeigt nicht einfach ein Boot, sondern eben ein Motorboot. Wir sind aber von diesen Landschaften meist getrennt, die fast noch etwas von unberührter Natur haben, obwohl immer deutlich wird, dass es unsere beschädigte, zeitgenössische Umwelt ist, mit dem an Natur, was von ihr noch übriggeblieben ist. Landschaft wird ganz ohne kritischen Aspekt so festgehalten, wie sie ist. Aber auch mehr als das. Durch die Trennung von ihr durch Fensterscheibe oder Ausblick aus dem Auto sehen wir sie einmal als Ausschnitthaftes, zum anderen als etwas, an dem wir fast nur sehnsuchtsvoll noch Anteil haben, und das wir nicht mehr erreichen können. Formal benutzt Kanovitz dazu ein bekanntes klassisches Bildmittel, das Repoussoir. Was bei Caspar David Friedrich die Rückenansicht einer Figur oder eine Felsformation war, ist bei Kanovitz Rahmen und Gitter des Atelierfensters oder Lenkrad, Rückspiegel und Armaturenbrett.

Uns erscheinen die Bilder von Howard Kanovitz oft so vertraut – trotz allen Staunens, das sie uns bereiten mögen –, weil er sich einer europäischen Bildsprache bedient, die jedoch mit amerikanischen Augen die Wirklichkeit der Neuen Welt spiegelt. Auch unter diesem Aspekt hält sich Kanovitz, der sich über die Vielbödigkeit der Wirklichkeiten Bilder macht, zwischen den Wirklichkeiten auf. Solche Sehweise beruht auf einer Psychologisierung als Thema der Malerei. Es interessiert nicht das Bild vom Menschen, nicht das Bild von den Dingen, sondern das, was zwischen ihnen passiert. Über solche Art des Sehens, über solche Art der Annäherung an die Wirklichkeit, die den Gegenstand weitgehend so belässt, wie er ist, um hinter sein Geheimnis zu kommen, gerät das Banale zum Besonderen, wird das Abbild wieder zum Ebenbild verwandelt.

[1] Kanovitz war Jazz-Posaunist. Ende der vierziger Jahre gründete er seine eigene Band, The Earl Kay Quartett. Sein Schlagzeuger, Athos Zacharias, studierte damals schon gleichzeitig Malerei. Er war es, der Kanovitz dazu brachte, sich ebenfalls auf der Kunsthochschule einzuschreiben.

[2] Einen Eindruck von der Situation seiner Eltern, wie überhaupt der jüdischen Einwanderer in New York um die Jahrhundertwende, vermittelt das Werk von Joseph Roth *Hiob – Roman eines einfachen Mannes*. Dasselbe Thema ist auch Gegenstand des Films *Hester Street*, den Joan Micklin Silver 1976 nach der Novelle *Yekl* von Abraham Cahan drehte.

[3] Peter Sager, „Zu den Arbeiten von Howard Kanovitz“, in: *Howard Kanovitz*. Ausstellungskat. Hedendaagse Kunst. Utrecht 1973, S. 14-24.

[4] Sam Hunter: „Howard Kanovitz's New Painting“, in: *Arts Magazine*, April 1975, Bd. 49, Nr. 8, S. 75-77.

back to his own beginnings in a psychologically based abstract style. The images interpenetrate, become visible in a flash, sink back again and fade, exactly as the images of our sub-conscious mingle with the images in our conscious mind. They are mirror images of the internal/external worlds.

X

Always, however, even when Kanovitz is not utilizing exactly traditional techniques, his thought belongs to European tradition. His paintings remain paintings in accordance with our classical conception of what painting is. They reflect reality. Although the medium itself is put in question, the paintings afford a glimpse of realities surrounding us. These realities have found authenticity of a sort in photography, that medium claiming to be a more exact image of reality than the painted picture. Kanovitz, however, subverts the authenticity of photography by introducing it as an apparently unmodified picture element and then raising it to thc lcvcl of painting.

His figurative themes – portraits, landscapes, still-lifes – form an unbroken connection with the age-old tradition of painting and are in no way eccentric. They are simply contemporary. Landscape is often viewed from a car. Civilization and technology are always present-cars, highways, roadsigns, drive-in theaters. A view of the sea shows not just a boat, but a motorboat. We are however most alienated from those landscapes which still have something of undisturbed nature about them although it is always made clear that this is our own damaged, contemporary environment whenever some portion of whatever is still left of nature is depicted. But there is more. Because of our separation from the natural world as represented by a windowpane or car window, we see nature as something fragmented, something we still yearn to take part in but can no longer reach. Here Kanovitz makes formal use of classic repoussoir technique. What in Caspar David Friedrich was a rear view of a figure or a rock formation is in Kanovitz the frame of a studio window or a steering wheel, a rearview mirror, or dashboard.

Kanovitz's works often project a feeling of familiarity to me (despite all the surprises they may spring) because he makes use of a European painting idiom which nevertheless mirrors the reality of the New World with American eyes. Yet Kanovitz, whose basic theme is the many-layeredness of reality, himself remains between realities, between worlds. His way of seeing is rooted in Psychology as a theme of painting. It is concerned, not with the image of Man, not with the image of things, but with that which passes between them. Thanks to such a vision, thanks to such an approximation of reality which leaves the object alone and as it is, in order to get behind its secret, the most ordinary things become special things, and the copy is turned back into an image of verisimilitude.

[1] Kanovitz was a trombone player. At the end of the 1940s he started his own band, The Earl Kay Quartet. His drummer, Athos Zacharias, was already an art student, and it was he who first induced Kanovitz to sign up for art school.

[2] We can get an impression of the situation experienced by his parents, and indeed by Jewish immigrants to New York at the turn of the last century, from Joseph Roth's novel *Job, The Story of a Simple Man*. The same theme is also examined in the 1976 film *Hester Street* based on Abraham Cahan's novella *Yekl* and directed by Joan Micklin Silver.

[3] Peter Sager, 'Zu den Arbeiten von Howard Kanovitz', in *Howard Kanovitz*, exhib. cat., Hedendaagse Kunst, Utrecht 1973, p. 14-24.

[4] Sam Hunter: 'Howard Kanovitz's New Painting', in: *Arts Magazine*, April 1975, vol. 49, no. 8, p. 75-77.

Die Geheimnisse enthüllen

*Carolyn Oldenbusch Kanovitz**

In den 1970er Jahren malte ich mit Malcolm Morley an der Stony Brook University. Er schlug vor, ich solle mir eine Ausstellung von Howard Kanovitz in New York City ansehen. Die Poesie und die Geheimnisse, die ich in jeder seiner Arbeiten entdeckte, warfen mich fast um vor Begeisterung. Das war fünfundzwanzig Jahre bevor ich Howard dann tatsächlich begegnete, mich in ihn verliebte und ihn heiratete. Seit seinem Tod im Jahr 2009 bin ich immer noch damit beschäftigt, diese Geheimnisse zu enthüllen. Plötzlich sprechen scheinbare Sprünge in der Kontinuität in einer neuen Stimme miteinander – innerhalb eines Bildes oder über die Zeit hinweg –, während ich über Bilder aus dem fünfzigjährigen Lebenswerk Howards nachgrüble.

Ein Bild von Kanovitz betrachtet man, wie man ein Gedicht liest: offen für viele verschiedene Interpretationen jedes einzelnen suggestiven Satzes, der den Leser einlädt, bei jedem Lesen seine eigenen sich verschiebenden Deutungen einzubringen. Das ist keine Überraschung, denn viele von Howards engsten Freunden waren Mitglieder der New York School of Poetry. Sie alle verwendeten Alltagsbilder und freie Assoziationen, vermieden formale Strukturen und setzen sich für humanistische Belange ein. Poetische Bilder konnten auf einem flüchtigen Sinneseindruck ein Riff spielen wie Howard Kanovitz, der Jazzmusiker an der Posaune, ein Riff auf eine musikalische Phrase spielen würde. Seine Ideenwelt und sein Freundeskreis umfassten auch Menschen, die Improvisationstheater und experimentelle Musik machten, genau wie Kollegen der visuellen Kunst. Howards Freund, der Autor B.H. Friedman, schrieb, die eingefrorenen Momente und isolierten Figuren in Howards Bildern hätten mehr mit dem Nouveau Roman und dem New Wave-Film zu tun als mit Pop Art,[1] was für die ganze repräsentative Malerei in den 1960er Jahren der einzige kritische Verweis war.

Wie Christoph Grunenberg über die Autoren des Nouveau Roman schrieb, „erforschten sie die dynamische Dreiecksbeziehung zwischen Autor, Leser und Geschichte und stellten dabei Zeit, Raum, Perspektive, Erinnerung und Verschiebungen zwischen subjektiver und objektiver Wirklichkeit grundlegend in Frage".[2] All diese Qualitäten finden sich auch in Howards Werk.

Howard begann seine Karriere als abstrakter Expressionist. Er arbeitete damals unter der Leitung von Franz Kline und stellte seine Arbeiten in verschiedenen Galerien auf der Tenth Street

Unfolding the Mysteries

*Carolyn Oldenbusch Kanovitz**

In the 1970's I was painting with Malcolm Morley at Stony Brook University. He suggested I see a Howard Kanovitz exhibition in New York City. I was bowled over by the poetry and mystery I found in every piece. That was 25 years before I actually met, fell in love with, and married Howard. In the years since his passing in 2009, I am still unfolding those mysteries. All of a sudden, seeming discontinuities speak to each other in a fresh voice – within one painting or across time, as I ponder images from Howard's fifty year oeuvres. One looks at a Kanovitz painting the way one reads a poem – open to multiple interpretations of each suggestive phrase, inviting the reader to bring his own shifting understandings to each reading. This is not surprising since many of Howard's closet friends were members of the New York School of Poetry. They shared the use of everyday imagery, free association, an eschewal of formal structure, and a commitment to humanist concerns. Poetic images might riff on a fleeting sense impression the way Howard Kanovitz, the jazz trombonist, would riff on a musical phrase. His world of ideas and circle of friends included those involved in improvisational theater and experimental music as well as fellow visual artists.

Friend and author B.H. Friedman wrote that the frozen moments and isolated figures in Howard's paintings have more in common with the Nouveau Roman and New Wave cinema than they do with Pop Art,[1] which was the only critical reference for much representational painting in the 1960's.

As Christoph Grunenberg wrote about Nouveau Roman authors, "they explored the dynamic triangle between author, reader, and story, fundamentally questioning time, space, perspective, memory, and shifts between subjective and objective reality".[2] All these qualities can be found in Howard's work.

Howard began his career as an Abstract Expressionist, working under Franz Kline, exhibiting in various tenth street galleries and in the famed Stable Gallery annuals. In 1962 he had his first solo show at the Stable, exhibiting well received, expansive, abstract paintings, even as he continued to paint representational work in private. In 1966 he rejected what he called "the Abstract Expressionist orthodoxy" in his solo exhibition at The Jewish Museum in New York City, known for its ground breaking avant-garde exhibitions during the tumultuous 1960's.

The explicit artificiality of photo-based elements

und bei den berühmten Jahressausstellungen der Stable Gallery aus. 1962 hatte er seine erste Einzelausstellung in der Stable und stellte dort expansive abstrakte Bilder aus, die gut ankamen, wobei er im Privaten weiterhin darstellende Bilder malte. 1966 begann er mit seiner Einzelausstellung am Jewish Museum in New York City mit der Ablehnung der „Orthodoxie der abstrakten Expressionisten", wie er es nannte. Das Jewish Museum war in den wilden 1960er Jahren für seine bahnbrechenden Avantgarde-Ausstellungen bekannt.

Die explizite Künstlichkeit der auf Fotografien basierenden Elemente in Howards Bildern schockte in der *downtown scene* so viele, dass an der New York Studio School ein öffentliches Forum abgehalten wurde. Dieses gab seinen Künstlerkollegen Gelegenheit, ihre Meinung zu dem Thema abzugeben, das nach Howards Ausstellung in den Kulturteilen von Zeitungen und Zeitschriften heiß diskutiert wurde. Der gegenständliche Maler Philip Pearlstein meinte, sein Ziel sei es, aufgegebene Probleme des Realismus wieder anzugehen, doch zugleich lehnte er in den Druckmedien die Unterstellung vehement ab, seine Arbeiten basierten auf Fotografien. Andere in der gut informierten Gruppe erkannten, dass Fotos schon seit Delacroix als mimetische Hilfe verwendet wurden. Ein Großteil der Debatte ging darum, ob dies zulässig sei – und ging damit an Howards Absicht klar vorbei.

> *Abstrakter Expressionismus brachte mich auf die Geheimnisse des Lebens. Ich malte Farben und Formen, die aus dem Unterbewussten exhumierte Symbole waren und von dem bestätigt wurden, was man für Kunst hielt. Im fotografischen Realismus meiner späteren Arbeiten veränderte sich nicht Bedeutendes, außer der Tatsache, dass ich nun begann, Dinge zu malen und nicht nur Farben und Formen. Die Komplexität und die Bandbreite an Möglichkeiten erweiterten sich. Der Impuls blieb derselbe.* [3]

Howard verglich seine Rolle oft mit der eines Theater- oder Filmregisseurs, der eine

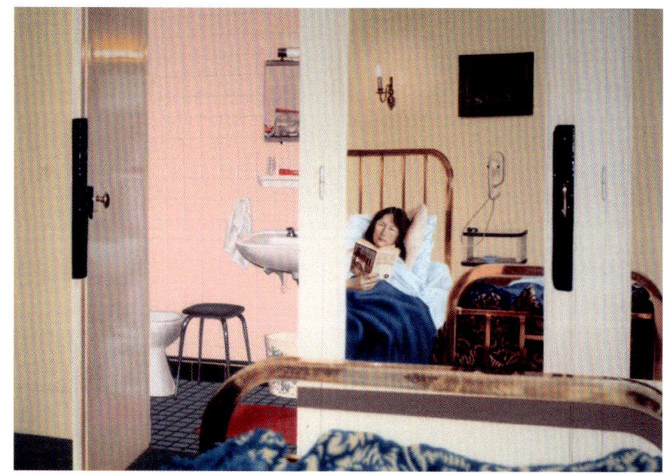

Hotel Quai Voltaire, 1974

Inszenierung entwirft und Figuren hineinsetzt. In seinen abstrakten Werken waren Farben und Formen die Figuren dieser Dramen.

In seinen darstellenden Arbeiten wurden die Figuren häufig Schnappschüssen entnommen, die er im Fluss der Beobachtung aufgenommen hatte, oder aus Medienbildern übernommen, die ihn faszinierten. Er saß oft am Frühstückstisch und schnitt Bilder aus der *New York Times* aus. Und er hatte eine große Datei mit Diapositiven als Quellenmaterial in seinem Atelier. Wenn er die Komposition eines Bildes vorbereitete, stellte er in einer Art Collage Stückchen aus verschiedenen Quellen zusammen. In den 1960er Jahren zeichnete er dazu Überlagerungen nach, die er mit dem Auflicht- oder dem Diaprojektor schuf. In den 1990er Jahren begann er, mit dem Computer zu komponieren.

Die Rolle des Betrachters war sehr wichtig. Ich fand es interessant, Alain Resnais' Bemerkungen über seine New Wave-Filme mit Howards Kommentaren zu seiner von der Kritik zum ersten Mal mit dem Begriff New Realism belegten Arbeit zu vergleichen:

> Resnais: *Jeder Betrachter kann seine eigene Interpretation finden, und es ist wahrscheinlich die richtige.*[4]
>
> Kanovitz: *Es war Teil meiner Ausbildung, mich mit einem Thema zu beschäftigen, aber das Thema steht nicht im*

in Howard's paintings, shocked so many in the "downtown scene" that a public forum was held at the New York Studio School, so that fellow artists could voice their opinions on what had become a "hot topic" in the Arts sections of newspapers and magazines following Howard's exhibition. The representational artist, Philip Pearlstein, said that his goal was to address abandoned problems of realism, but vehemently objected in print to the insinuation that his work was photo based. Others in the well informed group realized that photographs had been used as a mimetic aid since Delacroix. Much of the debate revolved around the validity of doing that – missing Howard's intent.

Abstract Expressionism used to turn me on to the mysteries of life. I painted colors and shapes that were symbols exhumed from the subconscious and were confirmed by what was believed to be Art. In the photographic realism of my later work nothing important changed, except that I began to paint things, not just colors and shapes. The complexity and range of possibility expanded. The impulse was the same.[3]

Howard often likened his role to that of a theatre or film director who creates a mise en scene and places characters in it. In his abstract work color and shapes were figures in these dramas.

In his representational work the characters were often taken from snapshots, snatched from the flow of observation, or appropriated media imagery that intrigued him. He would sit at the breakfast table, cutting pictures from The New York Times. He had a huge slide file of source material in his studio. In preparing a painting composition, he would collage together bits from various sources, in the 1960's tracing from overlays using the opaque or slide projector. In the 1990's he began composing with the computer.

The role of the spectator was very important. I found it interesting to compare Alain Resnais' remarks about his New Wave films with that of Howard's comments describing his work, first critically referred to as the New Realism,

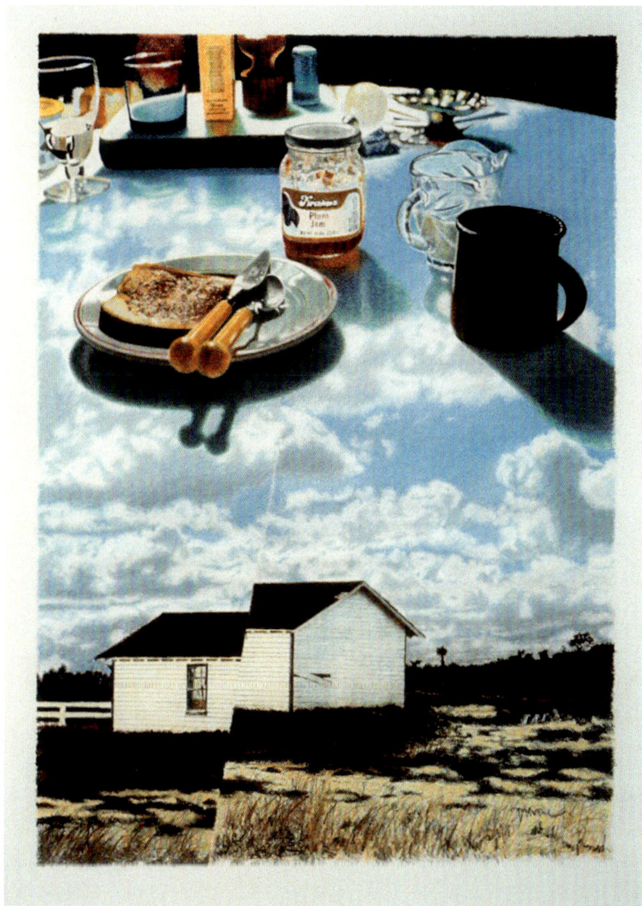

Plum Jam, 1976

Resnais: "Every spectator can find his own interpretation, and it's likely to be the right one"[4]

Kanovitz: "Part of my education was to be concerned with a theme, but the theme is decentralized. There is a point to every painting I do, but you do not have to get it. I have included it among many other things, facts made available to you to use as you wish."[5]

Among the facts, the characters, in Howard's last mural sized work, *Rain (in 12 parts)*, are a couple dancing down a golden path toward the proscenium of the painting's edge. They are about to take shelter in the section titled *Umbrella Man*. The couple was taken from a *New York Times* newspaper clipping. The *Umbrella Man* closely resembles photographs Howard took as studies for his 1971 installation *Death in Treme*, depicting a jazz funeral in New Orleans. Second line

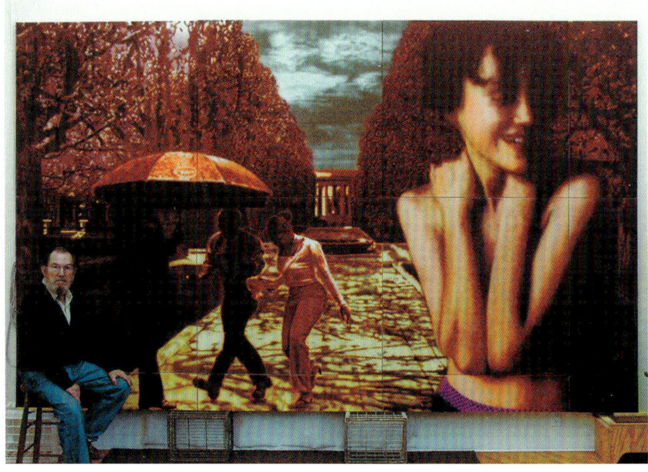

Howard Kanovitz vor/ in front of *The Rain (in 12 parts)*, 2004

> *Mittelpunkt. Hinter jedem Bild von mir steht ein Gedanke, aber es ist nicht wichtig, ihn zu erkennen. Ich habe ihn zusammen mit vielen anderen Dingen eingearbeitet, mit verfügbaren Tatsachen, mit denen jeder umgehen kann, wie er möchte.*[5]

Unter den Fakten, den Figuren, befindet sich in Howards letztem wandgroßen Bild mit dem Titel *Rain (in 12 parts)* ein Paar, das einen goldenen Weg entlang tanzt, auf das Proszenium am Rand des Bildes zu. Sie werden in der nächsten Sektion Unterschlupf finden, die den Titel *Umbrella Man* trägt. Das Paar wurde einem Zeitungsausschnitt aus der *New York Times* entnommen. Der *Umbrella Man* ähnelt anderen Fotos sehr stark, die Howard als Studien für seine 1971 entstandene Installation *Death in Tremé* verwendete, die ein Jazz-Begräbnis in New Orleans darstellt. Tänzer in der zweiten Reihe, die Schirme halten, nehmen an dem Moment teil, der „Den Körper gehen lassen" genannt wird und in dem die aufgestauten Emotionen der Trauernden herausgelassen werden sollen.

Das überlebensgroße Mädchen unten rechts scheint die theatralische vierte Wand durchbrochen zu haben und bewohnt, wie Howards ausgeschnittene Figuren, einen Bereich vor der Leinwand, von wo aus sie die Perspektive des Betrachters teilt. Im Archiv der Howard Kanovitz Foundation, das ich seit 2009 zusammenstelle, finden sich noch mehr Hinweise.

Howard arbeitete sehr akribisch, und sein Atelier in Southampton war immer extrem ordentlich und sauber. *Rain (in 12 parts)* hing an der großen Wand. Als ich das Atelier 2009 zum ersten Mal betrat, allein, war es noch spartanischer als sonst. Jedes Glas mit Farbe, jedes Stück Papier und jedes Buch war ordentlich an seinen Platz geräumt worden. Ein Arbeitstisch stand in der Mitte des großen offenen Bereichs. Howard hatte scheinbar gerade ein fotografisches Selbstportrait gerahmt und ließ es an diesem auffälligen Platz liegen.

Ich versuche immer noch, die Geheimnisse zu enthüllen.

* Leiterin, The Howard Kanovitz Foundation

[1] B.H. Friedman: „Focus as Physical Reality", in: *Art News*, Oktober 1966, S. 48.
[2] Christoph Grunenberg: „The Marienbad Look: Film, Art and Style", in: *Last Year in Marienbad, A Film as Art*, Ausstellungskat. Kunsthalle Bremen. Bremen 2015, S.14.
[3] Howard Kanovitz, handgeschriebene Notizbücher, ohne Datum, The Howard Kanovitz Foundation.
[4] Dave Kehr: „Alain Resnais, Acclaimed Filmmaker Who Defied Conventions, Dies at 91", in: *The New York Times*, Movies, 2. März 2014.
[5] William Berkson: „Introduction and Interview", in *Howard Kanovitz: Recent Paintings and Drawings*, Ausstellungskat. The Jewish Museum. New York 1966.

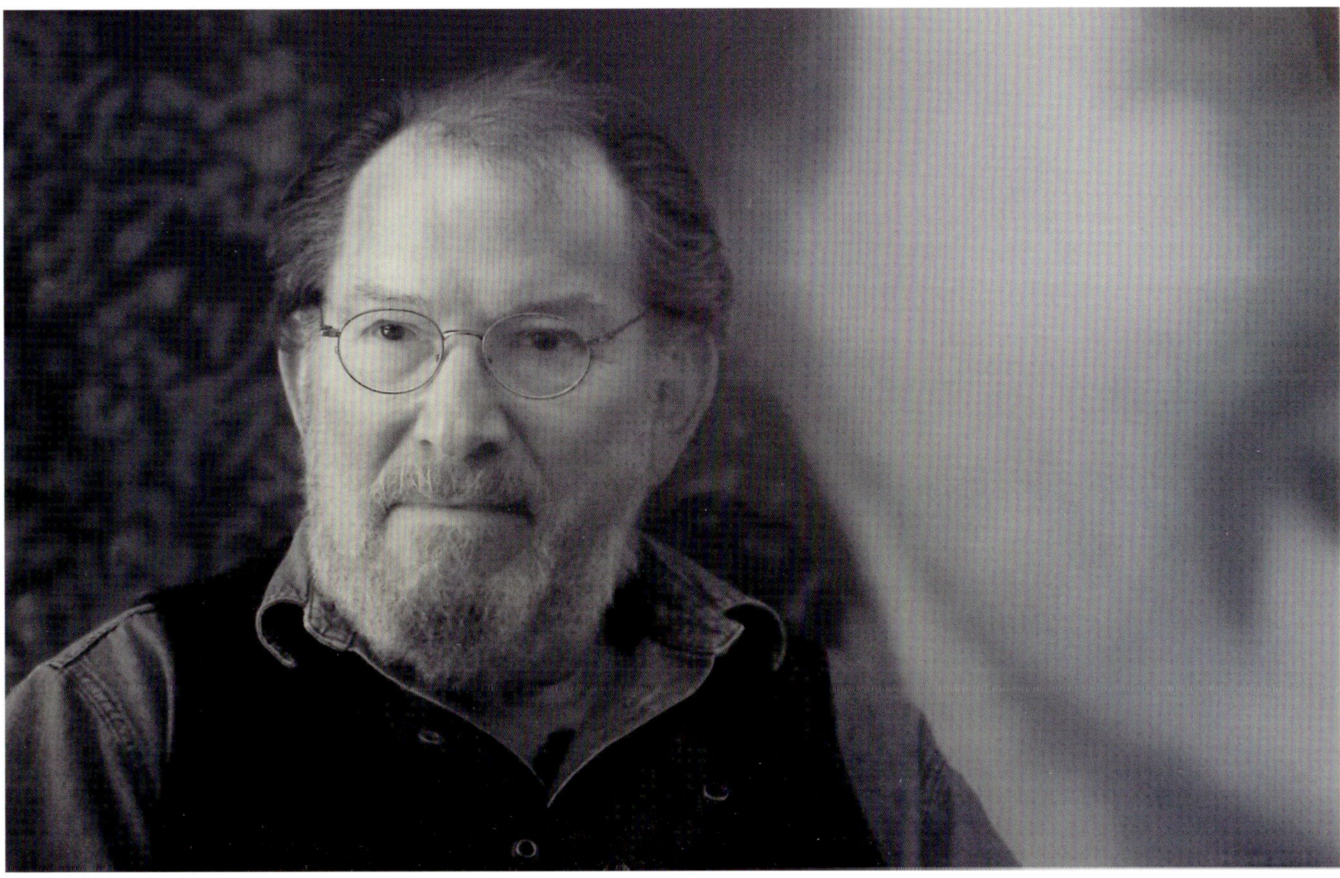

Howard Kanovitz, Letztes Selbstbildnis/ last self-portrait, 2008, Photo: The Howard Kanovitz Foundation

dancers, holding umbrellas, are participating in the moment called "letting the body go", meant to release the pent up emotions of the mourners. The larger than life girl at the lower right seems to have broken through the theatrical fourth wall, and like Howard's cut out figures, inhabits an area in front of the canvas, sharing in the viewers' space. In The Howard Kanovitz Foundation archive, which I have been compiling since 2009, there are more clues.

Howard was a meticulous worker and his Southampton studio was always immaculate. *Rain (in 12 parts)* hung on the main wall. When I first entered the studio in 2009, alone, it was even more spare than usual. Every jar of paint, scrap of paper, or book had been carefully put in its proper place. A worktable had been placed in the center of the large open area. Howard had obviously just framed a photographic self portrait and left it in that prominent position.

I am still trying to unfold the mysteries.

* Director, The Howard Kanovitz Foundation

[1] B.H. Friedman, "Focus as Physical Reality", in *Art News*, October 1966, p. 48.

[2] Christoph Grunenberg, "The Marienbad Look: Film, Art and Style", in *Last Year in Marienbad, A Film as Art*, Kunsthalle Bremen 2015, p. 14.

[3] Howard Kanovitz, hand written notebooks, nd, The Howard Kanovitz Foundation, Sag Harbor, NY, USA.

[4] Dave Kehr, Movies, "Alain Resnais, Acclaimed Filmmaker Who Defied Conventions, Dies at 91", *New York Times*, March 2, 2014.

[5] William Berkson, "Introduction and Interview", *Howard Kanovitz: Recent Paintings and Drawings*, The Jewish Museum, September 1966.

Howard Kanovitz: Zwischen Tradition und Avantgarde. Malerei des Fotorealismus

Mark R. Hesslinger

„Ströme sichtbar machen". In einem seiner frühesten publizierten Selbstzeugnisse erklärt Howard Kanovitz das Ziel seiner Kunst mit einem biografisch-geografischen Bild:

> *In Fall River, wo ich aufwuchs, fließt der Quequechan mitten durch die Stadt. Anders als die meisten Flüsse sieht man ihn aber nicht, denn er wird von den Baumwollfabriken verdeckt, die sein Wasser benutzten, um während des Industriebooms Strom zu erzeugen. Jeder spricht über den Fluss und kennt die Arbeit, die er machte, aber wenige haben ihn je gesehen. Meine Aufgabe ist es, solche Flüsse sichtbar zu machen.*[1]

Dabei bezieht sich Howard Kanovitz auf sein Gemälde *Quequechan* von 1962[2], das im selben Jahr in seiner ersten Einzelausstellung bei der Stable Gallery in New York und 1963 im Krannert Art Museum der University of Illinois in Urbana ausgestellt wurde. Tatsächlich ist es eines der letzten Werke Kanovitz' im Stil des abstrakten Expressionismus. In der Einführung zum Katalog der Ausstellung in Urbana interpretiert Allen S. Weller in einer zivilisationskritischen Bestandsaufnahme seiner eigenen Gegenwart die antinaturalistische Kunst als Signifikant tiefgreifender Veränderungen.[3] Die kulturellen Ausprägungen und Ausdrücke seien zurückzuführen auf Beziehungen zwischen dem Menschen und seiner Umwelt, auf Beziehungen zwischen Menschen sowie auf die Selbstvergewisserung des Menschen. Und obwohl die zwischenmenschlichen Beziehungen einen neuen Grad an Komplexität erreicht hätten, würden die revolutionärsten kulturellen Veränderungen verursacht von neuen Gegensätzen und Konflikten zwischen dem Menschen und seiner Umwelt, der alles verschlingenden modernen Stadt mit ihren allgegenwärtigen und aggressiven Maschinen.
Was Weller nicht sieht, noch nicht sehen kann, sind neue realistische Tendenzen in der Malerei, insbesondere der Pop Art und des Fotorealismus beziehungsweise des Hyperrealismus. Wie lässt sich exemplarisch an Howard Kanovitz diese Rückbesinnung auf die Tradition und zugleich die Entwicklung einer neuen Avantgarde erklären? Wie antwortet Kanovitz mit seiner Bildsprache auf die „revolutionärsten kulturellen Veränderungen" und Herausforderungen der Moderne?

Wenige Jahre nach *Metropolis*, im Jahr 1929, wird Howard Kanovitz in Fall River in Massachusetts

Howard Kanovitz: Balanced between Tradition and the Avant-Garde. Photo-Realist painting

Mark R. Hesslinger

"Mak[ing] rivers visible." In one of his earliest personal accounts to be published, Howard Kanovitz uses a biographical-geographical metaphor to describe the aim of his art:

> *In Fall River, where I grew up, the Quequechan flows through the center of town. Unlike most rivers, it is out of sight, covered by the cotton mills that used its rushing waters for power during the city's industrial heyday. Everyone talks about the river and knows the work it did, but few have ever seen it. My work is to make such rivers visible.*[1]

Howard Kanovitz is referring to *Quequechan*, a work painted in 1962[2] and shown that same year in his first solo exhibition at the Stable Gallery, New York, and in 1963 at the Krannert Art Museum, University of Illinois at Urbana. It is actually one of his last works to be painted in Abstract Expressionist style. In his critique of contemporary civilization in the introduction to the exhibition catalogue *Contemporary American Painting and Sculpture 1963* Allen S. Weller describes the anti-naturalist trend of art as a sign of far-reaching changes.[3] He believes that cultural idiosyncrasies and expressions stem from the relationships between humans and their environment, from relations between humans as well as from their process of self-discovery. And although inter-human relationships had reached a new degree of complexity, the most revolutionary cultural changes were being triggered by new oppositions and conflicts between humans and their environment, and by the all-engulfing modern cities with their ubiquitous and aggressive machines.
Weller was not yet aware of the new realist tendencies in painting, especially in Pop Art and in Photo-Realism or, to be more precise, in Hyper-Realism.
How can this return to
tradition and the simultaneous development of a new Avant-Garde be explained in relation to the work of Howard Kanovitz? How does Kanovitz' visual imagery respond to the "most revolutionary changes" and challenges of the modern?

Howard Kanovitz was born in 1929, only a few years after the release of *Metropolis*, in Fall River, Massachusetts. His parents, who had fled the Jewish pogroms in Vilnius, Lithuania, would have considered the USA to be truly a new world. In the 1940s, Howard Kanovitz toured the States playing the jazz trombone with his band, from 1949 to 1951 he studied painting at

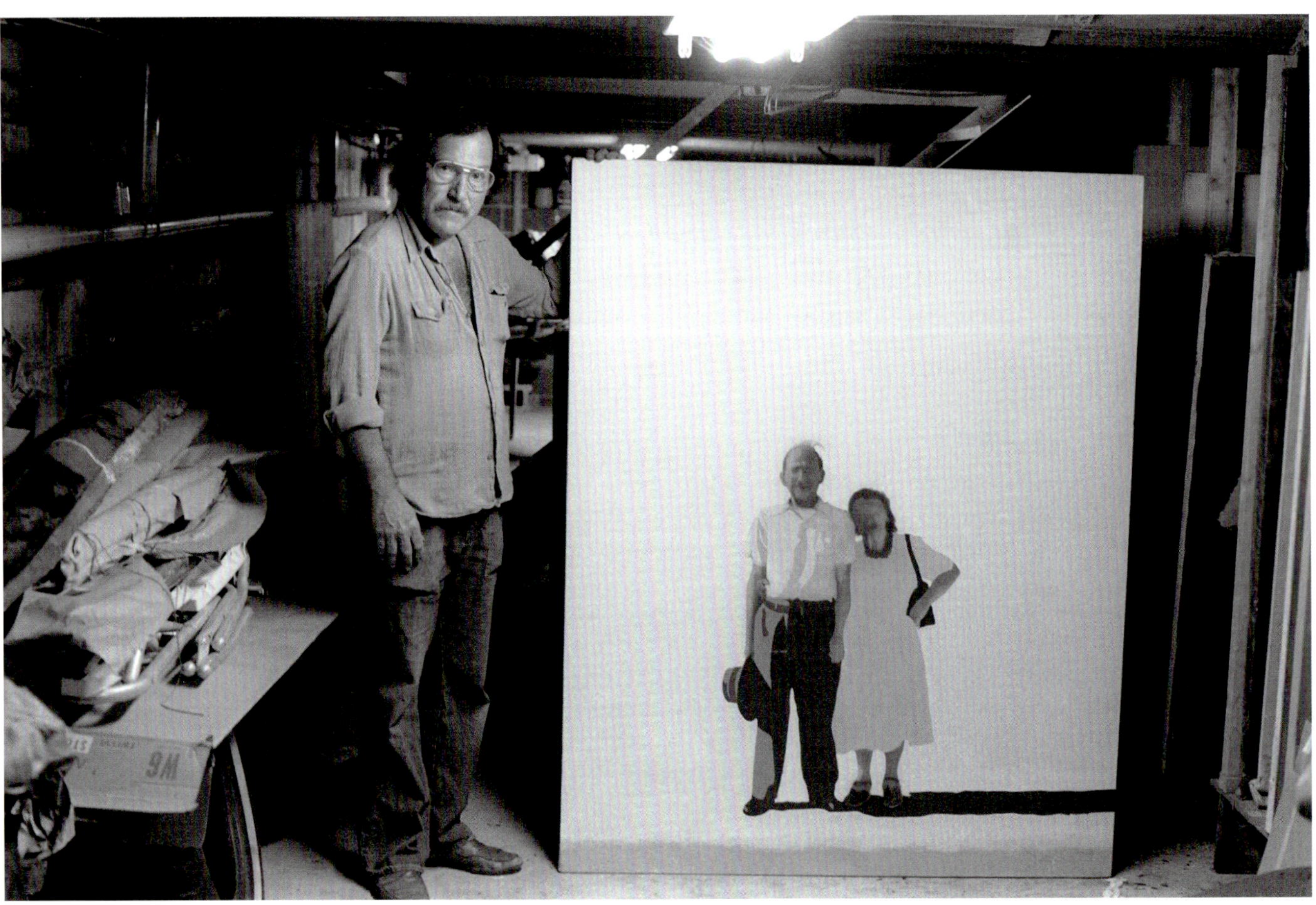

Howard Kanovitz und *The Artist's Parents*, um / c. 1965. Foto: © Reinhard Voigt

geboren. Für seine Eltern sind die USA nach der Flucht aus Vilnius vor den Judenpogromen in Litauen tatsächlich wie eine neue Welt. Howard Kanovitz reist in den 1940ern mit seiner Band als Jazz-Posaunist durch die USA, studiert 1949 bis 1951 Malerei an der Rhode Island School of Design, ist 1951 bis 1952 Schüler des figurativen Malers Yasuo Kuniyoshi (1893-1953), der 1952 als einer der ersten amerikanischen Künstler auf der Biennale in Venedig vertreten ist,[4] und des abstrakten Expressionisten Franz Kline (1910-1962). 1956 bis 1958 reist Howard Kanovitz nach Europa, nach Frankreich, Italien, Spanien und nach Marokko. In einer gegenläufigen Bewegung zur Flucht seiner Eltern aus Litauen, gegen die mittlerweile geradezu obligatorische Reise europäischer Künstler nach New York und Amerika wie bereits 1936 bis 1938 von Giorgio de Chirico,[5] gegen eine amerikanische „Standortbestimmung von Kunst [...] *gegen* das europäische Erbe, das über die Immigranten aus der Alten Welt des Ersten und Zweiten Weltkrieges an amerikanischen Kunsthochschulen vermittelt worden war",[6] tritt er in einen Dialog mit europäischer Bildtradition und italienischer Malerei der Frührenaissance. Sein Florentiner Atelier, das einst Adolf von Hildebrand gehörte, schmücken sogar noch die Gipsabgüsse der Elgin Marbles mit dem Kampf der Lapithen gegen die Kentauren aus dem Parthenon-Fries und Tonmodelle Hildebrands[7], woran noch die Darstellung von Antonio Canovas Marmorskulptur *Theseus besiegt den Kentauren Phereus*[8] im Gemälde *Starring Mickey and Gil (Robert Schapiro depicted)*[9] erinnert. In den Kirchen und Museen von Florenz studiert und skizziert Kanovitz: „Man kann da verrückt werden.

the Rhode Island School of Design, and from 1951 to 1952 he was a pupil of Yasuo Kuniyoshi (1893–1953), a figurative painter and one of the first American painters to show their works at the Venice Biennale in 1952,[4] and of the Abstract Expressionist Franz Kline (1910–1962). He spent 1956 to 1958 travelling through Europe, visiting France, Italy, Spain and Morocco. Travelling in the opposite direction to his parents on their flight from Lithuania, against the flow of the European artists on their by-now mandatory trip to New York and America – preceded by Giorgio de Chirico in 1936–1938,[5] against the American "assessment of art [...] *against* the European legacy imparted in American high schools by immigrants from the Old World of the First and Second World Wars,"[6] he embarked on a dialogue with the European painting tradition and with the Italian painting of the early Renaissance. His Florentine studio, formerly belonging to Adolf von Hildebrand, was still decorated with plaster casts of the Elgin Marbles showing the battle between Lapiths and Centaurs from the Parthenon frieze along with clay models made by Hildebrand[7] recalled in Kanovitz' depiction of Antonio Canova's marble sculpture *Theseus Vanquishing the Centaur Phereus*[8] in *Starring Mickey and Gil (Robert Schapiro depicted)*.[9] Kanovitz spent his time studying and sketching in Florence's churches and museums: "You can get crazy there. Masaccio, Piero della Francesca, Donatello, Uccello, Andrea del Castagno, all of them and others. I carried a sketch book and did hundreds of little drawings. Some were rough analyses of whole compositions, others were detailed and very finely rendered."[10] He was particularly drawn to the nearby Brancacci chapel in the church of Santa Maria del Carmine with its frescoes (1423–1428) begun by Masolino's pupil Masaccio and completed by Filippino Lippi (1481–1485). The frescoes stand out for their groundbreaking use of linear perspective to create pictorial space and their firm, solid figures rendered with remarkable realism. Hippolyte Taine had already recognized

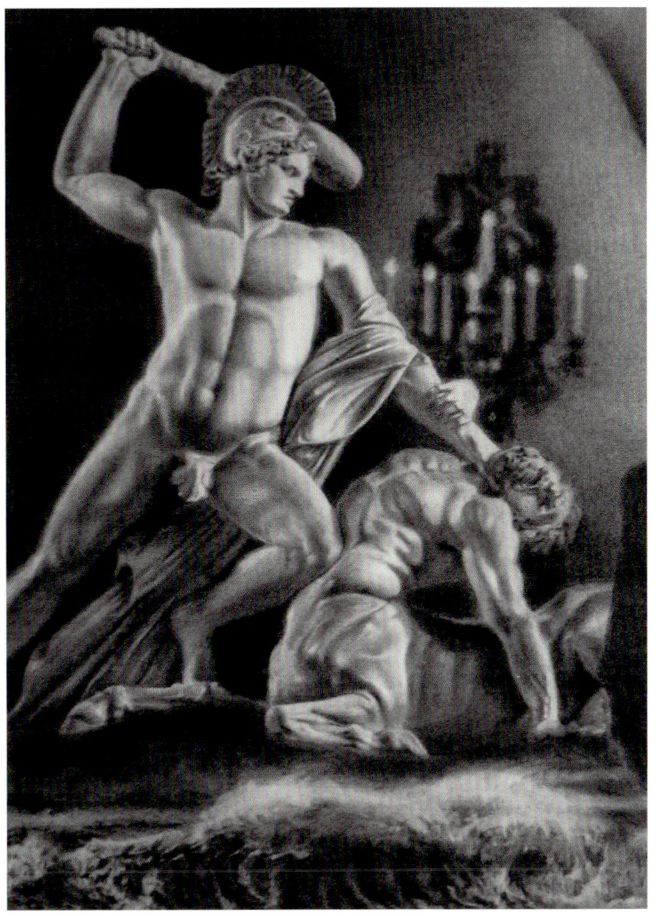

Starring Mickey and Gil, 1995, Detail

Masaccio's incredible ability to depict contemporary society, revealed in his portrayal of "Adam and Eve" as "Florentines that he has undressed."[11] Kanovitz' Florence experience is visually captured in works like *I Tatti* and *Yellow Tatti* as well as in *Solo* (with a rear view of an athletically built woman in the right foreground),[12] which shows the garden of I Tatti, the villa in Florence formerly owned by Bernard Berenson that has, since 1961, housed his library and collection and the Harvard Center for Italian Renaissance Studies. After his return to New York in 1958, Howard Kanovitz studied art history at the Institute of Fine Arts under H. W. Janson (1913–1982) and under the latter's former teacher from Hamburg, Erwin Panofsky (1892–1968), but gave up his studies to concentrate on his painting.

His encounter with family photos after his father's

Masaccio, Piero della Francesca, Donatello, Ucello, Andrea del Castagno, sie alle und andere. Ich hatte immer ein Skizzenbuch bei mir und machte Hunderte von kleinen Zeichnungen. Einige waren grobe Umrisse ganzer Kompositionen, andere sehr genau übertragene Details."[10] Von besonderer Anziehungskraft ist die nahe dem Atelier gelegene Cappella Brancacci in der Kirche S. Maria del Carmine mit den bereits im 18. Jahrhundert wiederentdeckten Wandfresken (1423-1428) des Masolino-Schülers Masaccio, vollendet von Filippino Lippi (1481-1485). Bahnbrechend sind ihre zentralperspektivisch aufgebauten Bildräume mit festen, soliden Figuren, die einen strengen Realismus verkörpern. Bereits Hippolyte Taine erkannte die Aktualisierungsleistung Masaccios, der *Adam und Eva* darstellte als „Florentiner, die er entkleidet hat".[11] Visuell manifest wird die Florenz-Erfahrung in Kanovitz' Arbeiten *I Tatti* und *Yellow Tatti* sowie *Solo* (mit der Rückenansicht einer athletischen Frau im rechten Vordergrund)[12], die die Gartenansicht des einstigen Bernard Berenson-Palazzos I Tatti bei Florenz zeigen, der seit 1961 Berensons Bibliothek und Sammlung mit dem Harvard Center for Italian Renaissance Studies beherbergt. Nach der Rückkehr nach New York 1958 studiert Howard Kanovitz am Institute of Fine Arts Kunstgeschichte bei H. W. Janson (1913-1982) und dessen einstigem Hamburger Lehrer Erwin Panofsky (1892-1968), gibt aber das Studium auf, um sich auf die Malerei zu konzentrieren.

Die Konfrontation mit Familienfotos nach dem Tod des Vaters 1963 wird für Kanovitz zum biographischen Impuls, von der abstrakt-expressionistischen Malweise seines Lehrers Franz Kline zur gegenständlichen, zur realistischen Malerei zurückzukehren: „Es begann mich die Frage einer Vergangenheits-Bilanz zu interessieren, und ich fing an, mit diesen Fotos zu arbeiten."[13] Für Peter Sager klingen damit ein nostalgischer und ein konzeptueller Moment des zeitgenössischen Realismus an, die sich beide exemplarisch in Christian Boltanskis Familienfotos finden, „jenen ungemalten, aber darum nicht weniger realistischen Recherchen der Vergangenheit und ihrer rekonstruierten Verlängerung in eine sichtbare Gegenwart".[14]

Kanovitz' Gemälde seiner Eltern, *The Artist's Parents*[15] von 1965, ist beispielhaft für diese frühen realistischen Werke, die noch eine deutliche Nähe zu den abstrakten Bildern zeigen. An der unteren Bildkante deutet ein schmaler farbiger Horizontalstreifen Erdboden an, während das Paar, einander haltend und stützend, vor dem weißen Grund steht und allein mit seinem nach rechts fallenden, ebenfalls als horizontalen Streifen dargestellten Schattenwurf Räumlichkeit herstellt. Das Paar nimmt etwa die halbe Bildhöhe ein, die Köpfe der beiden liegen auf den Bilddiagonalen, wobei sich die Bildmitte an der linken Schulter des Vaters befindet, an die die Mutter ihren Kopf schmiegt. Wie der Bildraum ist auch die Körperlichkeit sehr flächig aufgefasst, mit geringer Binnenzeichnung und einer klaren Farbflächenorganisation, wie etwa an den scharfen Bügelfalten der Hosen beobachtet werden kann. Bemerkenswert ist, dass die Gesichter des Mannes und der Frau nur summarisch angedeutet, wie hinter einem Schleier verhüllt, zu sehen sind – die *testa velata* als klassisches Symbol von Tod und Trauer.

Vergleichbar behandelt Kanovitz Personen und Bildraum in den aus demselben Jahr datierenden Gemälden *Nude Greek Reclining*[16] und *The Lovers*[17], deren vorbereitende Bleistiftstudien von besonderem Interesse für seine Arbeitsweise sind. Jörn Merkert hebt hervor, dass sich die Bildproblematik von Figur und Bildgrund, mit bedingt durch die fotografischen Vorlagen, als beherrschendes Thema der Bilder von 1965 verselbständigt, wobei die realistische Figur fast ornamental eingebunden wird.[18]

Ein heute auf vier Sammlungen verstreutes, frühes, großformatiges und raumgreifendes Hauptwerk sind die drei Gruppen *The People*[19]

death in 1963 spurred him to leave behind the Abstract Expressionist painting style of his teacher Franz Kline to return to realist representational art: "I became interested in reckoning with the past and started working with these photos."[13] According to Peter Sager the nostalgia and conceptual approach of this moment in contemporary Realism are synthesized in Christian Boltanski's family photographs, "those unpainted yet no less realistic investigations into the past and their reconstructed prolongation in a visible present."[14] His early realistic works – which continue to appear close to his abstract paintings – are exemplified by Kanovitz' 1965 portrait of *The Artist's Parents.*[15] A narrow painted strip near the bottom edge of the painting represents the ground while the couple stands supporting each other in front of a white background, throwing a shadow also representing space in the form of a horizontal strip. The couple occupies the bottom half of the painting with their heads lying on the diagonal, while the centre of the painting corresponds to his father's left shoulder against which his mother nestles her head. Like the pictorial space, their bodies are represented in terms of flat surfaces with little detail and clearly arranged fields of colour, as seen in the sharply ironed trouser pleats. Curiously both faces are sketched in roughly, as if hidden behind a veil – the 'testa velata' that is the classical symbol of death and mourning.

Kanovitz adopts a similar approach to the figures and space in two other paintings from the same year. The preparatory pencil sketches for these two works – *Nude Greek Reclining*[16] and *The Lovers*[17] – offer important insights into his painting process. Jörn Merkert suggests that the balance of figure and background arising from the use of photographs develops into the dominant theme of his 1965 paintings, which incorporate the figures in an almost decorative manner.[18]

A major early work is a large-format extensive installation now dispersed among four collections comprising three groups entitled *The People*[19] in front of a painting entitled *The Opening.*[20] *The Opening* is a fictional group portrait showing fifteen artists, art critics, museum staff and an anonymous public at the opening of a show in front of a monochromatic blue background; in front of it Kanovitz placed *The People,* groups of life-sized shaped canvases that enter into a kind of dialogue with *The Opening.* As well as channelling Kanovitz' reflections on the New York art world in the 1960s, the work also represents his response to his visual experiences in the Brancacci chapel in Florence as well as to the group portraits of the Dutch Golden Age. With their realism, balanced compositions, neutral background and limited palette, *The Opening* and *The People* bring to mind the art of Johannes Verspronck, Haarlem's leading portraitist after Frans Hals, and the "balance between quiet movement and decorum" that distinguishes works like the 1641 *Regentesses of the St Elisabeth Hospital.*[21] We might mention various other group portraits including Frans Hals' *Regents of the Old Men's Almhouse*[22] or Rembrandt's *The Night Watch*[23]. Max Imdahl distinguishes between the way group portraits are directed and structured.[24] While direction is responsible for the scene portrayed, for example, the "scenic link joining several figures in a single, shared moment", the structure tends to use "a geometric composition to achieve a comprehensively organized image field that can be grasped as a whole."[25] As theorized by Alois Riegl, the internal and external coherence of the scene organizes the relationship of figures to each other and to the viewer.[26] Kanovitz gives the figures in *The Opening* a frieze-like arrangement, placing their heads more or less at the same level according to a principle of isocephaly, using graduated sizes to achieve the effect of perspective and depth, and using gestures and lines of sight within and outside of the painting to achieve scenic unity and to draw the viewer into the action of the exhibition. Kanovitz' placement of the three shaped canvases – *The People* – creates a second plane allowing him to fulfil Adolf von Hildebrand's postulate stating that "appearance of planes is the most important artistic expression of every three-dimensional

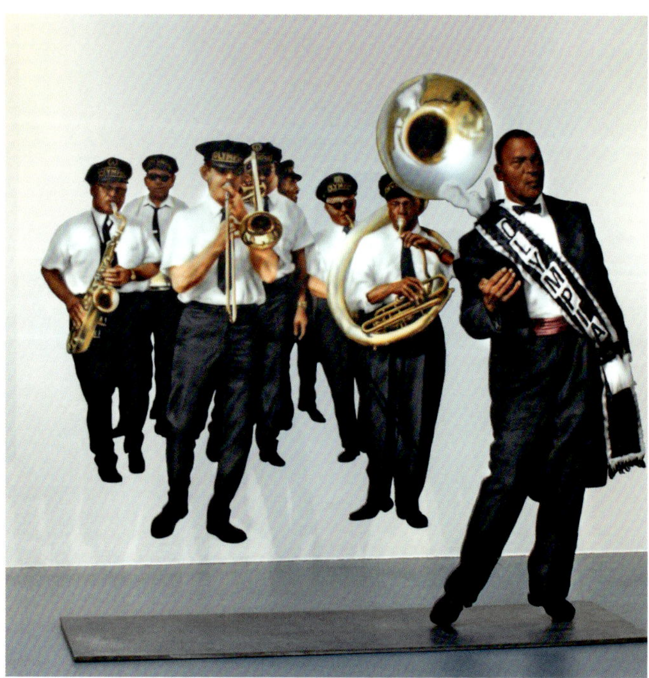

Death in Tremé, 1970, Detail

vor dem Gemälde *The Opening*[20]. Während sich in *The Opening* fünfzehn Künstler, Kunstkritiker und Museumsleute sowie anonymes Publikum zu einem fiktiven Gruppenporträt bei einer Vernissage treffen – und das ausgerechnet vor monoton blauem Bildgrund –, versammelt Kanovitz mit *The People* lebensgroße *shaped canvases*, die wie der Betrachter mit dem Gemälde *The Opening* in einen Dialog treten. Dabei reflektiert Kanovitz nicht nur die Kunstwelt New Yorks in den 1960er Jahren, sondern er spiegelt zugleich seine Seherfahrungen in der Brancacci-Kapelle in Florenz sowie die holländischen Gruppenporträts des „Gouden Eeuw". *The Opening* und *The People* erinnern mit ihrem Realismus, der ausgewogenen Komposition, dem neutralen Hintergrund und der reduzierten Farbpalette an die Kunst des neben Frans Hals bedeutendsten Haarlemer Porträtspezialisten Johannes Verspronck und die von ihm erzielte „Balance zwischen leichter Dynamik und Würde", wie sie etwa das Bild *Die Vorsteherinnen des St. Elisabeth-Hospitals* von 1641 auszeichnet.[21] Daneben ließen sich verschiedene Gruppenporträts von Frans Hals und Rembrandt anführen, wie Frans Hals' *Regenten van het Oudemannenhuis*[22] oder Rembrandts *Nachtwache*[23]. Max Imdahl unterscheidet zwischen Regie und Struktur in den Gruppenporträts.[24] Während die Regie die Szene im Bild, zum Beispiel die „szenische Verbindung mehrerer Figuren durch einen einzigen, gemeinsamen Moment", leistet, schafft die Struktur „meistens durch geometrische Kompositionsmittel ein ganzheitlich gegliedertes und insgesamt überschaubares Bildfeld".[25] Die innere und die äußere Einheit der Szene organisiert nach Alois Riegl das Verhältnis der Figuren zueinander sowie zum Betrachter.[26] Howard Kanovitz ordnet in *The Opening* sein Personal friesartig an, die Köpfe innerhalb einer gewissen Toleranz auf einer einheitlichen Höhe, isokephal, durch abgestufte Größen eine Perspektive und einen Tiefenraum schaffend, die mit der Gestik und den Blickrichtungen innerhalb und außerhalb des Bildes eine szenische Einheit bewirken und so den Betrachter mit in das Geschehen der Vernissage einbeziehen. Dies geschieht zumal mit der Aufstellung der drei *shaped canvases* mit dem Titel *The People* als zweite Ebene, womit Kanovitz ganz nebenbei auch die Forderung Adolf von Hildebrands nach der „Ebenenerscheinung als de[m] wichtigste[n] künstlerische[n] Ausdruck alles Dreidimensionalen"[27] erfüllt. Die Rückenfiguren öffnen das Bild, wie es bereits Caspar David Friedrich entwickelt hatte, sie versetzen den Betrachter in ihre Position und sind zugleich das Betrachtete.[28] Weitere Prinzipien arbeitet Siegfried Salzmann im Vergleich von Kanovitz und Manet heraus.[29] Dabei handelt es sich im Einzelnen um Isolation und Silhouettierung der Figur, pointierte Künstlichkeit, strenger formalistischer Bildaufbau und Kontrastierung frontal gesehener Figuren mit Rückenfiguren. Mit diesen Mitteln erzielt Kanovitz den von ihm angestrebten Stil des Fotorealismus – ein Begriff, der in der Folge seiner ersten musealen Einzelausstellung im Jewish Museum in New York geprägt wurde.

Demgegenüber ist der Begriff des Realismus in diesem Zusammenhang als Gegensatz zur

object."[27] The use of "Rückenfiguren" or figures portrayed from the back, popularized by Caspar David Friedrich, opens up the painting, causing the viewer to identify with the subject while also being what is observed.[28] Siegfried Salzmann also developed interesting parallels between the work of Kanovitz and Manet.[29] Kanovitz' work, which features silhouetted figures shown in isolation, is characterized by its pronounced artificiality, highly formalistic compositions, and the contrast between figures that are frontally viewed and seen from behind. These devices allow Kanovitz to attain the desired style of Photo-Realism, a term that was coined after his first museum exhibition at the Jewish Museum, New York.

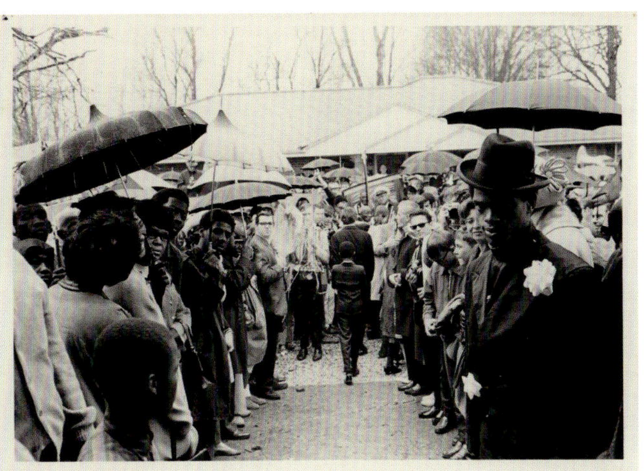

Ein Jazzbegräbnis / a jazz funeral in New Orleans, um / c. 1970. S/w-Fotografie / b/w photo, 21,6 x 28 cm. The Howard Kanovitz Foundation

In this context 'Realism' should be considered as the antithesis of 'Abstraction' and not as the art-historical term originating with Gustave Courbet's 1855 "Pavillon du Réalisme" and "Manifeste du Réalisme": "Faire de l'art vivant, tel est mon but!" Klaus Herding recently remarked that Realism is a term with a limited applicability. In fact, Courbet maintained that there are several perspectives, not just one viewpoint. This belief in the openness and complexity of life is realistic in the true sense of the word and goes beyond a mere depiction of the object concerned. Unlike Naturalism, Realism is idealistically motivated, especially as far as the political concept of realism is concerned.[30]
Benedikt Ledebur dives in deep in *Das Paradox des Realen in der Kunst*:

> *A first attempt at a rational distinction of the real that separates the determination of characteristics from the absence of this determination – this being an attempt to assign the real to another space other than the reality in which it currently exists, which one might suspect is only a construct – is the same as the distinction between the representational and the nonrepresentational. This ex negativo concept of the real would fall into the latter category, as it is the coded denotation, the characteristic-filtering gaze, and the eyes schooled by the conventions of seeing and the desire for categories that give any form of realism the ability to deceive us with its temporal and stylistic artificiality. Either from a Kantian concept of a fundamentally unapproachable reality or from the constructivist view of artificiality that is void of any reality whatsoever, if when looking at something the viewer takes into consideration the means of viewing, the methods, or the experimentation, then the real is often seen as precisely the area that is able to elude the symbols created by both the sciences as well as art though the real provides the very inspirations for all of the insights, discoveries, and inventions.*[31]

Max Imdahl recalls Kandinsky's distinction between "Great Abstraction" and "Great Realism", defined as "art content reduced to a minimum" or the extreme reification of the representational (by contrast to the extreme reification of the non-representational).[32] Yet this extreme reification does not convince either as a feature of Courbet's Realism or of Kanovitz' Pop Art. Klaus Herding suggests that, in the case of Courbet at least, this dispensation with the coherent narrative of realism is intended to produce an effect of "Sur-Realism" causing the viewer to search for deeper layers of meaning.[33] The "temporal and stylistic artificiality" of Realism – or rather of the various realisms – hypothesized by Ledebur places the realism of Kanovitz alongside that of Courbet.
Courbet, like Kanovitz, draws upon the tradition

Abstraktion zu verstehen und nicht als kunsthistorischer Stilbegriff, der auf Gustave Courbets *Pavillon du Réalisme* und *Manifeste du Réalisme* von 1855 zurückgeht: „Lebendige Kunst machen, das ist mein Ziel!". Vor kurzem bemerkte Klaus Herding, Realismus sei ein Begriff von begrenzter Tragfähigkeit. Denn nach Courbet gebe es nicht den einen Blickpunkt, sondern mehrere Perspektiven. Diese Haltung zur Offenheit und Vielschichtigkeit des Lebens sei im eigentlichen Sinn realistisch und ziele über die bloße Abbildung des Gegenstands hinaus, da Realismus im Gegensatz zum Naturalismus einen idealistischen Impuls beinhalte, insbesondere im politisch verstandenen Realismusbegriff.[30]
Benedikt Ledebur taucht tief ein in „Das Paradox des Realen in der Kunst":

> *Eine erste rationale Unterscheidung, die die Bestimmung von Merkmalen selbst von ihrer Nichtbestimmung trennt, die im Sprechen über das Reale dem Realen einen anderen Ort zuweist als der unter Konstruktverdacht stehenden Realität, ist jene zwischen dem Begrifflichen und dem Unbegrifflichen. Das also nur* ex negativo *benannte Reale würde unter Letzteres fallen, während es der durch die Benennungen codierte, Merkmale filternde Blick, die durch die Interessen der Gattung geprägten und durch die jeweiligen Konventionen des Sehens geschulten Augen wären, die einem Realismus die Möglichkeit geben, sie über seine zeit- und stilgebundene Künstlichkeit zu täuschen. Ob jetzt aus einer kantischen Sicht die prinzipielle Unzugänglichkeit des Realen oder aus konstruktivistischer Sicht die Künstlichkeit jeder Wirklichkeit hervorgehoben wird, bei Anschauungen, die Beobachter, Betrachtungsweisen, Methoden oder Versuchsanordnungen ins Kalkül ziehen, wird das Reale oft als jener Bereich gehandelt, der sich den Symbolisierungen von Wissenschaft und Kunst entzieht, obwohl er den Grund für die Erkenntnisse, Entdeckungen und Erfindungen liefert, die in ihnen formuliert oder mit ihrer Hilfe ausgeführt werden.*[31]

Max Imdahl erinnert an Kandinskys Unterscheidung der „großen Abstraktion" und der „großen Realistik", die er als das „zum Minimum gebrachte Künstlerische", als äußerste Verdinglichung des Gegenständlichen (im Unterschied zur äußersten Verdinglichung des Gegenstandslosen) bestimmt.[32] Doch diese äußerste Verdinglichung scheint weder im Falle Courbets als ein Merkmal des Realismus, noch im Falle Kanovitz' als ein Merkmal der Pop Art zu überzeugen. Gerade für Courbet konstatiert Klaus Herding, dass der Verzicht auf kohärente Erzählung den „Realismus" vielmehr als „Sur-Realismus" wirken und den Betrachter nach tieferen Sinnschichten suchen lasse.[33] Die – nach Ledebur – „zeit- und stilgebundene Künstlichkeit" des Realismus bzw. der Realismen stellt neben Courbets Realismus mit gleichem Recht jenen von Kanovitz.

Wie Kanovitz greift Courbet die Tradition des holländischen Gruppenporträts in seinem Gemälde *Ein Begräbnis in Ornans*[34] auf. Mit diesem monumentalen, zweiten Bild seiner sogenannten „Realismus-Trilogie" macht Courbet schon im Titel seine Ambitionen deutlich: „Gemälde menschlicher Figuren, Geschichte [historique] eines Begräbnisses in Ornans." Die radikale Innovation besteht darin, ein triviales Thema ohne jede Idealisierung in Dimensionen darzustellen, die gewöhnlich der edleren Historienmalerei vorbehalten sind. Entgegen dem ausgelösten Skandal prophezeiten Bewunderer, das *Begräbnis* werde „in die Geschichte der Moderne als Säulen des Herkules des Realismus" eingehen.[35] Von vergleichbarer künstlerischer und auch politischer Bedeutung ist Kanovitz' sechsteiliges, raumfüllendes Environment *Death in Tremé*.[36] Die symbolstarke Montage erinnert an den Tod eines jungen Afro-Amerikaners und sein Jazz-Begräbnis in New Orleans, das Howard Kanovitz genau studiert und historisch authentisch darstellt.[37] Von *The Opening* und *The People* unterscheidet dieses sechsteilige Werk seine gesteigerte Komplexität und raffinierte Komposition. Drei weit überlebensgroße *shaped canvases* im Vordergrund vermitteln im Close-Up[38] Impressionen aus der Trauergemeinde, während

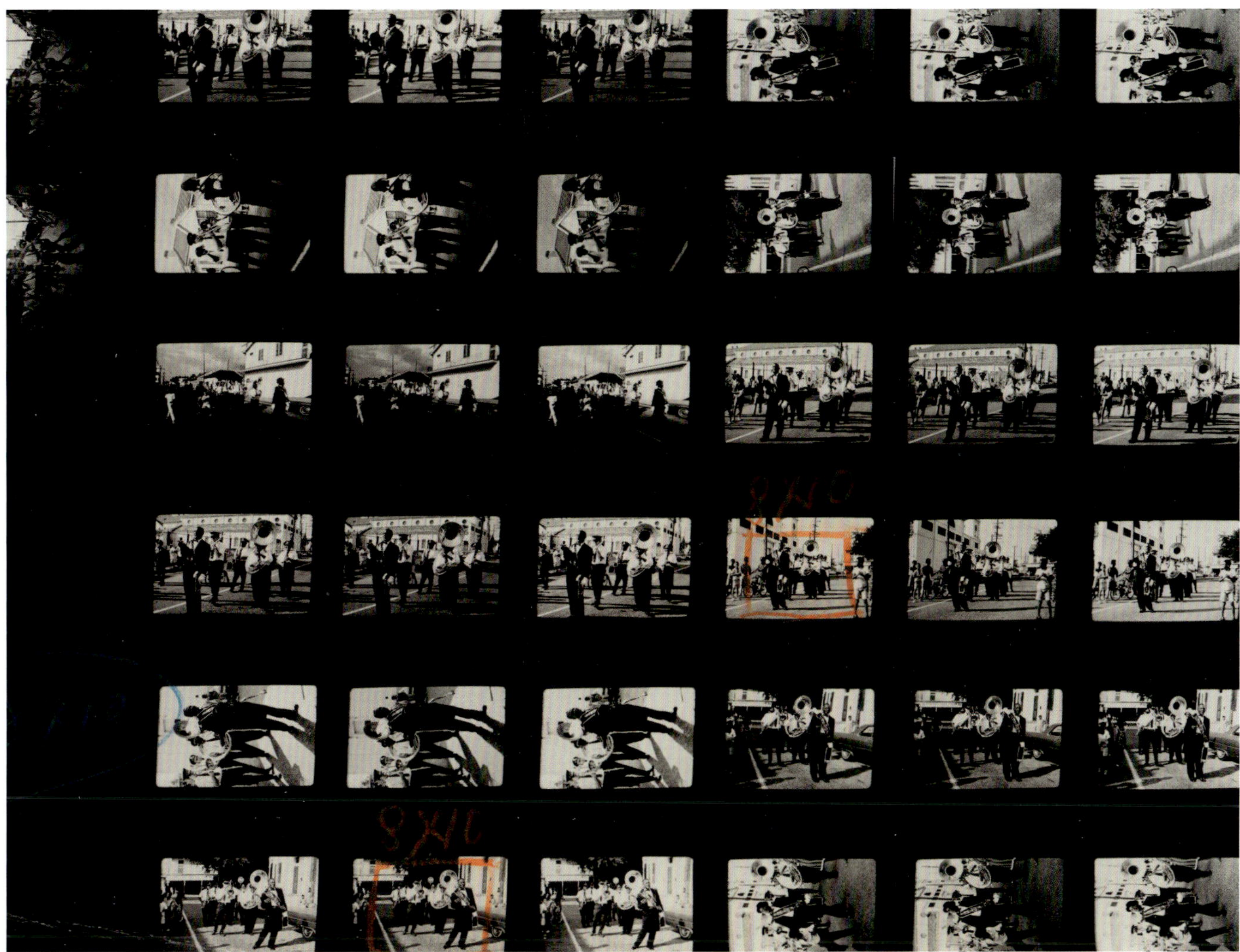

Ein Jazzbegräbnis / a jazz funeral in New Orleans, Fotovorlage für / photo model for *Death in Tremé*, um / c. 1970. S/w-Kontaktabzug / b/w contact print, 21,6 x 28 cm. The Howard Kanovitz Foundation

of the Dutch group portrait for his painting *A Burial at Ornans*.[34] Courbet makes his intentions clear right from the title of this second painting in his "Realism trilogy": "A Painting of Human Figures, the History [historique] of a Burial at Ornans." The radical innovation of this painting lay in its depiction of a trivial theme without any attempt to idealize it using a canvas of a size usually reserved for the more elevated genre of historical painting. Despite the scandal, one of the painting's admirers prophesied that the *Burial* would remain "the Herculean pillars of realism in modern history".[35] Kanovitz' six-part extensive installation *Death in Tremé* was to have a similar artistic and political impact.[36] The highly symbolic montage recalls the death of a young African American and his jazz funeral in New Orleans, which Howard Kanovitz studied carefully and portrayed in a historically authentic manner.[37] This six-part work work is distinguished by greater complexity and a more sophisticated composition than *The Opening* and *The People*. Three over-life-size shaped canvases in the foreground provide close-up[38] impressions of the mourners while the trombonist, represented by a shaped canvas in the middle ground, stands in front of the other musicians as if he has just climbed down from the wall. In front, or rather, next to the square

im Mittelgrund der Posaunist als *shaped canvas* den anderen Musikern voraus und wie von der Wand gestiegen ist. Vor oder besser neben dem quadratischen, rein als Landschaftsmalerei aufgefassten Gemälde, das gewissermaßen das Bühnenbild bietet, marschiert das Jazz-Orchester, ebenfalls als *shaped canvas* und illusionistisch in die Tiefe des Raums überleitend. Ganz hinten rechts befindet sich das zentrale *shaped canvas*, der Zug des Sargs mit den Sargträgern. Hier beziehen keine Rückenfiguren den Betrachter unmittelbar ein, sondern die monumentalen Dimensionen der frontal ihm begegnenden Figuren überwältigen ihn.

Ein Jahrzehnt vor *Death in Tremé* gestaltet Howard Kanovitz mit *Wade Ins*[39] seine emotionale Reaktion auf blutige Rassenunruhen in Florida. Mit dem rechteckigen Format und der reliefartigen Staffelung einander überschneidender Figuren erinnert *Wade Ins* an die Kämpfer auf den Metopen, die Kanovitz in den Gipsabgüssen seines Florentiner Ateliers studieren konnte. Doch kein mythisch-heroischer Kampf ist Thema der Darstellung, sondern die gesellschaftspolitische Wirklichkeit in den USA. In Analogie zu Sit-Ins, einer gewaltfreien, gegen Rassendiskriminierung gerichteten Demonstrationsform, ist der Titel *Wade Ins* gebildet. 1963 wurden die Versuche, an Pools und Stränden in St. Augustine zu baden, von Anhängern der Rassentrennung brutal unterdrückt. Dass Kanovitz, dessen Eltern vor Judenpogromen aus Litauen geflohen waren, als Jugendlicher von Amerika aus die Shoah in Europa zur Zeit des Zweiten Weltkriegs erleben oder mit ansehen musste, hatte ihn ganz sicher für jedwede Diskriminierung und Rassenverfolgung sensibilisiert.

In solcher Weise erschließen sich in Howard Kanovitz' Werken jenseits des Illusionismus und des *trompe-l'œil*, der Pop Art und des Fotorealismus, die an Kanovitz' einstigen Job als Schaufensterdekorateur im New Yorker Kaufhaus B. Altman & Co. erinnern mögen, tiefere Bedeutungsebenen. Auch auf formaler Ebene bewirken Realitätsmischung, Stilmischung, Multirealität und Multimaterialität eine Mehransichtigkeit, die Werner Hofmann als Polyfokalität fasst. „Zum Blickpunkt, der das Kunstwerk kontextualisiert, gehören auch die Fragen, denen wir es aussetzen. Sie machen es mehransichtig im Sinne der Regel, dass jedes Signifikat mehrere Signifikanten in sich vereinigen kann."[40]

Auf Kanovitz' Bilder, auch auf die späteren Fensterbilder und Landschaften, scheinen die Worte Johanna Schopenhauers anlässlich einer Rheinfahrt mit dem Dampfschiff zu passen: „Der Rahmen der Fenster wie der Spiegel zerschnitt die Landschaft, von der wir immer nur ein kleines, abgerissenes Stück erblickten; wir sahen zu viel und zu wenig, die Aussicht aus den Fenstern und die Spiegelbilder flossen wunderlich ineinander, so dass wir in dieser Verworrenheit kaum noch zu unterscheiden wussten, was Bild, was Wirklichkeit sei."[41]

landscape painting acting as a kind of backdrop is the jazz band made up of shaped canvases and illusionistically leading into the depths of the space. In the far right corner is the central shaped canvas depicting the funeral cortege with the coffin being carried by pallbearers. Here there are no figures depicted from the rear to draw viewers in, just monumental, frontally depicted figures that will overwhelm them.

A decade before *Death in Tremé,* Kanovitz painted *Wade-Ins,*[39] his emotional reaction to the brutal race riots in Florida. The square format and relief-like arrangement of the overlapping figures in *Wade-Ins* recall the fighting men in the metopes on the plaster casts in his Florentine studio. However, the painting was not inspired by mythical-heroic battles but by the contemporary socio-political situation in the USA. The title "Wade-Ins" is an allusion to sit-ins, peaceful demonstrations against racial discrimination. In 1963 attempts to integrate pools and beaches in St. Augustine, Florida, were brutally suppressed by Segregationists. As the child of refugees from the Jewish pogroms in Lithuania who had experienced or at the very least witnessed the Shoah in Europe at the time of the Second World War, Kanovitz would have been very sensitive to any discrimination or persecution motivated by race.

Clearly there are also deeper layers of meaning lying beyond the illusionism and the trompe-l'œil, beyond the Pop Art and Photo-Realism that may have drawn upon Kanovitz' erstwhile job as a window dresser for the New York department store B. Altman & Co. On a formal level too there was a mingling of realities and styles, multiple realities and multiple materialities leading to multiple perspectives that Werner Hofmann defines as 'polyfocalities'. "The questions that we set are also part of the frame of representation in which we contextualize an artwork. They lead to multiple viewpoints in the sense of the rule establishing that a single signified item may comprise multiple signifiers".[40]

Johanna Schopenhauer's words on a trip along the Rhine by steamship provide a fitting description for Kanovitz' paintings, including his later window paintings and landscapes: "Like the mirror, the window frame cuts through the landscape so that we only glimpse a small torn-off piece; we saw too much and too little, the views from the window and the mirror images flowed into each other strangely so that we could hardly distinguish picture and reality in all this confusion."[41]

[1] In: *Contemporary American Painting and Sculpture 1963*. Introduction by Allen S. Weller. Ausstellungskat. Krannert Art Museum, College of Fine and Applied Arts, University of Illinois, Urbana, 3. März – 7. April 1963. Urbana/Illinois 1963, S. 178.
[2] Öl auf Leinwand, 127 x 152,4 cm.
[3] Allen S. Weller: „Subject, Object, and Content", in: ebenda, S. 11-23, S. 11-12.
[4] Vgl. Roger Catlin: „Meet the Iconic Japanese-American Artist Whose Work Hasn't Been Exhibited in Decades", 14. Mai 2015 (http://www.smithsonianmag.com/smithsonian-institution/iconic-japanese-american-artist-work-exhibited-decades-180955169/#P2bhm4iLrs7lMoJq.99).
[5] Vgl. Emily Braun (Hrsg.): *Giorgio de Chirico and America*. Ausstellungskat. Bertha and Karl Leubsdorf Art Gallery, Hunter College, The City University of New York, 10. September – 26. Oktober 1996. New York 1996.
[6] Jörn Merkert: „Zwischen den Welten – Howard Kanovitz. Ein Maler des Widerspruchs", in: *Howard Kanovitz. Arbeiten 1951 bis 1978*. Ausstellungskat. Kestner-Gesellschaft Hannover, 7. Dezember 1979 – 27. Januar 1980. Berlin 1979, S. 19-36, S. 21.
[7] Ebenda, S. 22; Udo Kultermann: „Howard Kanovitz und die Tradition", in: *Howard Kanovitz*. Ausstellungskat. Wilhelm-Lehmbruck-Museum Duisburg, 19. März – 28. April 1974. Duisburg 1974, S. 17-33, S. 18.
[8] 1804/1819, Kunsthistorisches Museum, Wien.
[9] 1995, Kohle auf Papier, 76,4 x 81,9 cm, Nachlass Howard Kanovitz / Carolyn Oldenbusch.
[10] Brief an Udo Kultermann vom 31. Januar 1974, zit. nach Kultermann (wie Anm. 7): „You can get crazy there. Masaccio, Piero della Francesca, Donatello, Ucello, Andrea del Castagno, all of them and others. I carried a sketch book and did hundreds of little drawings. Some were rough analysis of whole compositions, others were detailed very finely rendered."
[11] Steffi Roettgen: *Wandmalerei der Frührenaissance in Italien*. Band I. Anfänge und Entfaltung 1400 – 1470, München 1996, S. 13, S. 18, S. 92-98.
[12] *I Tatti* (1993), Acryl / Leinwand, 125 x 186 cm, Galerie Inge Baecker, Bad Münstereifel; *Yellow Tatti* (1993), Pastell auf Papier, 57,8 x 77,5 cm; *Solo* (1999) beide Nachlass Howard Kanovitz / Carolyn Oldenbusch.
[13] Zit. nach Peter Sager: „Zu den Arbeiten von Howard Kanovitz", in: Wouter Kotte (Hrsg.), *Howard Kanovitz*. Ausstellungskat. Hedendaagse Kunst, Utrecht, 1. Dezember 1973 – 27. Januar 1974. Utrecht 1973, S. 14-24, S. 16.
[14] Ebenda.
[15] 1965, Acryl auf Leinwand, 165,6 x 130,2 cm.
[16] 1965, Acryl auf Leinwand, 106,7 x 157,5 cm, Privatsammlung.
[17] 1965, Acryl auf Leinwand, 100 x 60 cm, Ludwig Museum im Russischen Museum, St. Petersburg.
[18] Merkert (wie Anm. 6), S. 24.
[19] 1968, Acryl auf Leinwand auf Holz auf Plexiglas, links: 172,5 x 188 x 4,5 cm, Hedendaagse Kunst, Utrecht; Mitte: 171,5 x 176,5 x 4,5 cm, Lehmbruck Museum, Duisburg; rechts: 180 x 170 x 10 cm, Privatsammlung.
[20] 1967, Acryl auf Leinwand, 212 x 426 cm, Privatsammlung. Vgl. hierzu Merkert (wie Anm. 6), S. 28-32.
[21] 1641, Öl auf Leinwand, 152 x 210 cm, Frans-Hals-Museum, Haarlem; Rudi Ekkart: „Das Porträt im Goldenen Zeitalter", in: Rudi Ekkart und Quentin Buvelot (Hrsg.), *Holländer im Porträt. Meisterwerke von Rembrandt bis Frans Hals*. Ausstellungskat. The National Gallery London; Mauritshuis Den Haag. Stuttgart 2007, S. 17-47, S. 37.
[22] 1664, Frans-Hals-Museum, Haarlem.
[23] Eigentlich *Die Kompanie des Kapitäns Frans Banning Cocq und Leutnants Willem van Ruytenburgh bereit für den Aufbruch zum Marsch*, 1642, 363 x 437 cm, Rijksmuseum Amsterdam.
[24] Max Imdahl: „Regie und Struktur in den letzten Gruppenbildnissen von Rembrandt und Frans Hals", in: *Max Imdahl, Gesammelte Schriften*. Bd. 2. Zur Kunst der Tradition, hrsg. u. eingeleitet von Gundolf Winter, Frankfurt am Main 1996, S. 385-396.
[25] Ebenda, S. 385.
[26] Vgl. Alois Riegl: *Das holländische Gruppenporträt*. Wien 1902, Neuausgabe von K. M. Swoboda, Wien 1931.
[27] Imdahl (wie Anm. 24), S. 387.
[28] Kultermann (wie Anm. 7), S. 28.
[29] Siegfried Salzmann: „Einige Bemerkungen zu Kanovitz und Manet", in: *Howard Kanovitz* (wie Anm. 7), S. 34-40.
[30] Klaus Herding: „Der 'andere' Courbet", in: Klaus Herding und Max Hollein (Hrsg.), *Courbet. Ein Traum von der Moderne*. Ausstellungskat. Schirn Kunsthalle Frankfurt, 15. Oktober 2010 – 30. Januar 2011. Ostfildern 2010, S. 10-18, S. 11.
[31] Benedikt Ledebur: „Das Paradox des Realen in der Kunst", in: Brigitte Franzen und Susanne Neuburger (Hrsg.), *Hyper Real*. Ausstellungskat. mumok Museum Moderner Kunst Stiftung Ludwig, Wien, 22. Oktober 2010 – 13. Februar 2011. Köln 2010, S. 332-342, S. 332.
[32] Max Imdahl: „Probleme der Pop Art", in: Max Imdahl, *Gesammelte Schriften*. Bd. 3. Reflexion – Theorie – Methode, hrsg. und eingeleitet von Gottfried Boehm. Frankfurt am Main 1996, S. 233-246, S. 235.
[33] Herding (wie Anm. 30), S. 17.
[34] *Un enterrement à Ornans, dit aussi Tableau de figures humaines, historique d'un enterrement à Ornans* (1849-50), Öl auf Leinwand, 315 x 668 cm, Musée d'Orsay, Paris.
[35] „Dans l'histoire moderne les colonnes d'Hercule du Réalisme", http://www.musee-orsay.fr/index.php?id=851&L=0&tx_commentaire_pi1%5BshowUid%5D=130.
[36] 0-1972, Acryl auf Leinwand und Holz, 2 Gemälde und 4 Cut-Outs, Privatsammlung, Courtesy Hauser & Wirth.
[37] Kultermann (wie Anm. 7), S. 29-30; Peter Sager: *Neue Formen des Realismus. Kunst zwischen Illusion und Wirklichkeit*. 4. Aufl., Köln 1982, S. 87.
[38] Vgl. hierzu Sixten Ringbom: *Icon to Narrative. The Rise of the Dramatic Close-Up in 15th Century Devotional Painting*. Åbo 1965 (Acta Académie Aboensis. Serie A, Humaniora, 31,2).
[39] 1964, Jewish Museum, New York.
[40] Werner Hofmann: *Die Moderne im Rückspiegel. Hauptwege der Kunstgeschichte*. München 1998, S. 16, 378.
[41] Johanna Schopenhauer: *Ausflug an den Niederrhein*, hrsg. von K. B. Hippe und A. Fimpeler. Essen 1987, S. 38-39, zit. nach Hofmann (wie Anm. 40), S. 18.

[1] Contemporary American Painting and Sculpture 1963, Introduction by Allen S. Weller, (exhibition catalogue, Krannert Art Museum, College of Fine and Applied Arts, University of Illinois, Urbana, 3 March – 7 April 1963), Urbana 1963, p. 178.
[2] Oil on canvas, 127 x 152.4 cm.
[3] Allen S. Weller: 'Subject, Object, and Content', in: exhibition catalogue *Contemporary American Painting and Sculpture 1963* (see note 1), p. 11–23, p. 11–12.
[4] Cf. Roger Catlin: 'Meet the Iconic Japanese-American Artist Whose Work Hasn't Been Exhibited in Decades,' 14.05.2015 (http://www.smithsonianmag.com/smithsonian-institution/iconic-japanese-american-artist-work-exhibited-decades-180955169/#P2bhm4iLrs7lMoJq.99).
[5] Cf. Emily Braun (Hrsg.): Giorgio de Chirico and America, (exhibition catalogue Bertha and Karl Leubsdorf Art Gallery, Hunter College, The City University of New York, 10 September – 26 October 1996), New York 1996.
[6] Jörn Merkert: 'Zwischen den Welten – Howard Kanovitz. Ein Maler des Widerspruchs,' in: *Howard Kanovitz. Arbeiten 1951 bis 1978*, (exhibition catalogue Kestner-Gesellschaft, Hannover, 7 December 1979 – 27 January 1980), Berlin 1979, pp. 19–36, p. 21.
[7] Ibid., p. 22; Udo Kultermann: 'Howard Kanovitz und die Tradition,' in: *Howard Kanovitz* (exhibition catalogue Wilhelm-Lehmbruck-Museum, Duisburg, 19 March – 28 April 1974), Duisburg 1974, pp. 17–33, p. 18.
[8] 1804/1819, Kunsthistorisches Museum, Vienna.
[9] 1995, Charcoal on paper, 76.4 x 81.9 cm, Estate of Howard Kanovitz / Carolyn Oldenbusch.
[10] Letter to Udo Kultermann dated 31 January 1974, cited according to Kultermann (see note 8).
[11] Steffi Roettgen: *Wandmalerei der Frührenaissance in Italien. Band I. Anfänge und Entfaltung 1400 – 1470*, Munich 1996, p. 13, 18, 92-98.
[12] *I Tatti*, 1993, Acrylic on canvas, 125 x 186 cm, Galerie Inge Baecker, Bad Münstereifel; *Yellow Tatti*, 1993, Pastels on paper, 57.8 x 77.5 cm; *Solo*, 1999, both Estate of Howard Kanovitz / Carolyn Oldenbusch.
[13] Cited according to Peter Sager: 'Zu den Arbeiten von Howard Kanovitz', in: Wouter Kotte (ed.), *Howard Kanovitz* (exhibition catalogue Hedendaagse Kunst, Utrecht, 1 December 1973 – 27 January 1974), Utrecht 1973, pp. 14–24, p. 16.
[14] Ibid.
[15] 1965, Acrylic on canvas, 165.6 x 130.2 cm.
[16] 1965, Acrylic on canvas, 106.7 x 1575 cm, Private collection.
[17] 1965, Acrylic on canvas, 100 x 60 cm, the Ludwig Museum at the Russian Museum, St. Petersburg.
[18] See note 7, p. 24.
[19] 1968, Acrylic on canvas on wood on plexiglas, left: 172.5 x 188 x 4.5 cm, Hedendaagse Kunst, Utrecht; Middle: 171.5 x 176.5 x 4.5 cm, Lehmbruck Museum, Duisburg; right: 180 x 170 x 10 cm, Private collection.
[20] 1967, Acrylic on canvas, 212 x 426 cm, Private collection. See in this regard Jörn Merkert (see note 6), pp. 28–32.
[21] 1641, Oil on canvas, 152 x 210 cm, Frans-Hals-Museum, Haarlem; Rudi Ekkart: 'Das Porträt im Goldenen Zeitalter', in: Rudi Ekkart und Quentin Buvelot (ed.), *Holländer im Porträt. Meisterwerke von Rembrandt bis Frans Hals*, (exhibition catalogue The National Gallery, London; Mauritshuis, Den Haag), Stuttgart 2007, pp. 17–47, p. 37.
[22] 1664, Frans-Hals-Museum, Haarlem.
[23] More correctly *The Militia Company of District II under the command of Captain Frans Banninck Cocq*, 1642, 363 x 437 cm, Rijksmuseum, Amsterdam.
[24] Max Imdahl: 'Regie und Struktur in den letzten Gruppenbildnissen von Rembrandt und Frans Hals', in: Max Imdahl, *Gesammelte Schriften. Bd. 2. Zur Kunst der Tradition*, edited and with an introduction by Gundolf Winter, Frankfurt am Main 1996, pp. 385–396.
[25] Ibid., p. 385.
[26] Cf. Alois Riegl: *Das holländische Gruppenporträt*, Vienna 1902, new edition by K. M. Swoboda, Vienna 1931.
[27] See note 24, p. 387.
[28] Kultermann (see note 7), p. 28.
[29] Siegfried Salzmann: 'Einige Bemerkungen zu Kanovitz und Manet', in: *Howard Kanovitz* (see note 8), pp. 34–40.
[30] Klaus Herding: 'Der „andere" Courbet', in: *Klaus Herding und Max Hollein* (eds), *Courbet. Ein Traum von der Moderne*, (exhibition catalogue Schirn Kunsthalle, Frankfurt, 15 October 2010 – 30 January 2011), Ostfildern 2010, pp. 10–18, p. 11.
[31] Benedikt Ledebur: 'Das Paradox des Realen in der Kunst', in: Brigitte Franzen and Susanne Neuburger (eds.), *Hyper Real* (exhibition catalogue mumok Museum Moderner Kunst Stiftung Ludwig, Wien, 22 October 2010 – 13 February 2011), Cologne 2010, pp. 332–342, p. 332.
[32] Max Imdahl: 'Probleme der Pop Art', in: *Max Imdahl, Gesammelte Schriften. Bd. 3. Reflexion – Theorie – Methode*, edited and introduced by Gottfried Boehm, Frankfurt am Main 1996, pp. 233–246, p. 235.
[33] See note 30, p. 17.
[34] *Un enterrement à Ornans, dit aussi Tableau de figures humaines, historique d'un enterrement à Ornans*, 1849–50, oil on canvas, 315 x 668 cm, Musée d'Orsay, Paris.
[35] 'Dans l'histoire moderne les colonnes d'Hercule du Réalisme', http://www.musee-orsay.fr/index.php?id=851&L=0&tx_commentaire_pi1%5BshowUid%5D=130.
[36] Howard Kanovitz, *Death in Tremé*, 1972, Acrylic on canvas and wood, 2 paintings und 4 cut-outs, private collection, Courtesy Hauser & Wirth.
[37] Kultermann (see note 7), pp. 29-30; Peter Sager: *Neue Formen des Realismus. Kunst zwischen Illusion und Wirklichkeit*, 4 edition, Cologne 1982, p. 87.
[38] See in this regard Sixten Ringbom: *Icon to Narrative. The Rise of the Dramatic Close-Up in 15th Century Devotional Painting*, Åbo 1965 (Acta Académie Aboensis. Serie A, Humaniora, 31,2).
[39] 1964, Jewish Museum, New York.
[40] Werner Hofmann: *Die Moderne im Rückspiegel. Hauptwege der Kunstgeschichte*, Munich 1998, p. 16, 378.
[41] Johanna Schopenhauer: *Ausflug an den Niederrhein*, edited by K. B. Hippe and A. Fimpeler, Essen 1987, pp. 38-39, cited according to Hofmann (see note 40), p. 18.

Howard Kanovitz

Sam Hunter

Howard Kanovitz ist vielleicht der poetischste innerhalb der Gruppe von Neuen Realisten, die in den sechziger Jahren damit begannen, vom fotografischen Bild der Kamera ausgehend neue darstellerische Wirklichkeiten zu ersinnen. Es ist ihm gelungen, visuelle Gemeinplätze derart wiederherzustellen, dass ihre ausgesprochene Banalität ein unerwartetes Geheimnis und eine romantische Aura zu garantieren scheint. Wie die Rätsel Magrittes, zu dem Kanovitz entschiedene Affinitäten aufweist, so enthüllt die Bildersprache von Kanovitz eine launische Umkehrbarkeit, die das Szenarium unserer gewohnten Welt umstürzt. Statt simpler Fakten und Schemen finden wir doppeldeutige Gleichungen; die peinlich genaue Spritztechnik und die Exaktheit der Erscheinung erzeugen eher eine Atmosphäre des Zweifels als der Sicherheit. Es werden Bedeutungsfragen aufgeworfen, die die wahre Natur artistischer Erfahrung herausfordern. Wie die ersten Entdecker des *trompe-l'œil* und insbesondere die flämischen Renaissance-Meister, so macht Kanovitz uns den künstlerischen Prozess und das Wunder der visuellen Erfahrung wie auch die materielle Wirklichkeit ganz präzis bewusst. Je klarer und überzeugender seine Illusionen sind, desto weniger Gewissheit scheinen sie zu liefern. Durch seine Malerei erklärt Kanovitz auf magische Weise die unlösbaren Doppeldeutigkeiten visueller Erfahrung. Nichts ist unsicherer oder sicherer als eine gegebene Sammlung visueller Wahrheiten, besonders wenn sie durch fotografische Techniken und die harten, glänzenden Vortäuschungen des illustrierten kommerziellen Journalismus vermittelt werden.

Das neue *Carpenter's Sky* beispielsweise konjugiert verschiedene Stadien eines Bildes vom vorgetäuschten Objekt bis zu seinem bloßen Schatten auf eine Art und Weise, die an Duchamps prophetisches Experiment in dem illusionistischen Spiel *Tu M* erinnert. Um seine visuelle Synthese zu komplizieren, bezieht Kanovitz die zeitgenössische Technologie der Diaprojektion in sein bildnerisches Repertoire ein. Sein Wolkengebirge wirft – vergleichbar mit Magritte – Fragen auf nach Unterschieden zwischen inneren und äußeren Welten, zwischen visuellen Aktualitäten und ihren gespiegelten Ebenbildern. Da Kanovitz aber die „kühle" Rationalität seiner Generation und Zeit teilt, gibt es keine Anspielung surrealistischer Phantasie. Probleme der sinnlichen Wahrnehmung und ein ungeheuer starkes

Howard Kanovitz

Sam Hunter

Howard Kanovitz is today perhaps the most poetic of the group of New Realists who began to forge novel expressive truths from the photographic image in the sixties. He has managed to reconstitute visual commonplaces so that their banality guarantees an unsuspected mystery and aura of romance. Like the enigmas of Magritte, Kanovitz's imagery reveals a mercurial reversibility which subverts the scenario of our familiar world. Instead of simple facts and schema, we find equations of ambiguity; the meticulous airbrush technique and his exactness of vision produce an atmosphere of doubt rather than certitude, and pose questions of meaning which challenge the nature of artistic experience. Like the first discoverers of trompe l'œil and especially the Flemish Renaissance masters, Kanovitz makes us acutely aware of artistic process and the miracle of vision, as well as material reality. The more crystalline his illusions, the less assurance they seem to provide. However, Kanovitz magically asserts through his paintings many of the unresolvable ambiguities of vision; nothing is less sure or more sure than a given set of visual facts, especially when mediated by photographic techniques and the hard, bright simulations of illustrated commercial journalism. By way of example, his *Carpenter's Sky* (1973) conjugated various stages of an image from simulated to its shadow in a manner reminiscent of Duchamp's prophetic experiment in the illusionist play of *Tu m'*.

To complicate the visual synthesis, Kanovitz includes the contemporary technology of slide projection in his image repertory. His cloudscapes raise questions, linked to Magritte, of distinctions between interior and external worlds, between visual actualities and their mirrored doubles. In keeping with the "cool" rationale of his period, however, there is no explicit reference to Surrealist fantasy. Problems in perception and an obsessive interest in new visual technology provide a sufficient basis for his complex pictorial content. While fantasy may be suppressed, there is an evident tension between perception and intellect, and the visual quandaries do have a psychological dimension, an element or undertone difficult to define, of critical commentary despite the trance-like stillness and objectivity. Kanovitz began to work in his genre of controlled, stylized realism, based on the photograph, more than a decade ago, and showed his first sizable body of work in memorable exhibition at the Jewish Museum in

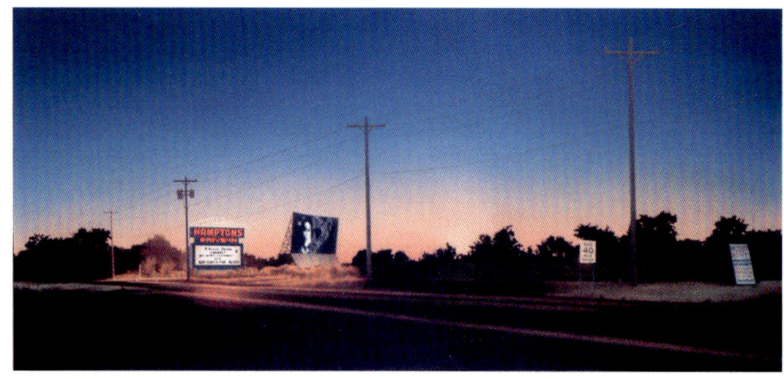

Hamptons Drive-In, 1974

Interesse an der neuen visuellen Technologie liefern eine ausreichende Grundlage für malerischen Gehalt. Während die Phantasie unterdrückt sein mag, gibt es eine offensichtliche Spannung zwischen sinnlicher Wahrnehmung und Intellekt, und die visuell verzwickten Situationen haben eine psychologische Dimension. Sie enthalten ein schwer zu bestimmendes Element kritischen Kommentars, trotz ihrer trancehaften Ruhe und Objektivität.

Kanovitz begann vor mehr als zehn Jahren in dem ihm spezifischen Genre eines strengen, hoch stilisierten Realismus zu arbeiten, der auf der Fotografie basiert. Er zeigte einen ersten ziemlich großen Teil seiner Arbeit in einer denkwürdigen Ausstellung 1966 im Jewish Museum, New York. In einem Interview, das als Katalogtext zu dieser Ausstellung erschien, erzählte er dem Dichter William Berkson, dass er seine Rolle als die eines Filmdirektors begreife, der – verwerfend und arrangierend – Tableaux arretierter Aktion macht. Aber wenn die Fixierungen der Kamera drohten, Szene und Aktion erstarren zu lassen, wurde eigensinnige Malereienergie freigesetzt, die Fakten in malerische Fiktionen von erfinderischer Komposition umwandelte, in abstrakte Muster von Umriss und Form oder in bedrängende visuelle Details. Berkson charakterisierte den Künstler auf folgende Weise:

> Kanovitz' Bilder [...] erinnern an eine von William Carlos Williams' Spitzfindigkeiten: „Man kann eine Menge machen, wenn man weiß, was um einen herum los ist." Das, womit Kanovitz in diesen Bildern arbeitet, ist nicht so weit entfernt von dem Material, das Williams in die Dichtung einbrachte: Fragmente einer öffentlichen Mythologie, die der aufmerksame Beobachter verstreut finden kann in Straßen, Räumen, an Kaffee-Tischen und die er irgendwie sinnvoll in Gebrauch nehmen mag. Wir sind noch immer überrascht, wie – in jeder Entwicklungsstufe, scheinbar wunderbar – erhabene und niedrige Themen ihre Unterschiede verloren haben. Kanovitz vermittelt uns eine Art Lokalperspektive: Entferne den Klappentext vom Revolverblatt-Foto und du hast etwas, was gleichzeitig wirklich und austauschbar ist. Nimm die Datumsgrenze weg, tausche die Gesichter gegen andere Gesichter anderer „Momente" und du hast eine knappe malerische Ausführung über die Möglichkeiten von Erinnerungsvermögen und Identität.

In den späten sechziger Jahren verwarf Kanovitz die öffentliche Mythologie des Foto-Journalismus und ließ die den Kommunikationsmedien entlehnten abwechselnd anonymen und gefeierten Figuren und Gesichter hinter sich. Stattdessen begann er, die visuelle Welt unter einer persönlicheren Perspektive zu prüfen: innerhalb des Rahmens des privaten Mythos seiner eigenen Existenz als Künstler. Dies lieferte eine bessere Basis für die ihn charakterisierende poetische Note, die die reinen Fakten mit einem Hauch romantischer Suggestion versah, und zwar auf eine Art und Weise, die sehr tief in der amerikanischen Kunst verwurzelt ist, von Eakins bis zu Hopper. Die Bilder und Konstruktionen der vergangenen fünf Jahre beschränken sich in ihrer Thematik auf häusliche und Studio-Interieurs und Zubehör – der menschlichen Präsenz beraubt. Er ersetzte eine geschäftige öffentliche Welt durch eine Welt stiller unbelebter Objekte, über die eine kataleptische Ruhe regierte. Er verschärfte auch die Konfrontationen zwischen Erfindung und Täuschung durch die weiter perfektionierte Meisterschaft in *trompe-l'œil*-Techniken, indem er die malerische Illusion auf die sachliche Form und die handgreifliche, physische Wirklichkeit ausdehnte. Eine

1966. In an interview, he told the poet William Berkson that he envisioned his role as that of a film director, casting and arranging tableaux of arrested action. But, when the camera's fixities threatened to congeal scene and action into stereotype, some wayward painting energy was released, transforming dull fact into vital pictorial fictions, abstract patterns of shape and form, or riveting, obsessive visual detail. Berkson characterized the artist's work in this way:

"Kanovitz's paintings [...] recall one of William Carlos William's quips: 'You can do lots if you know what's around you.' What Kanovitz works with in the these paintings is not so far removed from the material Williams brought into poetry-fragments of a public mythology which the fresh-eyed observer may find scattered around [...] and of which he may make some sensible use."

In the late sixties Kanovitz abandoned the public mythology of photojournalism, leaving behind the alternatively anonymous or celebrated figures and visage taken from the communications media. Instead he began to examine the visual word from a more personal perspective, in the framework of the private "myth" of his own experience as an artist. This better provided him entrance for a characteristic poetic note, which mixed bland fact with a touch of romantic suggestion reminiscent of the strain of a darkling romantic realism imbedded in American tradition from Eakins to Hopper. The paintings and constructions of the past five years restricted their range of subject matter to domestic and studio interiors and appurtenances, divested of the human presence. He replaced a busy public pageant with a world of mute, inanimate objects over which a cataleptic calm reigned. He also sharpened the confrontations of invention and simulation by further investigation of trompe-l'œil techniques, extending pictorial illusion into literal shape and palpable physical fact. A staircase in fleeing perspective, stacked-up canvases, a vacant painting wall, the ubiquitous windows (always a favorite motif), shaped canvas simulating radiators, furniture, and other commonplace objects of the home or studio were reverently documented and transformed into an autonomous architecture.

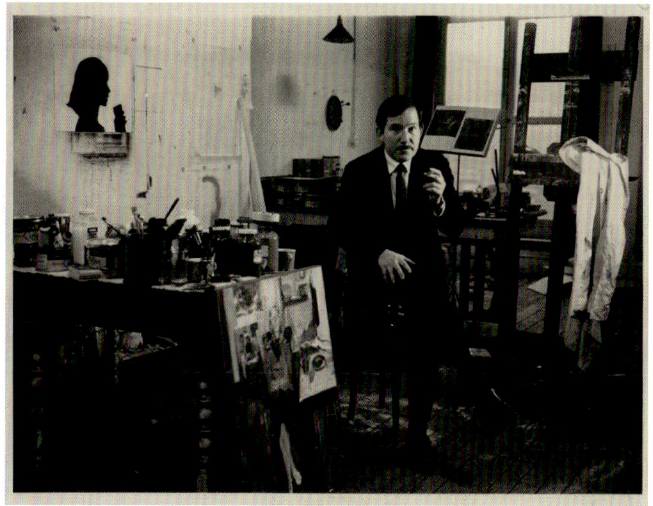

Howard Kanovitz im Atelier / in the studio, um / c. 1965. Photo: John D. Schiff. S/w-Fotografie / b/w photo, 20,4 x 25,2 cm. The Howard Kanovitz Foundation

Then in London Kanovitz removed himself from the monastic studio environment, with such feats and feasts for the eye as his stunning, monumental cover girl and movie star, Mia Farrow, in *Journal* and the large-scale floral piece *Roses*. Of this intriguing technicolor world of the media, where everything looms larger and better than life, Daniel Boorstin has aptly written, "fantasy is more real than reality, the image has more dignity than its original. We hardly dare face our bewilderment, because our ambiguous experience is so pleasantly iridescent, and the solace of belief in contrived reality is so thoroughly real."

Something of Kanovitz's unsuspected new richness and range of effect are encapsulated in two of his most carefully deliberated compositions in the current show, *Hamptons Drive-In* and *Hotel Quai Voltaire*. The low key horizontal landscape with an outdoor movie, so reminiscent of Hopper, makes much of the dying light, gilding the silhouetted background, invaded by Hollywood's giant-screen black and white dream world. The warm, sepia-tinted shadows are brewed from the same pot that produced his muted paintings of the mid-sixties,

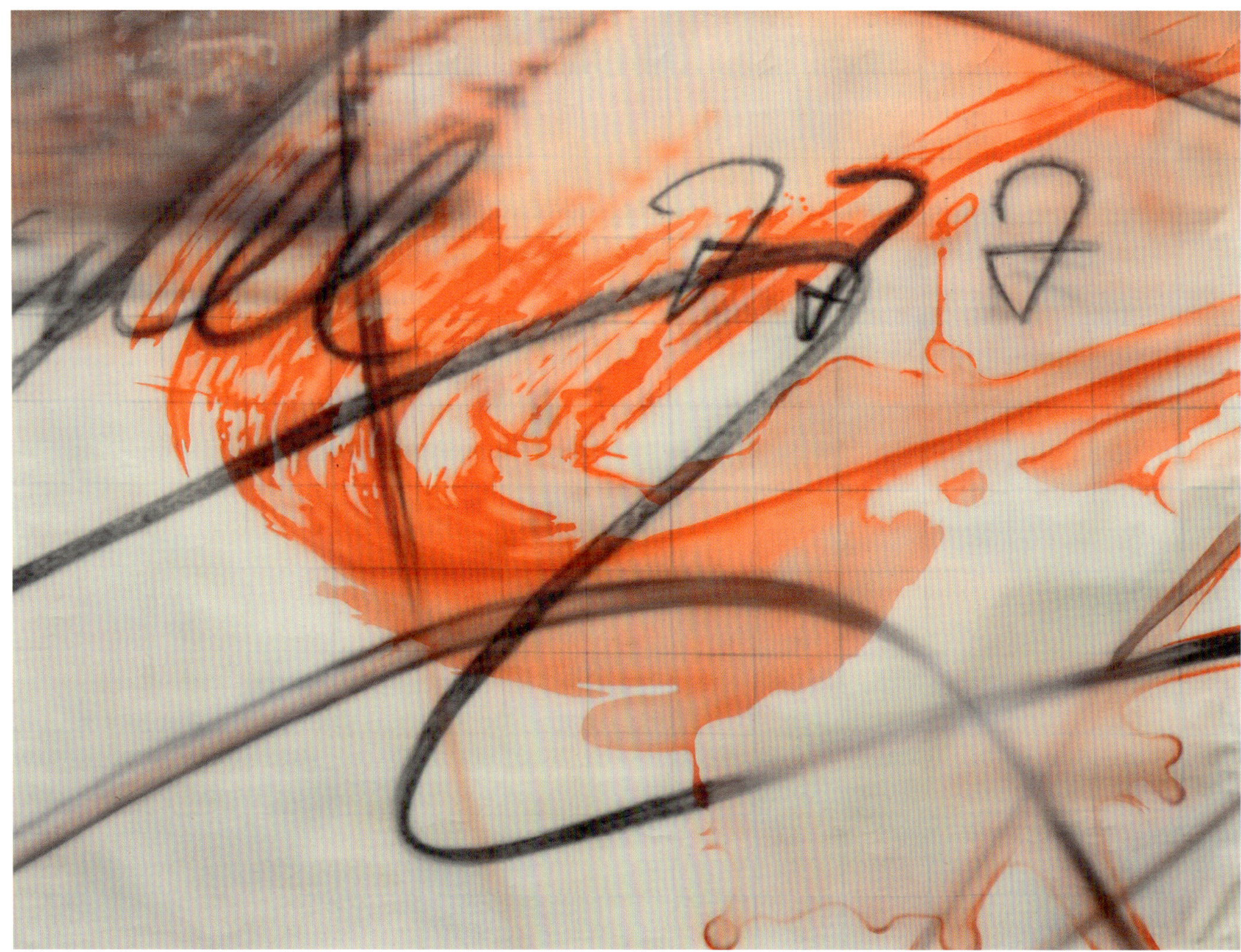

Rainer Gross, *Call 777*, 1973. © Rainer Gross

verputzen und einige Arbeitstische aufstellen. Ein Großteil seiner Ausrüstung, Materialien, Pinsel und Farben war aus New York geschickt worden. Er verwendete selten normale Pinsel; eine Reihe von verschieden großen Airbrushpistolen genügte ihm meist.

Ich war gespannt, mehr über das Malen zu erfahren, und lernte schnell, mit diesen neuen Werkzeugen zu arbeiten. Anfangs bestand meine Aufgabe darin, Schablonen aus Wachspapier auszuschneiden, die Howard dann benutzte, um Acryl-Airbrushfarbe auf Leinwand aufzubringen.

Currywurst war etwas vollkommen Neues für ihn, und wir aßen oft bei einer türkischen Imbissbude um die Ecke zu Mittag. Ich erinnere mich, wie überrascht er war, dass es das Geschäftsmodell Mitnehmservice überhaupt nicht gab, das für einen New Yorker doch so selbstverständlich ist; sein Fehlen war für ihn ein großes Rätsel. „Man könnte ein Vermögen damit machen, es nach Deutschland zu importieren“, meinte er.

Wenn er ein neues Gemälde begann, projizierte er zunächst fotografische Bilder von einem Dia- oder Overheadprojektor auf die Wand. Dann schuf er den Bildausschnitt und passte ihn an, wozu er manchmal mehrere Schichten von Projektionen verwendete. Die Bilder wurden dann mit Bleistift auf Transparentpapier übertragen, wobei Farbveränderungen ganz genau mit gepunkteten

of wax paper, which Howard would then use to apply acrylic spray paint to canvas.

Currywurst was absolutely new to him and we regularly lunched at a nearby Turkish fast food place. I remember him being surprised by the lack of the "to-go" business concept that's so familiar for a New Yorker; its absence was a great mystery to him. "Someone could make a fortune bringing it to Germany," he remarked.

To start a new painting he would first project photographic images from either a slide or an overhead projector onto the wall. He would create and adjust the composition, at times using several layered projections. The images were then transferred to tracing paper using pencils, carefully outlining color variations with dotted lines. These were called "working drawings." They had a deliberate, almost-architectural feel and appearance.

At that stage Howard wasn't interested in rendering recognizable images. It was all about separating color values from one another. When they were ready, the drawings were transferred to a prepared canvas using graphite carbon paper. Sometimes he used several different drawings on the same canvas, combining and adjusting them as he saw fit. Registration marks at the corners allowed for multiple uses when lines were lost during the painting process.

Some stencils were raised to $1/8^{th}$ of an inch above the canvas using cardboard to allow for a softer edge when the spray paint was applied. Softer detail gradations were done freehand, using the smallest airbrushes. A motor mounted on top of the air compressor's tank would occasionally kick in to fill the tank with air.

Paint colors were usually mixed ahead of time, using opaque and transparent mixtures of acrylics. Howard kept a gray scale handily premixed, consisting of about ten to twelve tones from black to white. Burnt umber warmed up the grays and took the edge off the solid black. All of the paints were premixed in glass jars on his painting table.

Before a surface was ready to be painted on, three or more layers of sprayed gesso (with a light sanding in between) were applied to the raw linen canvases. The final paintings received a matte acrylic varnish at the end. Howard liked his colors to blend on the canvas, just like in a photo projection.

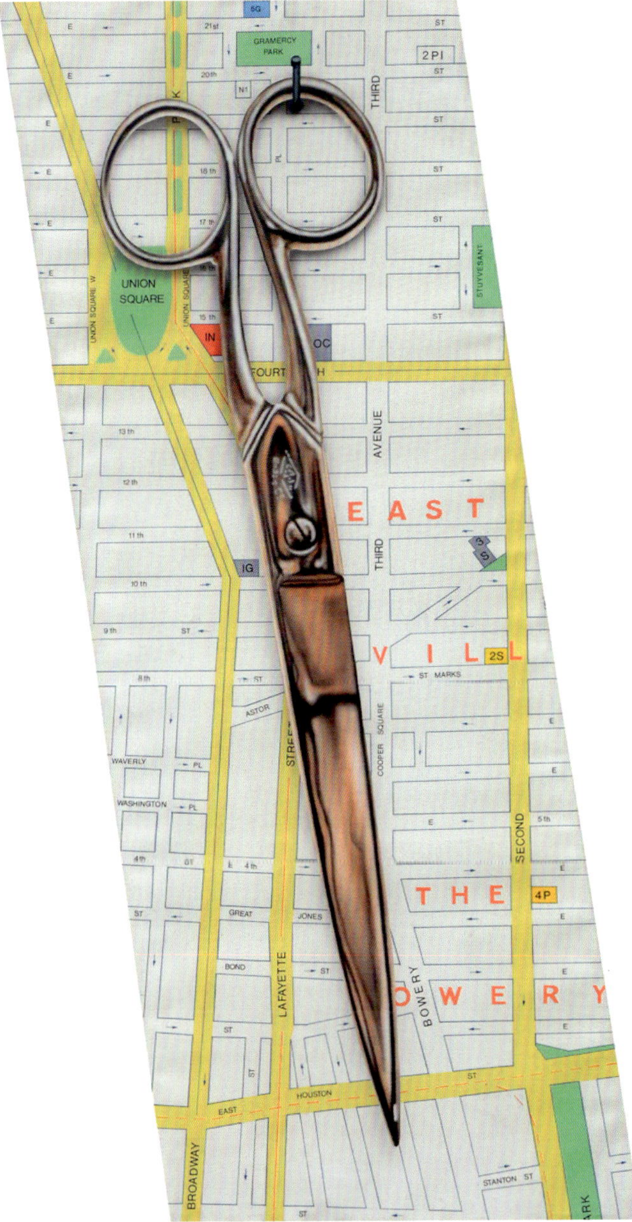

Rainer Gross, *Map and Scissors*, 1974-75. © Rainer Gross

I always favored the paintings shown at Documenta V in Kassel along with the ones we worked on together in Cologne, which depicted his studio walls, tools and casual objects (plugs, projections, paper, tape, shadows, etc.) These items carried the

Linien angegeben wurden. Diese Zeichnungen wurden „Arbeitszeichnungen" genannt. Ihnen haftete eine wohlüberlegte, fast architektonische Atmosphäre und Erscheinung an.
Zu jener Zeit war Howard nicht daran interessiert, erkennbare Bilder darzustellen. Es ging vor allem darum, Farbwerte voneinander abzugrenzen. Wenn sie fertig waren, wurden die Zeichnungen mit Hilfe von Durchschlagpapier auf eine vorbereitete Leinwand übertragen. Manchmal verwendete er mehrere verschiedene Zeichnungen auf derselben Leinwand und kombinierte und justierte sie, wie er es für angebracht hielt. Passkreuze in den Ecken ermöglichten mehrfache Verwendung, wenn die Linien während des Malprozesses verloren gingen.
Einige Schablonen wurden um ein Achtel Inch (0,3175 cm) über die Leinwand gehoben, und man verwendete dabei Karton, um eine weichere Kante zu erzielen, wenn die Airbrushfarbe aufgetragen wurde. Weichere Detailabstufungen wurden freihändig ausgeführt, mit den kleinsten Airbrushpistolen. Ein oben auf dem Tank des Kompressors angebrachter Motor sprang gelegentlich an, um den Tank mit Luft zu füllen.
Malfarben wurden meist im Voraus gemischt, und wir verwendeten matte und transparente Acrylmischungen. Howard hatte immer eine vorgemischte Auswahl an Grautönen zur Hand, die aus etwa zehn bis zwölf Farbtönen von Schwarz bis Weiß bestand. Gebrannte Umbra wärmte die Grautöne und nahm dem Tiefschwarz etwas die Schärfe. Alle anderen Farben wurden in Glasbehältern auf seinem Maltisch vorgemischt.
Bevor eine Fläche fertig zum Bemalen war, wurden drei oder vier Lagen Gesso-Sprühgrundierung (mit etwas feiner Besandung dazwischen) auf die rohen Leinwände aufgetragen. Die endgültige Bemalung erhielt zum Schluss eine matte Acryllackierung. Howard mochte es, wenn die Farben auf der Leinwand ineinander übergingen, genau wie in der Projektion eines Fotos.
Ich mochte immer die bei der documenta 5 in Kassel ausgestellten Bilder am liebsten, zusammen mit denen, an denen wir in Köln gemeinsam gearbeitet hatten und die seine Atelierwände, Werkzeuge und zufällige Gegenstände (Stecker, Projektoren, Papier, Klebeband, Schatten usw.) abbildeten. Diese Dinge trugen das Wesen seines Arbeitens in sich und ließen die Grenzen zwischen realistischer Dokumentation und visueller Poesie verschwimmen.

Den Winter 1973 verbrachten wir in London. Die Familie Kanovitz mietete eine Wohnung in der Marloes Road in Kensington. Howard und ich pendelten zu einem Atelier in Chiswick, wo er mit einer Reihe von Bildern begann, die alle etwa zweieinhalb Meter hoch waren. Seine Idee war, eine Installation aus diesen vielen nicht miteinander verbundenen und doch nebeneinander liegenden Gemälden zu schaffen. Das Projekt wurde nie fertiggestellt, und die Bilder (darunter *North Light, The Magazine Women Believe In (aka Journal), Roses, Portal* und *Chair Shadow*) endeten stattdessen in verschiedenen Sammlungen.
Im späten Winter 1973 ging ich nach Köln zurück. Im nächsten Herbst arbeiteten wir in New York noch ein Jahr weiter. Ich wohnte in Howards Atelier an der Kreuzung Second Avenue und St. Marks Place und beschloss, in New York zu bleiben, als unsere enge Zusammenarbeit im Sommer 1974 endete. Ich wollte mit meiner eigenen Malerei weiterkommen. Ich fand ein Loft im gleichen Gebäude wie Howard und behielt es beinahe vierzig Jahre lang. Wir blieben Freunde bis zu seinem Tod 2009. Ich lebe und arbeite heute noch in New York City.
Ich denke, Sam Hunter drückte es am besten aus:

> *Howard Kanovitz ist vielleicht der poetischste innerhalb der Gruppe von Neuen Realisten, die in den sechziger Jahren damit begannen, vom fotografischen Bild der Kamera ausgehend neue darstellerische Wirklichkeiten zu ersinnen. Kanovitz macht uns den künstlerischen Prozess und das Wunder der visuellen Erfahrung wie auch die materielle Wirklichkeit ganz präzis bewusst.*

essence of his process, blurring the line between realistic documentation and visual poetry.

We spent the winter of 1973 in London. The Kanovitz family rented an apartment on Marloes Road in Kensington. Howard and I commuted to a studio in Chiswick, where he embarked on a series of paintings that were all approximately eight-feet tall. His idea was to create an installation consisting of these many unrelated yet adjoined paintings. The project was never completed and the paintings (including *North Light, The magazine Women believe In (aka Journal), Roses, Portal,* and *Chair Shadow*) ended up in various collections instead.

In late winter 1973, I went back to Cologne. We continued working in New York the following fall for another year. I lived at Howard's studio on Second Avenue and St. Marks Place, and decided to stay in New York after our close association ended during the summer of 1974 to pursue my own painting. I found a loft in the same building as Howard's, which I kept for nearly forty years. We remained friends until his death in 2009. I still live and work in New York City today.

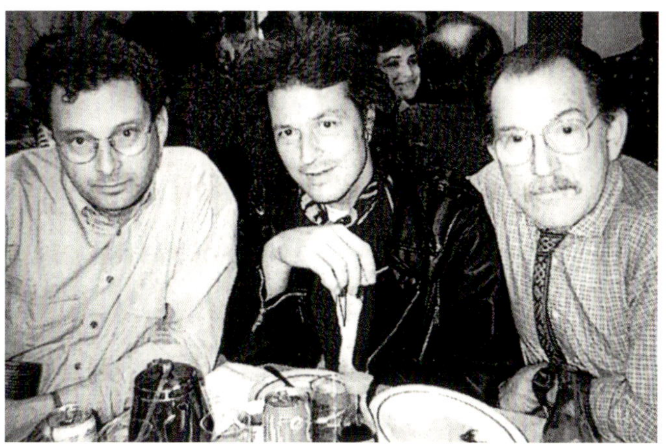

Rainer Gross, Wolfgang Niedecken, Howard Kanovitz, um 1975.
Foto: © Rainer Gross

I think Sam Hunter put it best:

> *Howard Kanovitz is perhaps the most poetic of the group of New Realists who began to forge novel expressive truths from the camera's photographic image in the Sixties. Kanovitz makes us acutely aware of the artistic process, the miracle of vision, and mercurial nature of our seemingly familiar world.*

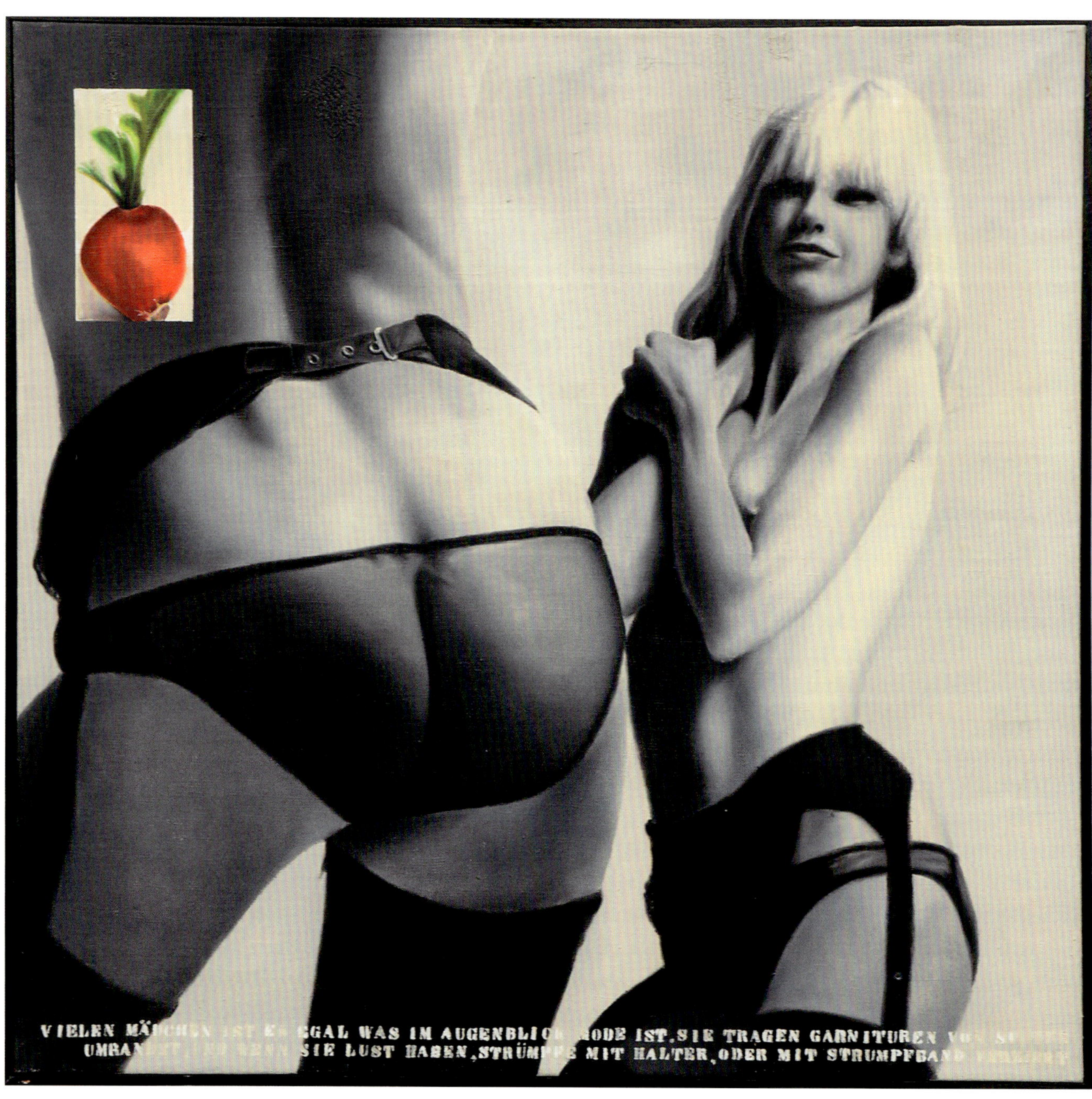

Wolfgang Niedecken, 1973. © Wolfgang Niedecken

ein Bild besahen. Auf *Composition* ersetzte ein gemaltes Fenster das echte, war der Ausblick ins Freie nur Schein. Alles geriet auf diesen Bildern ins Wanken. Man konnte in sie hineingehen und sich in ihnen verlieren.

Mötz machte sich während Kanovitz' Aufenthalt in Köln unentbehrlich. Und er überlegte auch nicht lange, als er das Angebot erhielt, dauerhaft als Assistent zu arbeiten und zuerst mit nach London und dann mit nach New York zu kommen, wo Kanovitz mit seiner Frau lebte. Bald erhielten wir die ersten Briefe. Mötz wohnte jetzt auf der Second Avenue in Kanovitz' Atelier und blickte von da aus auf die erloschene Leuchtreklame des erst vor kurzem geschlossenen Fillmore East, Bill Grahams „Church of Rock 'n' Roll".

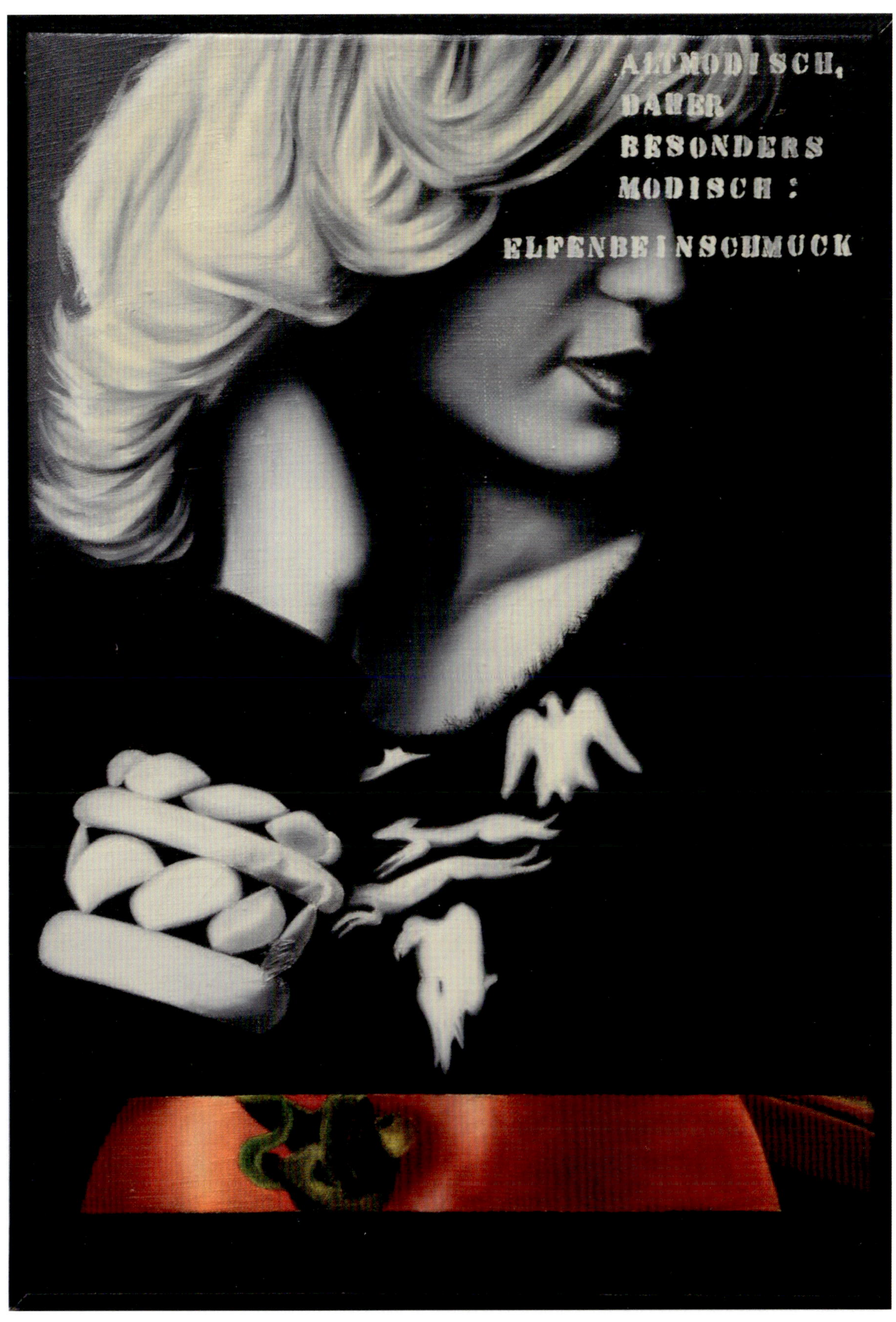

Wolfgang Niedecken, 1973, © Wolfgang Niedecken

Wenn Kanovitz abends nach Hause ging, blieb Mötz allein im Atelier zurück. Man konnte aus seinen Briefen leicht herauslesen, dass er sich einsam fühlte. Doch er hatte durch Fleiß und Zuverlässigkeit ungeheuren Eindruck hinterlassen. Es dauerte daher nicht lange, bis der nächste Maler sich nach einem Assistenten aus Deutschland umsah. Larry Rivers war ein guter Freund von Kanovitz, gemeinsam spielten sie schon seit Ewigkeiten in einer Jazzband. Rivers hatte die Nase voll von der „Kommst du heut nicht, kommst du morgen"-Einstellung seiner bisherigen Assistenten und ließ Mötz fragen, ob nicht einer seiner deutschen Kollegen auch Lust habe, nach New York zu kommen. Schmal sagte zu und zog kurze Zeit später bei Rivers ein. Köln schien mir plötzlich wie verwaist. Mötz und Schmal hatten die Gelegenheit genutzt, etwas ganz Neues zu beginnen, und waren ohne lange nachzudenken in eine andere Welt aufgebrochen, von der ich nicht einmal wusste, wie ich sie mir ausmalen sollte. Andererseits war ich mir sicher, dass meine beiden Freunde nichts unversucht lassen würden, mich nachzuholen.

Schmal und Mötz hatten sich alle Mühe gegeben, mich gebührend zu empfangen, doch ein Flughafenpolizist machte ihnen einen Strich durch die Rechnung. Er sah zwei langhaarige Deutsche, die ein Transparent in die Höhe hielten, auf dem, umrahmt von Peace-Zeichen und liebevoll gemalten Blümchen, die freundliche Botschaft stand: „Welcome, liebe Jung!". Der Polizist konnte nicht wissen, was mit „liebe Jung" gemeint war, und schon gar nicht, dass wir Peace-Zeichen und Blümchen als unsere ganz persönlichen Ironiesignale betrachteten, mit denen wir uns über alle Arten von weihevoll ernster und politisch korrekter Kunst lustig machten. Für jeden Außenstehenden musste das Transparent, zumal in Zeiten des noch immer nicht beendeten Vietnamkriegs, wie die Botschaft friedensbewegter Hippies wirken. Der Polizist ließ nicht mit sich spaßen: „Roll it up!". Schmal und Mötz versuchten noch einige Male, ihr Transparent auszurollen, doch der Polizist kam immer wieder zurück und drohte ihnen sogar Prügel an, den Knüppel hatte er schon in der Hand: „I said, roll it up!". So bestand das Begrüßungskomitee schließlich aus meinen zwei leicht betrübten Freunden und einem eingerollten Transparent. Es war großartig, Schmal und Mötz wiederzusehen.

In Kanovitz' Atelier war in einer Art Verschlag ein Sofa für mich hergerichtet. Mötz schlief nebenan, doch mich hatte der Jetlag fest im Griff. Ich bekam kein Auge zu. In dieser Nacht sah ich auf der Toilette die ersten Kakerlaken meines Lebens. Am Morgen sprach ich Mötz in der kleinen Küche darauf an:

„Do weiß jo, dat et he Kakerlake jitt?"

„Jo, ävver die kumme nur ens luhre, die jonn dann direk widder."

Mötz war nicht so leicht aus der Ruhe zu bringen. Er sah nicht einmal auf, als ich den Kühlschrank öffnen wollte:

„Loss dä zo, do wähß Zeuch drin!"

Ich beschloss, mich an meinem ersten New Yorker Morgen ein wenig nützlich zu machen, und ging los, um Putzmittel und etwas zu essen zu kaufen. Bis Kanovitz ins Atelier kam, um zu arbeiten, fand er seine Erwartungen, was deutsche Assistenten betraf, aufs schönste bestätigt. Die Herren Gross, Boecker und Niedecken frühstückten in einer sauberen Küche. Mötz feierte diesen Moment durch die Modernisierung einer alten avantgardistischen Kunstpraxis. Er erfand das Readymade neu. In Ermangelung eines dritten Eierbechers stellte er sein Frühstücksei ganz einfach auf eine Kleenex-Rolle:

„Luhr he, ess fäädisch!"

You could go inside them and lose yourself in them.
Mötz made himself indispensable during Kanovitz' stay in Cologne. And he didn't think twice when he received the offer to stay on as Kanovitz' permanent assistant and go with him to London and then to New York where he lived with his wife. We soon got our first letters from him. Mötz was now living on Second Avenue in Kanovitz' studio, which overlooked the darkened billboard of the Fillmore East, Bill Graham's recently closed Church of Rock 'n' Roll.

When Kanovitz went home in the evenings, Mötz was left behind in the studio by himself. It is easy to tell from his letters that he felt lonely. However, his dedication and reliability made a really good impression, and it was not long before the next painter started looking around for an assistant from Germany. Larry Rivers had been a good friend of Kanovitz since his jazz band days. Fed up with the "Makes no difference if I turn up today or tomorrow" attitude of his previous assistants, he got someone to ask Mötz if any of his German colleagues felt like coming to New York. His offer was taken up by Schmal who moved into Rivers' place soon after. Cologne suddenly seemed very empty to me. Mötz and Schmal had taken up the opportunity to start something completely new and had set off for another world that I could not begin to imagine. I was sure though that my friends would leave no stone unturned to get me to join them.

Although Schmal and Mötz made every effort to give me a proper welcome they hadn't reckoned with the airport police. The officer saw two long-haired Germans holding up a banner bearing the friendly words "Welcome, liebe Jung!" surrounded by lovingly painted flowers and peace signs. He had no idea what "liebe Jung" meant nor could he possibly know that we considered peace signs and flowers our personal symbols of irony, using them to mock all that terribly serious, politically correct art. At that time – you must remember that the Vietnam War was still on – most outsiders would have seen our banner as the message of peace-loving hippies. The policeman would have none of it and barked out "Roll it up!". Schmal and Mötz made several more attempts to unfurl their banner but the officer kept coming back, even making threatening gestures with the truncheon in his hand. "I said "Roll it up!"". So my welcome committee ended up being my two slightly abashed friends and a rolled-up banner. But, it was wonderful to see Schmal and Mötz again.
They had prepared a sofa for me behind a kind of partition in Kanovitz' studio. Mötz slept nearby but I was deep in the throes of jet lag and did not get a wink of sleep. That night, in the toilet, I saw my first ever cockroach. The next morning, when we were in the kitchenette, I mentioned it to Mötz:
"You do know that there is a cockroach here?"
"Yeah, they just come to take a look and then disappear again"
Nothing flapped Mötz and he didn't even look up as I started to open the fridge.
"Don't do it! There's growing white stuff in there!"
I decided to make myself useful on my first morning in New York, and set off to buy something to eat as well as some cleaning materials. When Kanovitz turned up in his studio for work that day all his expectations with regard to German assistants were wonderfully confirmed. We had our breakfast in a clean kitchen. Mötz celebrated this moment by updating an old avant-garde technique and re-inventing the Readymade. As we only had two eggcups he just placed his egg on top of a piece of kitchen roll:
"Look at that, it's ready!".

Werke / Works

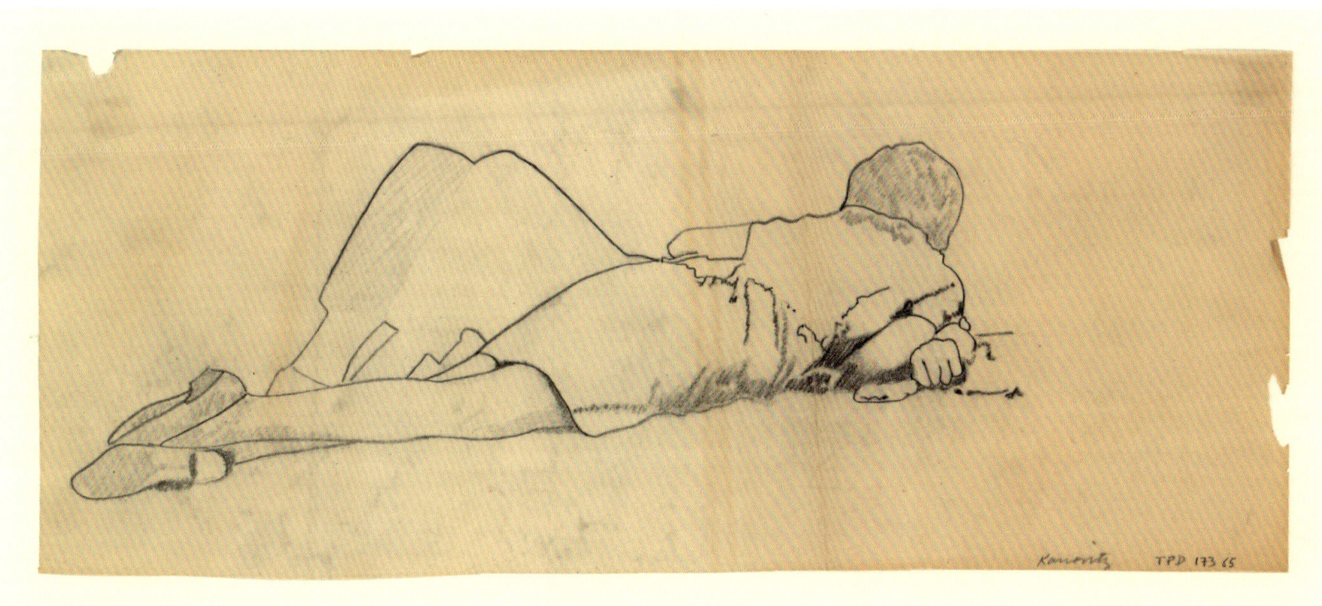

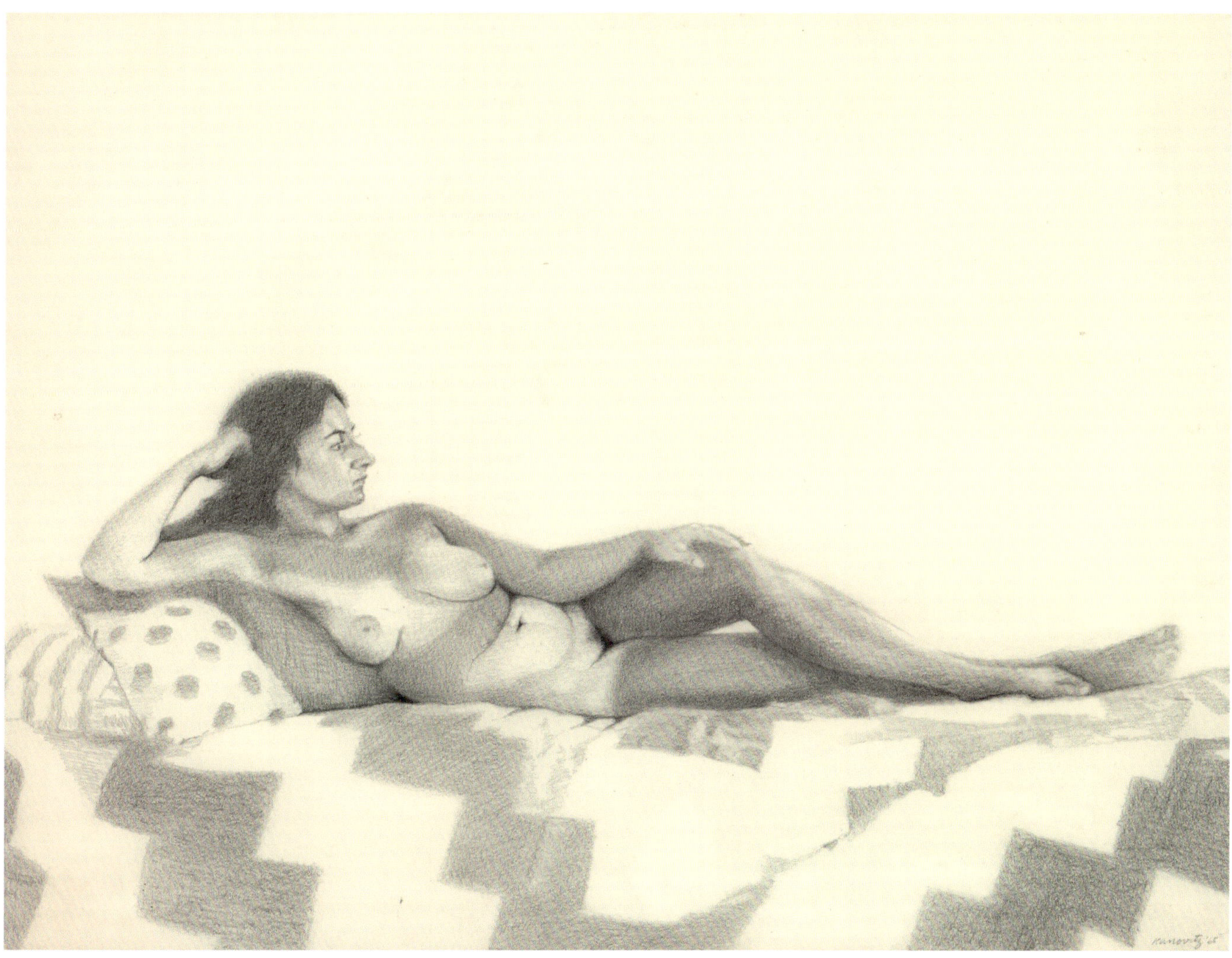

Studie zu / Study for *The Lovers*

um / c. 1965

Studie zu / Study for *Nude Greek Reclining*

1965

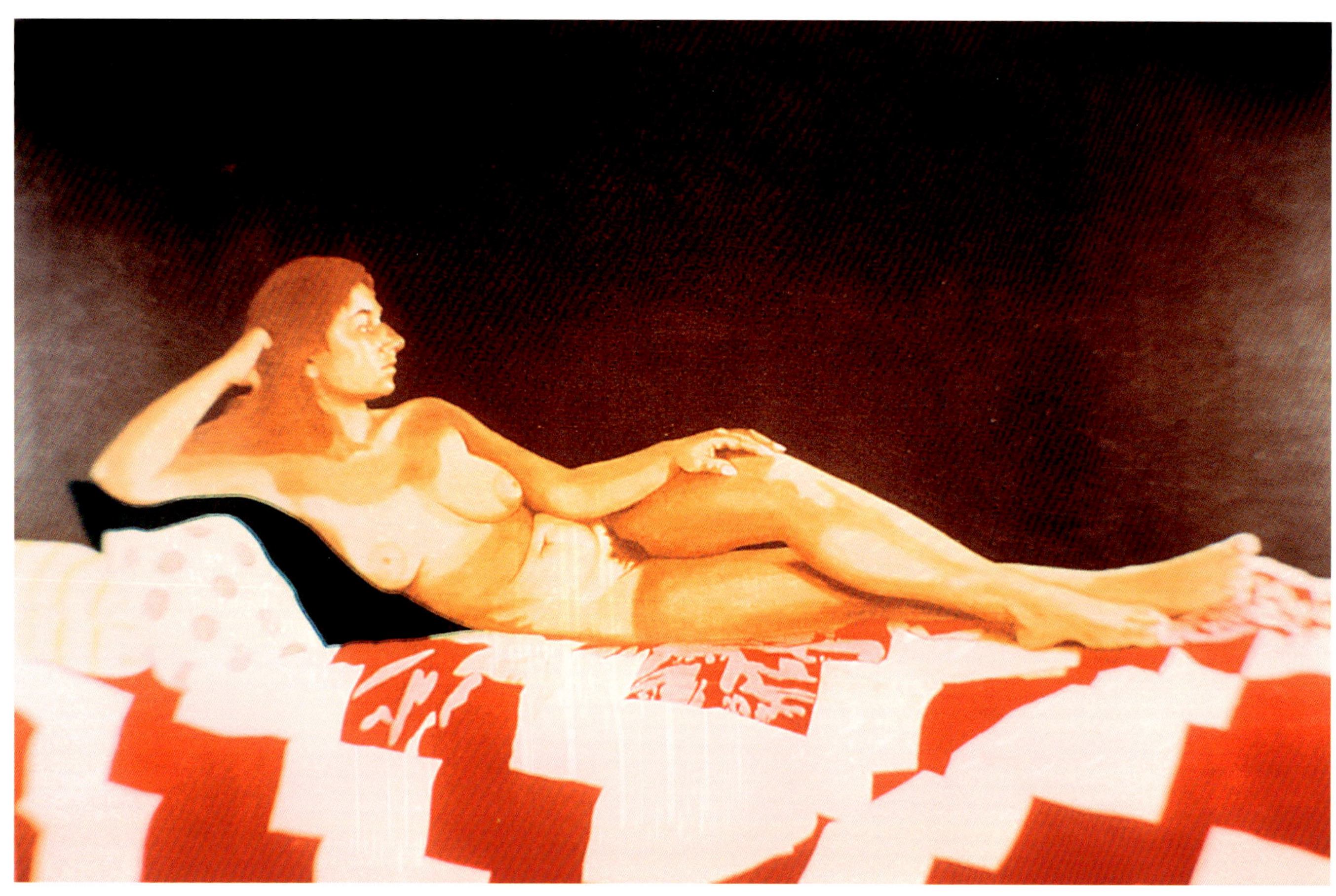

Nude Greek Reclining

1965

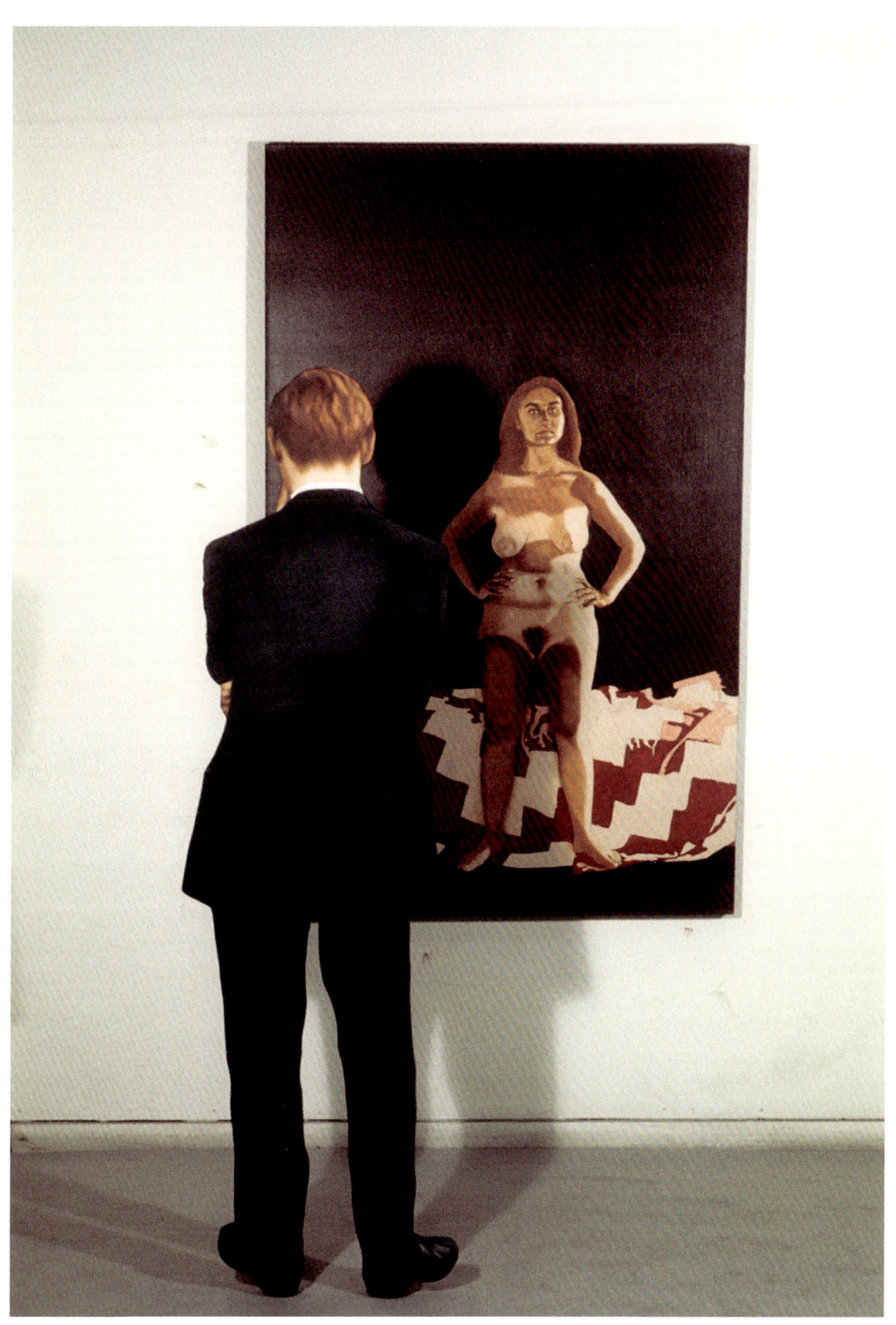

Nude Greek Standing

1965

und / and

The Man

1968

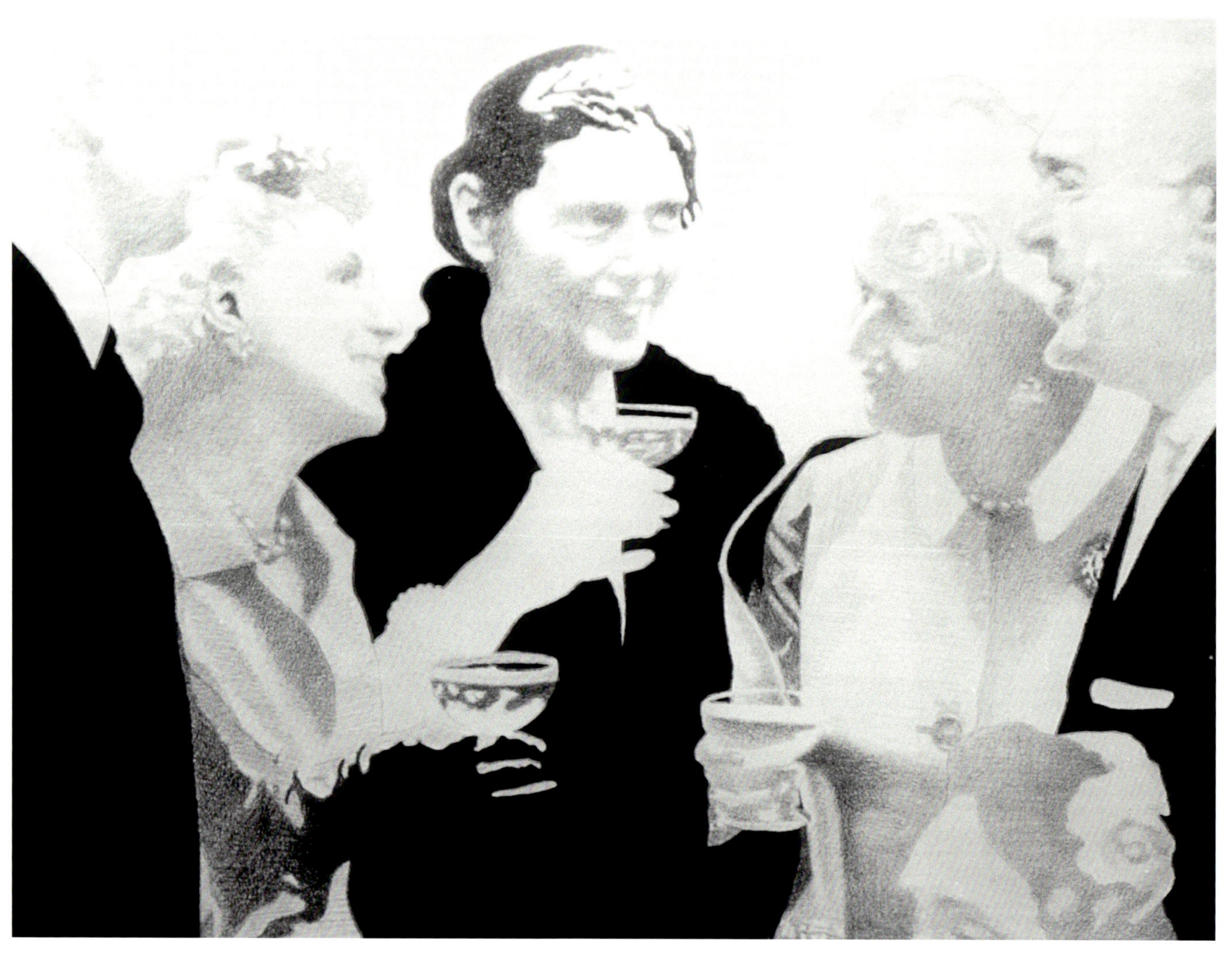

Studie zu / Study for *Drinks*
1966

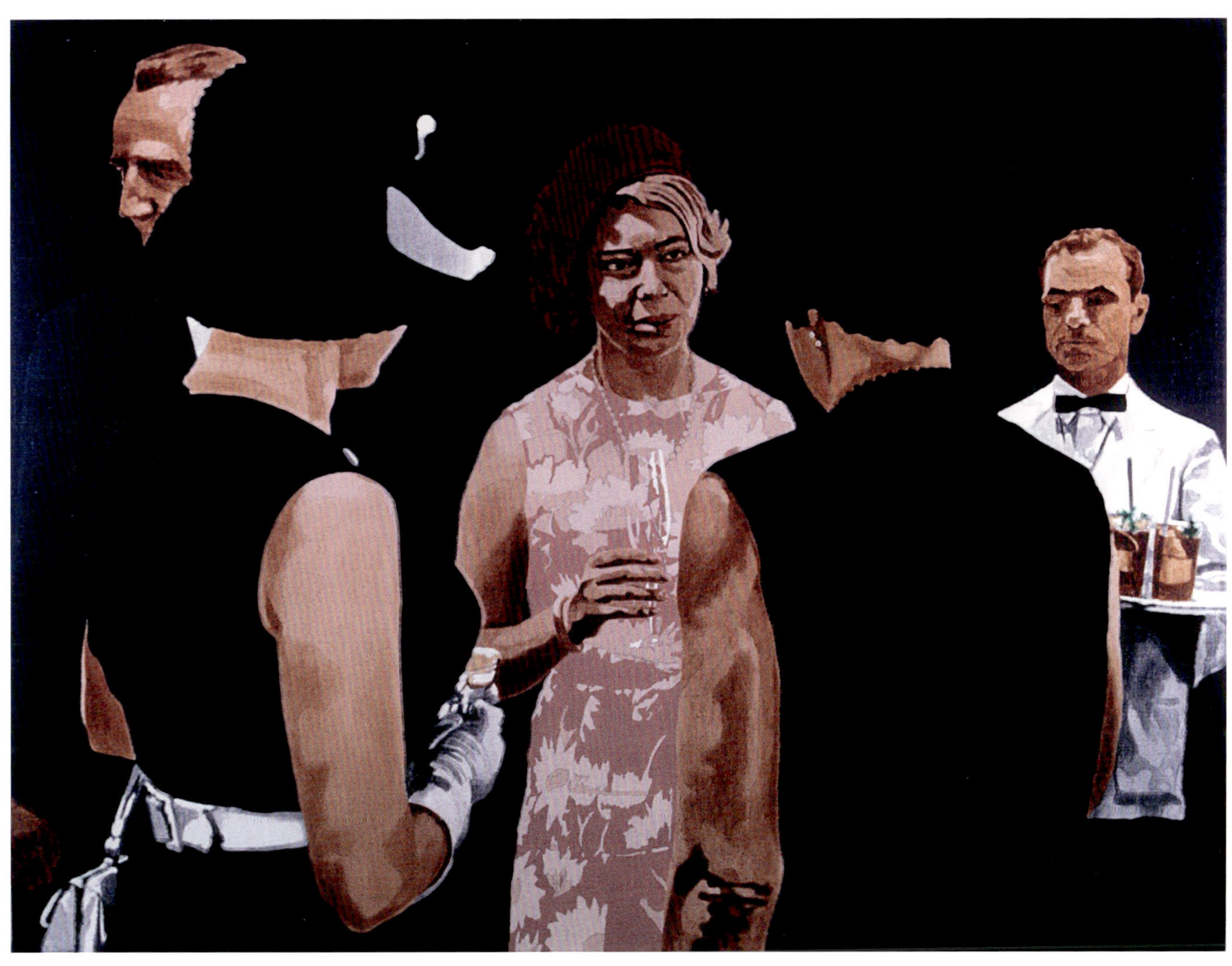

Drinks
1966

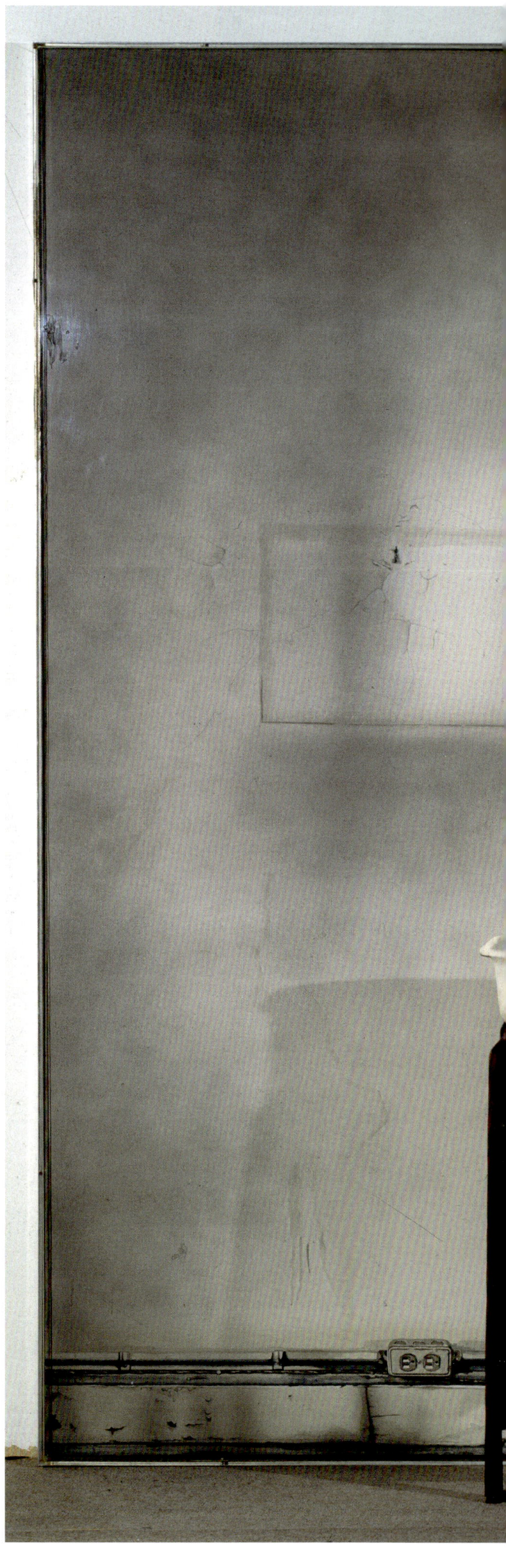

The Painting Wall, The Water Bucket Stool

1968

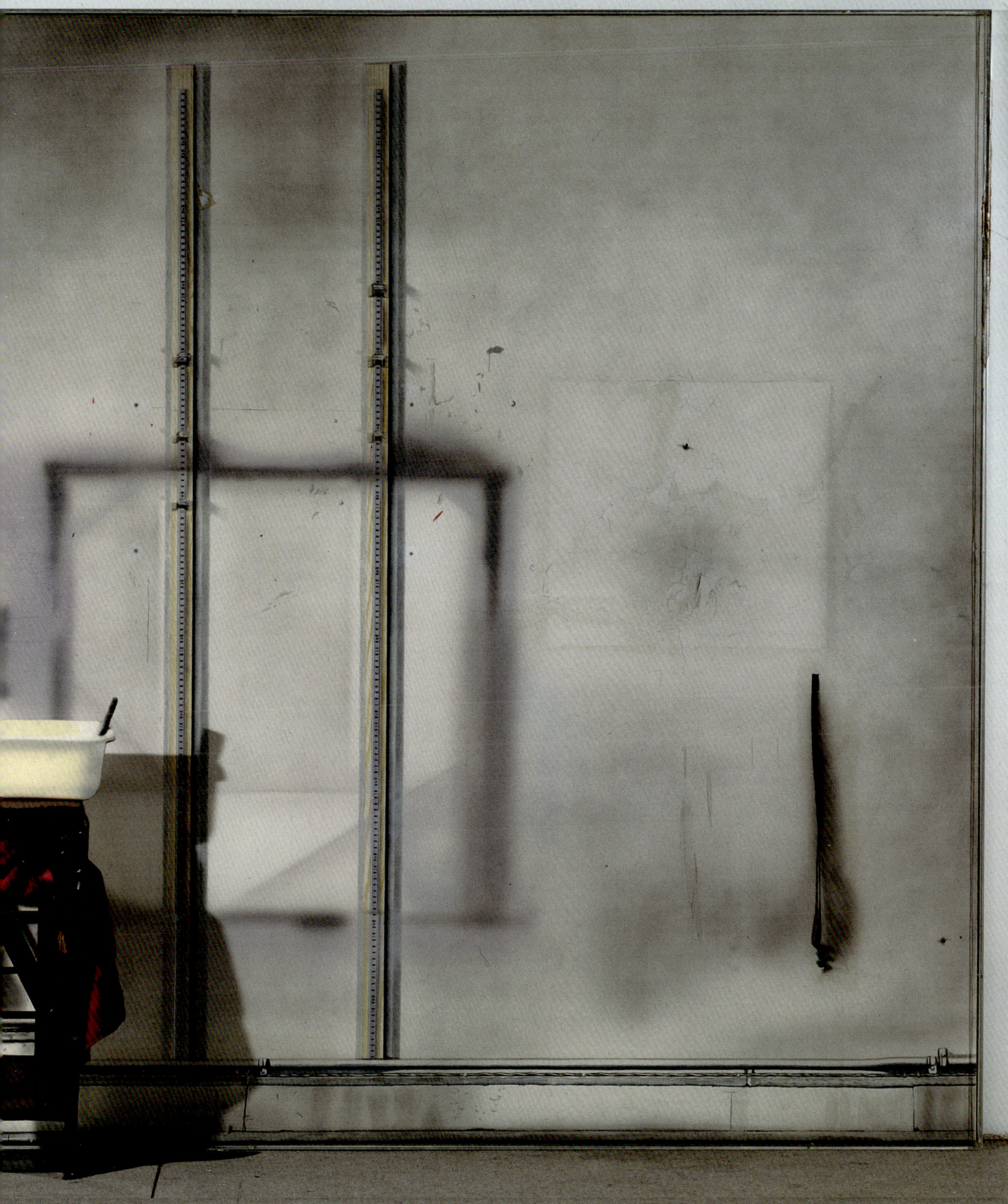

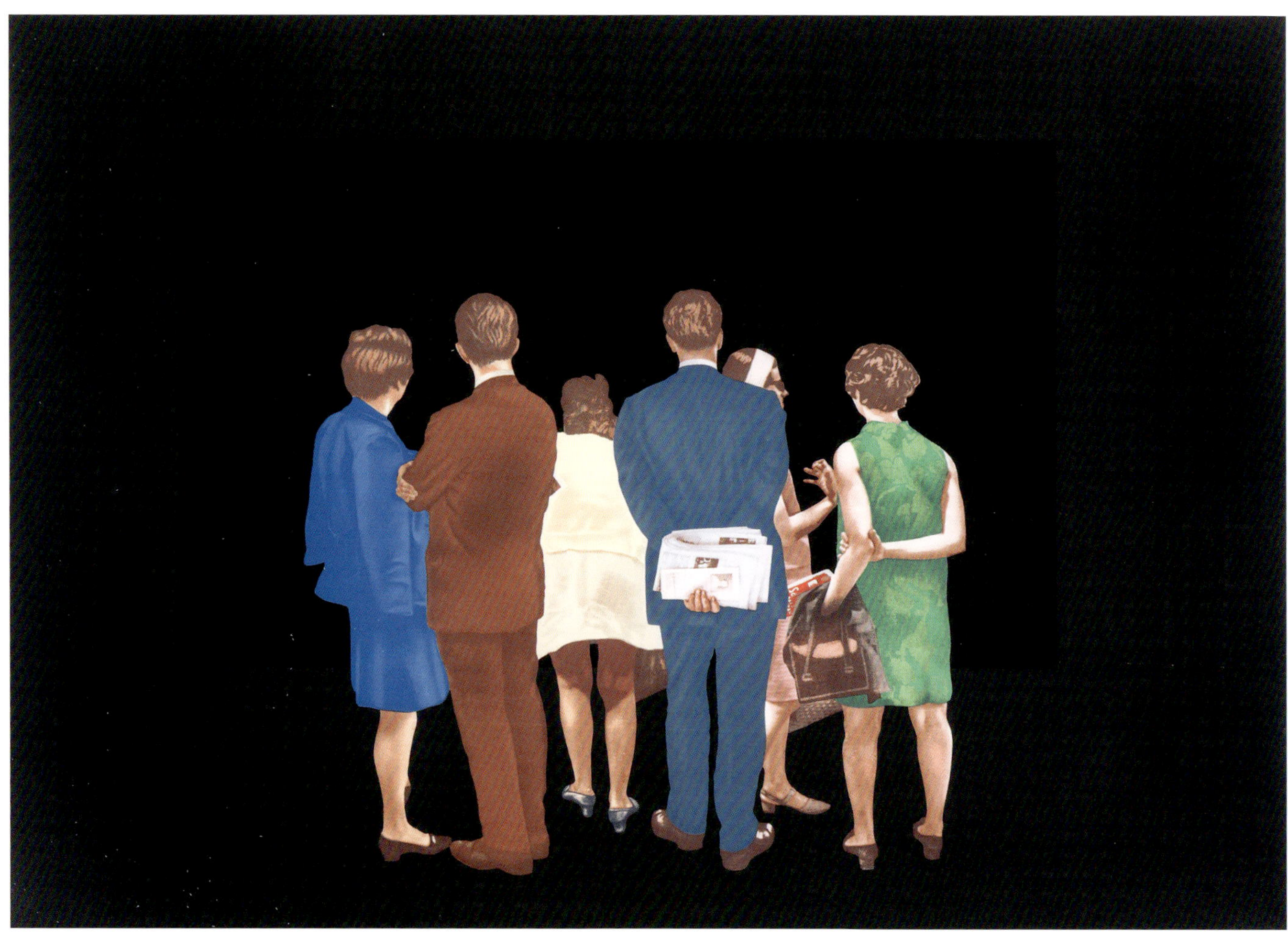

People
1970

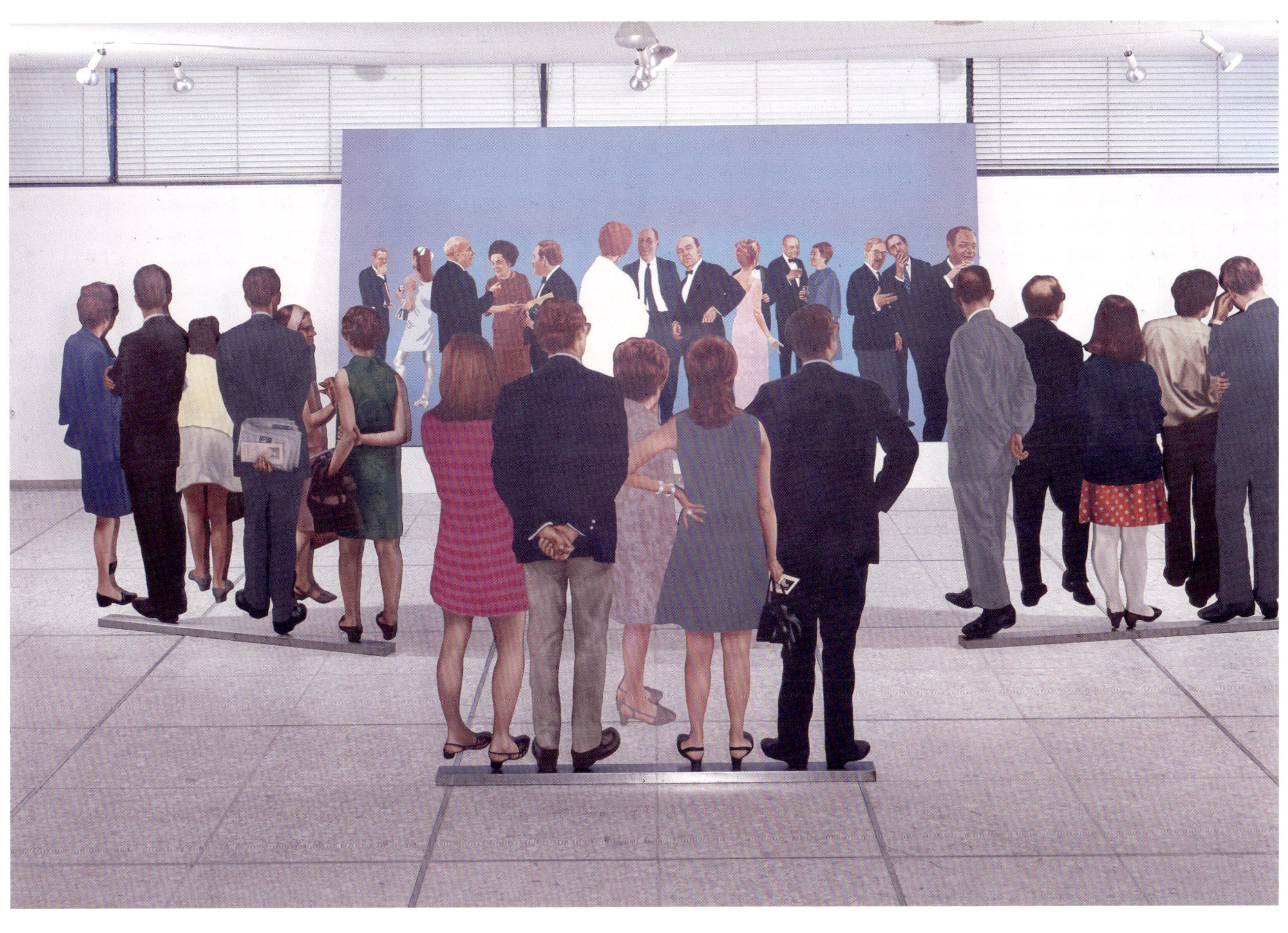

The People (Center)

[vor / in front of *The Opening*, 1967], 1968

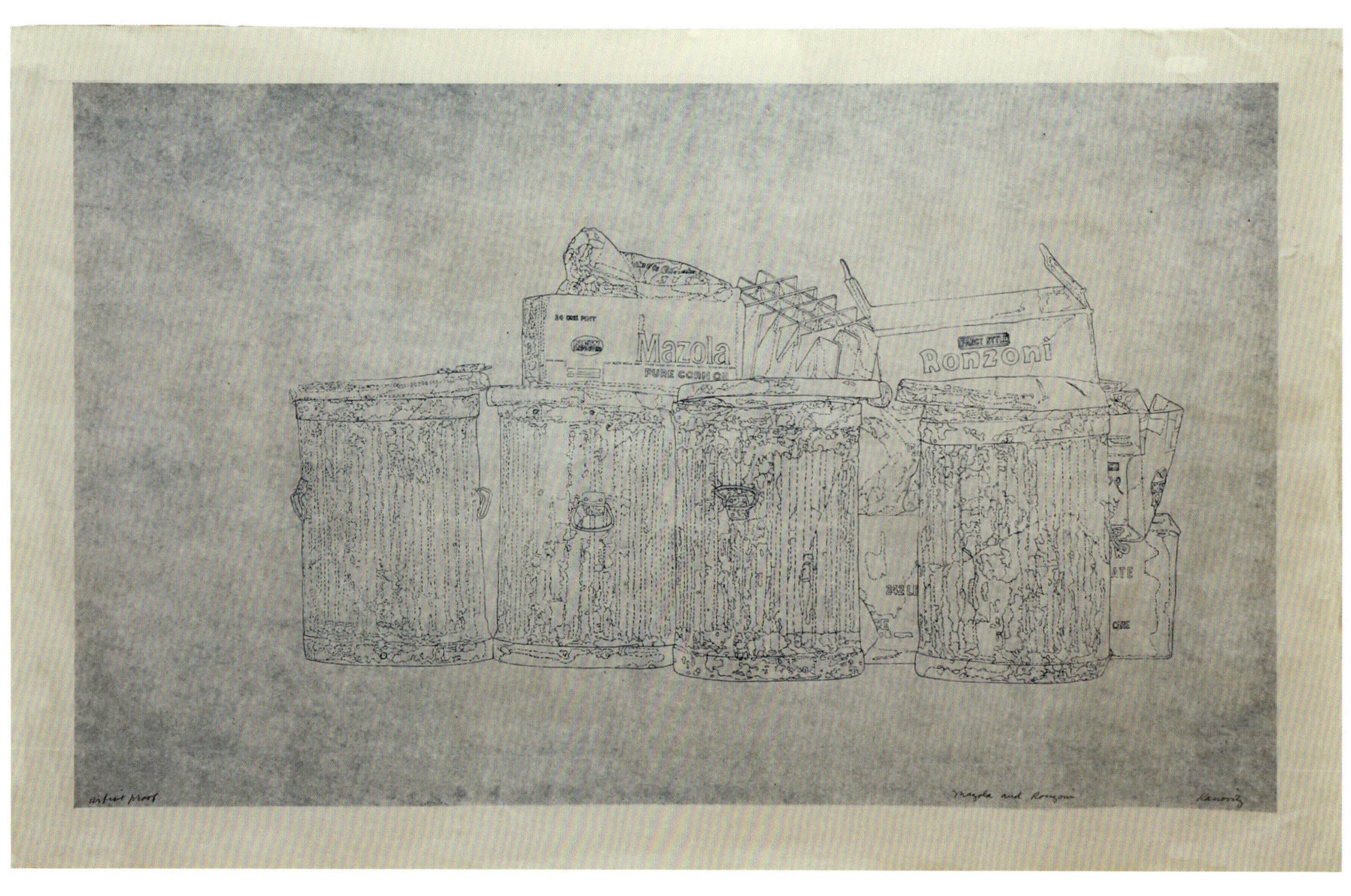

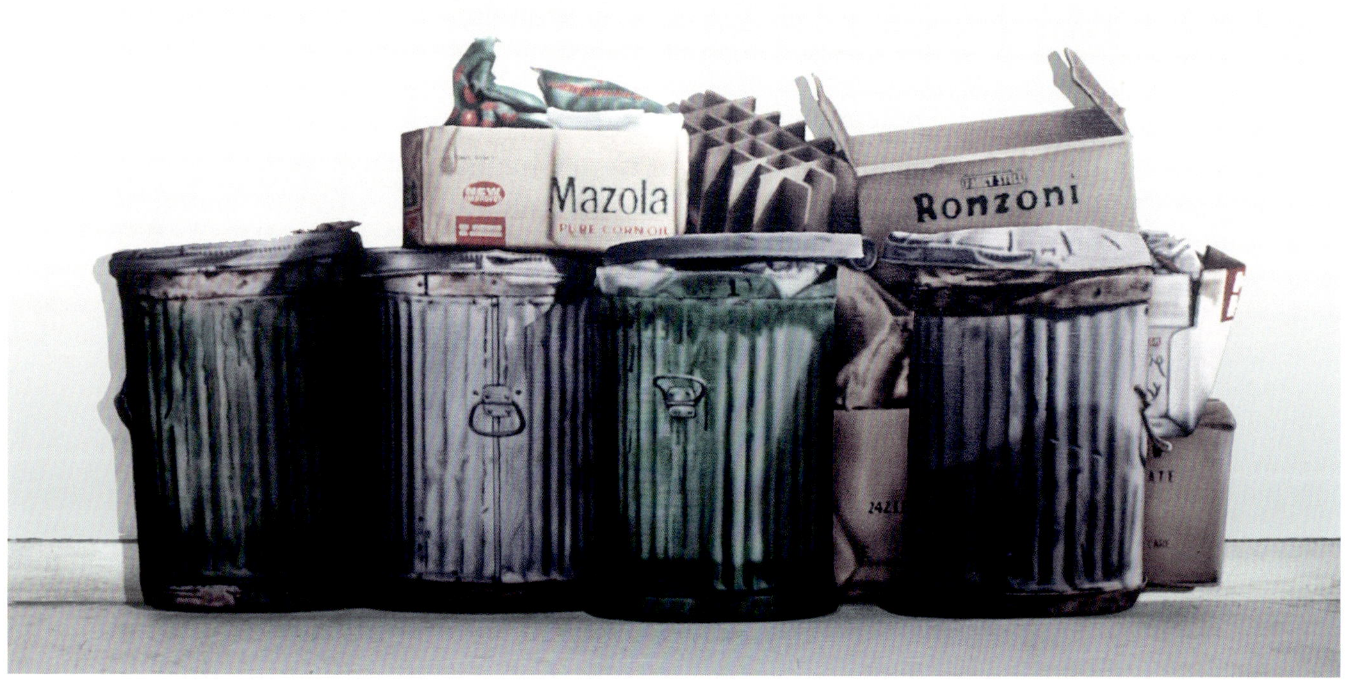

Mazola and Ronzoni

1969

Mazola and Ronzoni

1969, Gemälde / painting

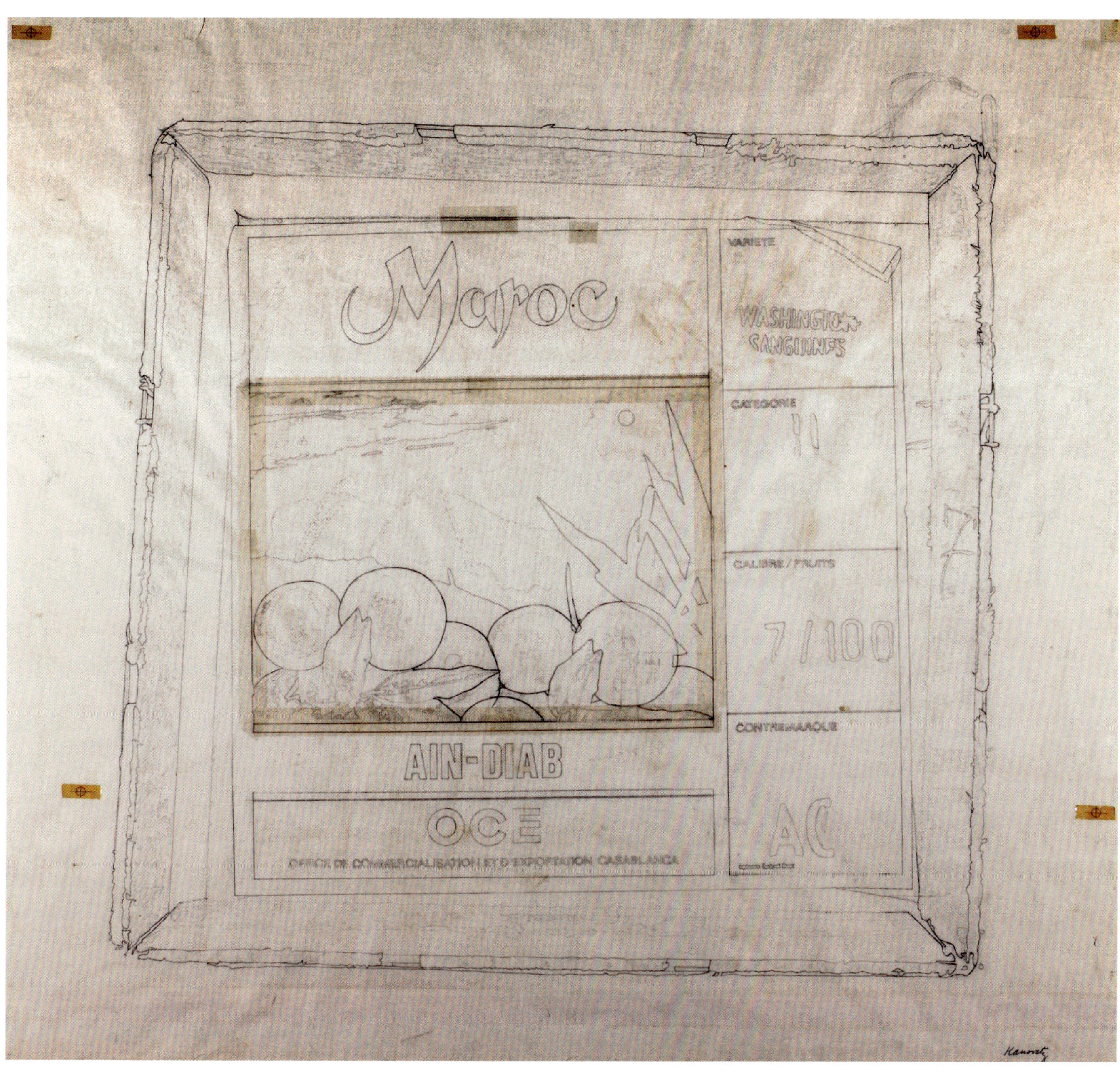

Study for Maroc

1973

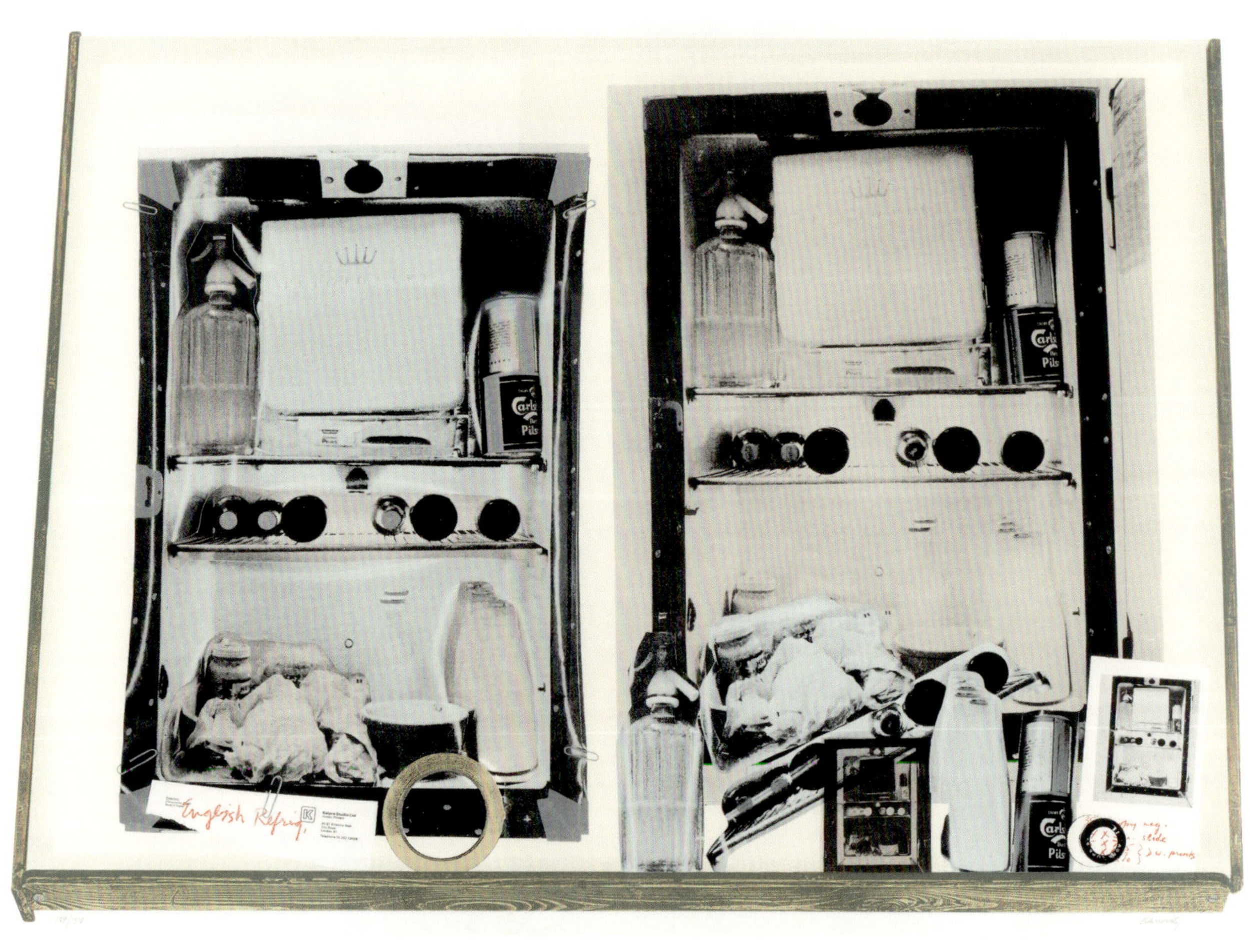

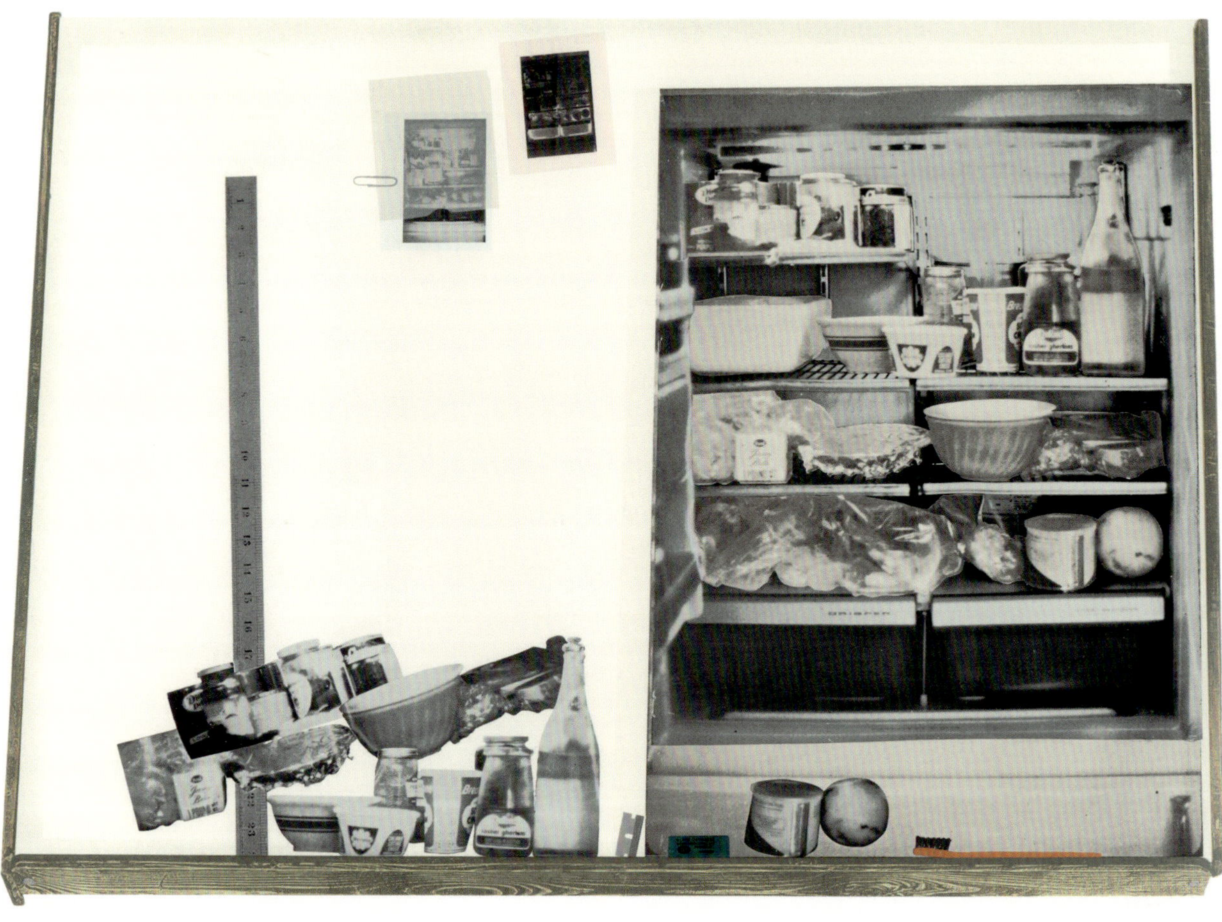

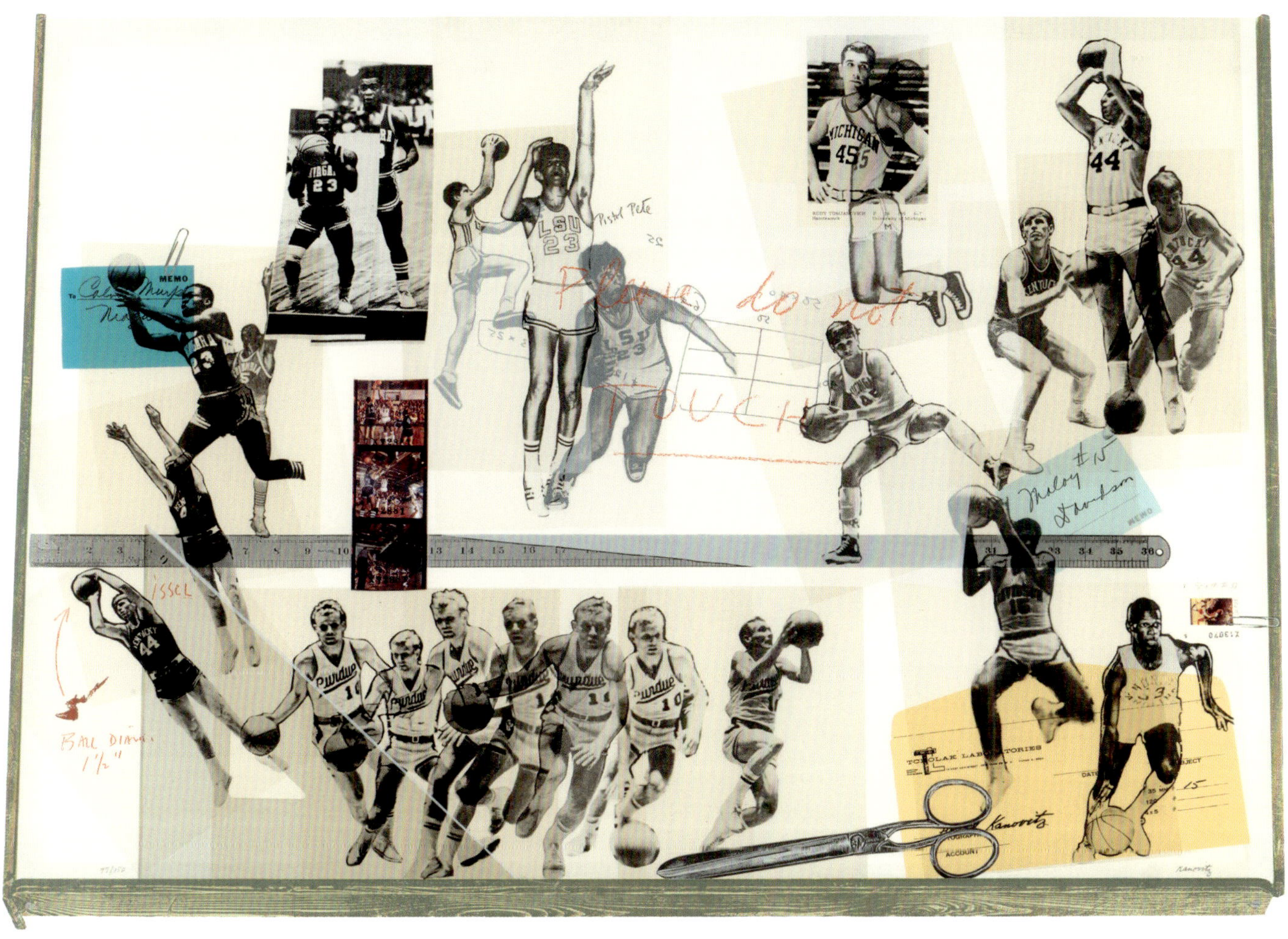

English Refrigerator

1969

American Refrigerator

1969

Study for Basketball Players

1969

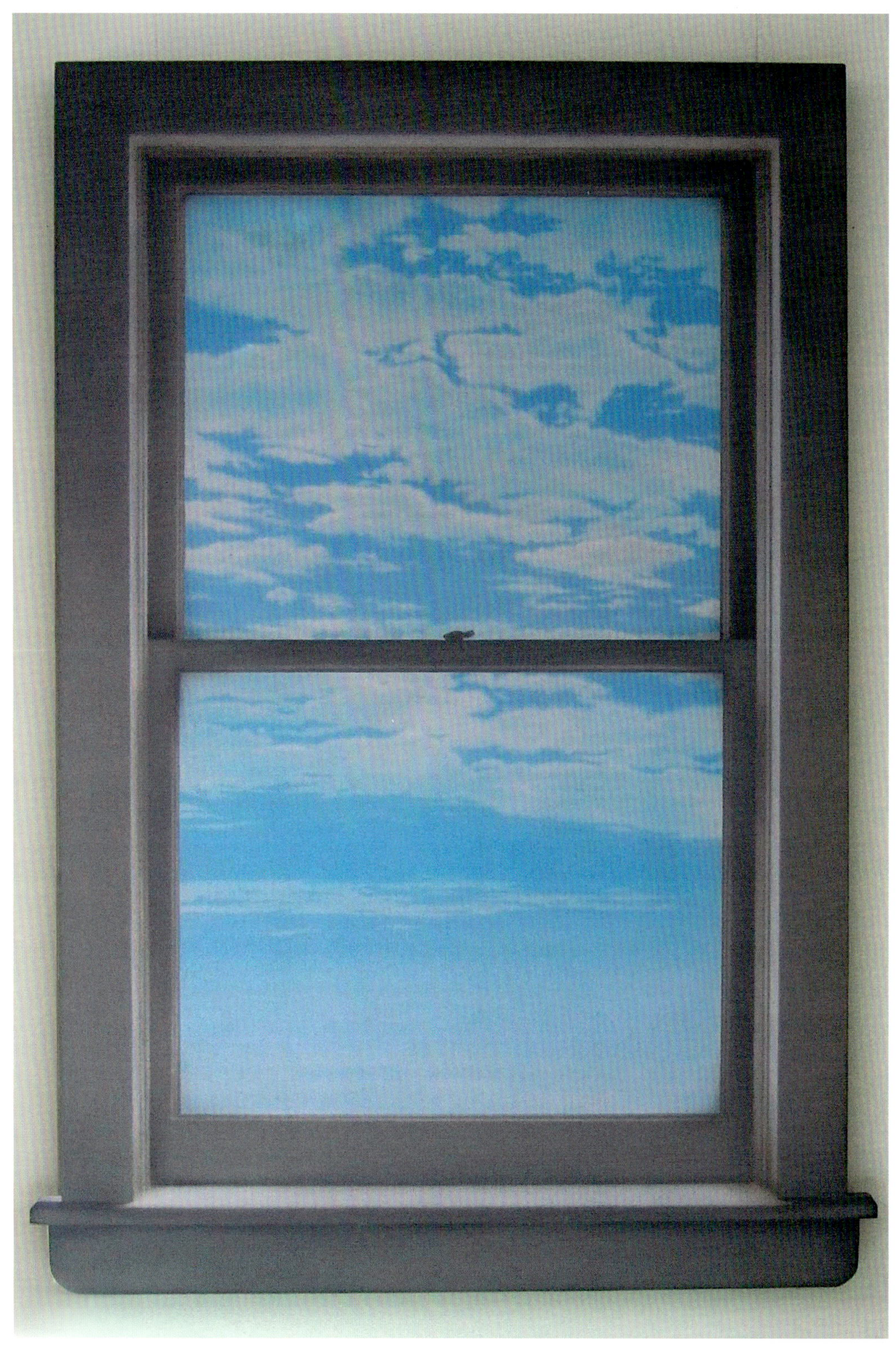

Cloud Window
1970

Doors
1971

Six Pinned To A Wall
1971

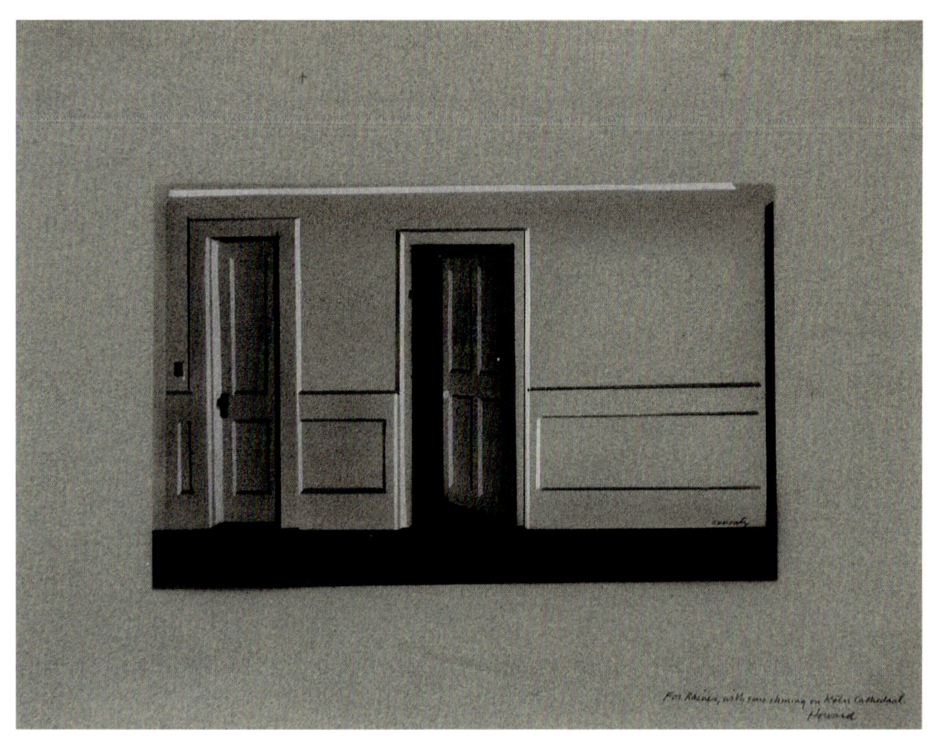
For Rainer, with sun shining on Köln Cathedral.
Howard

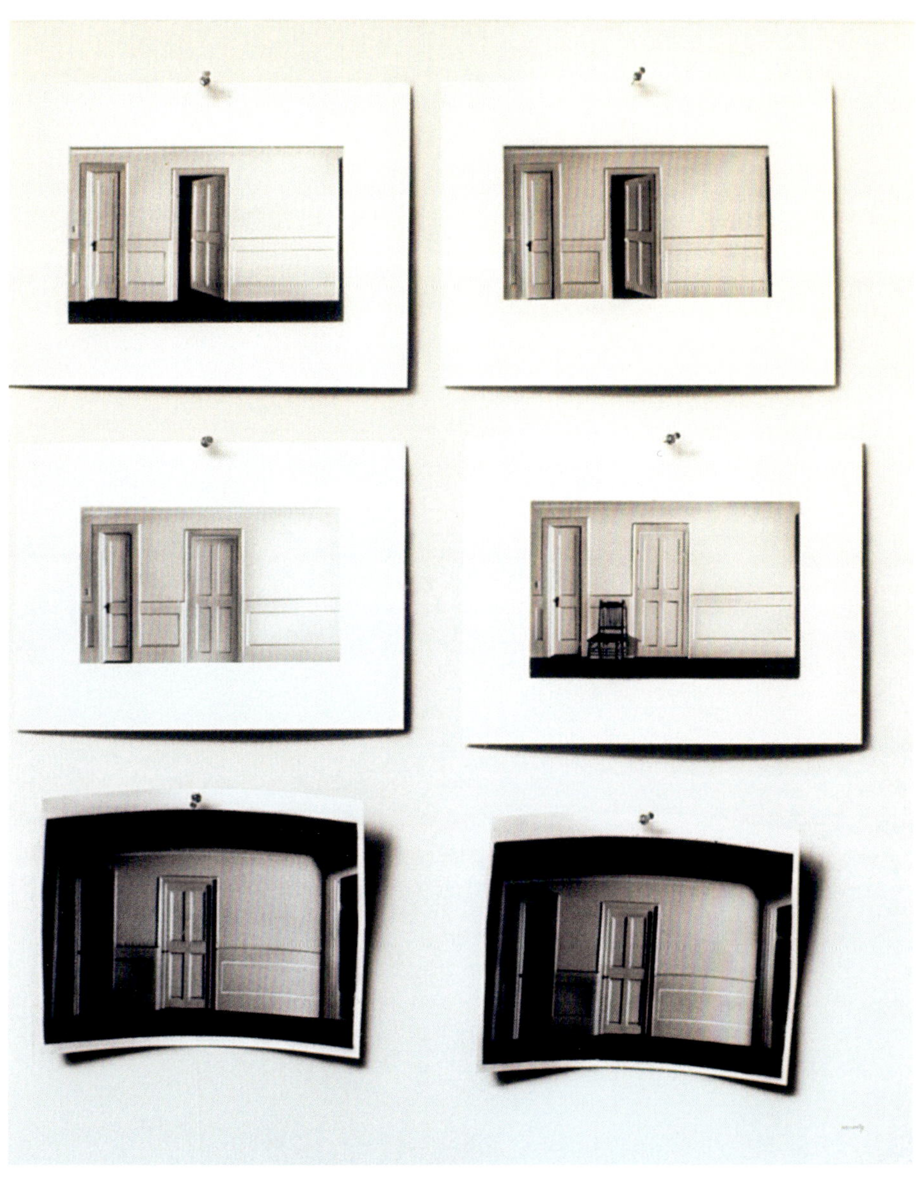

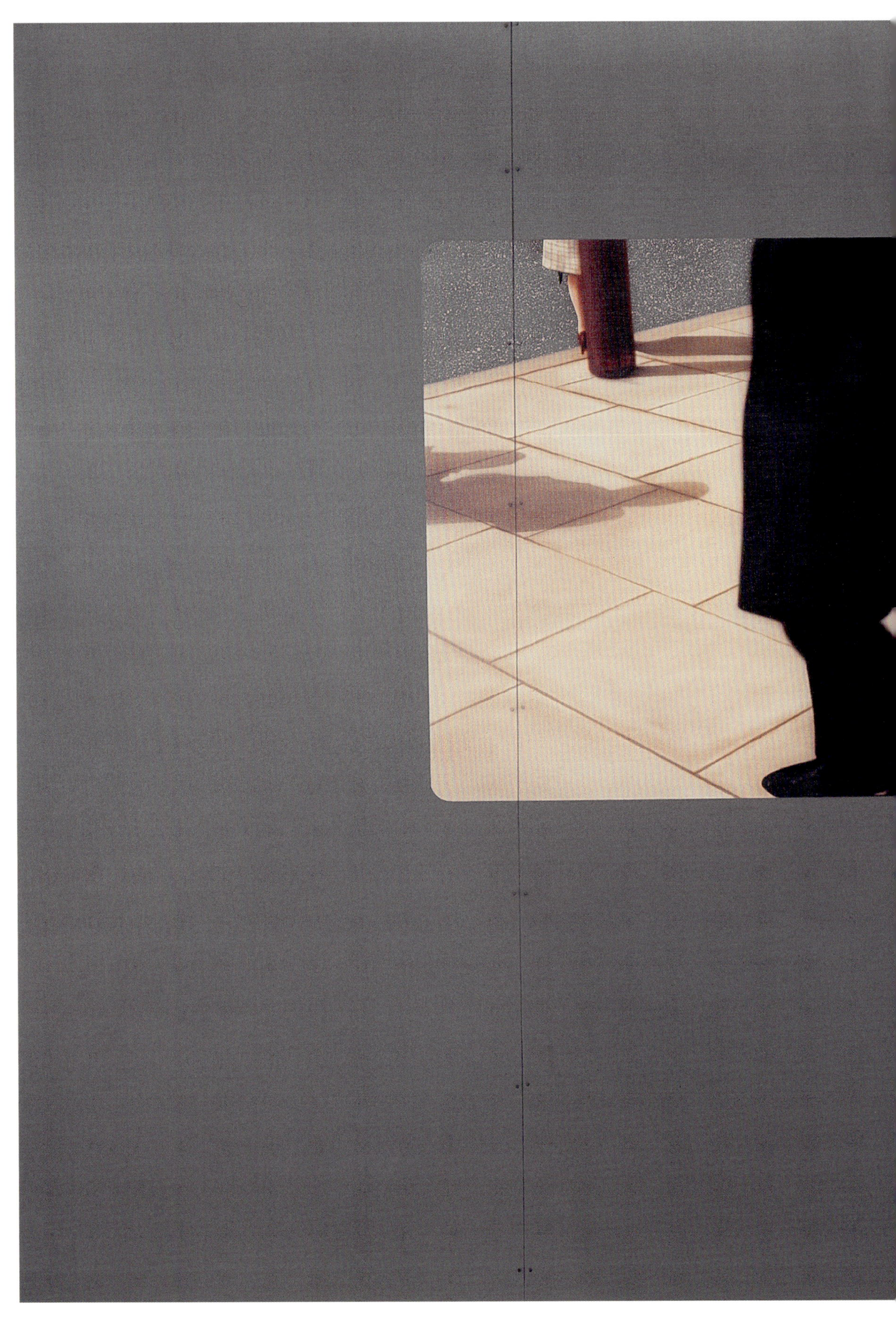

Projected Street Scene

1971-72

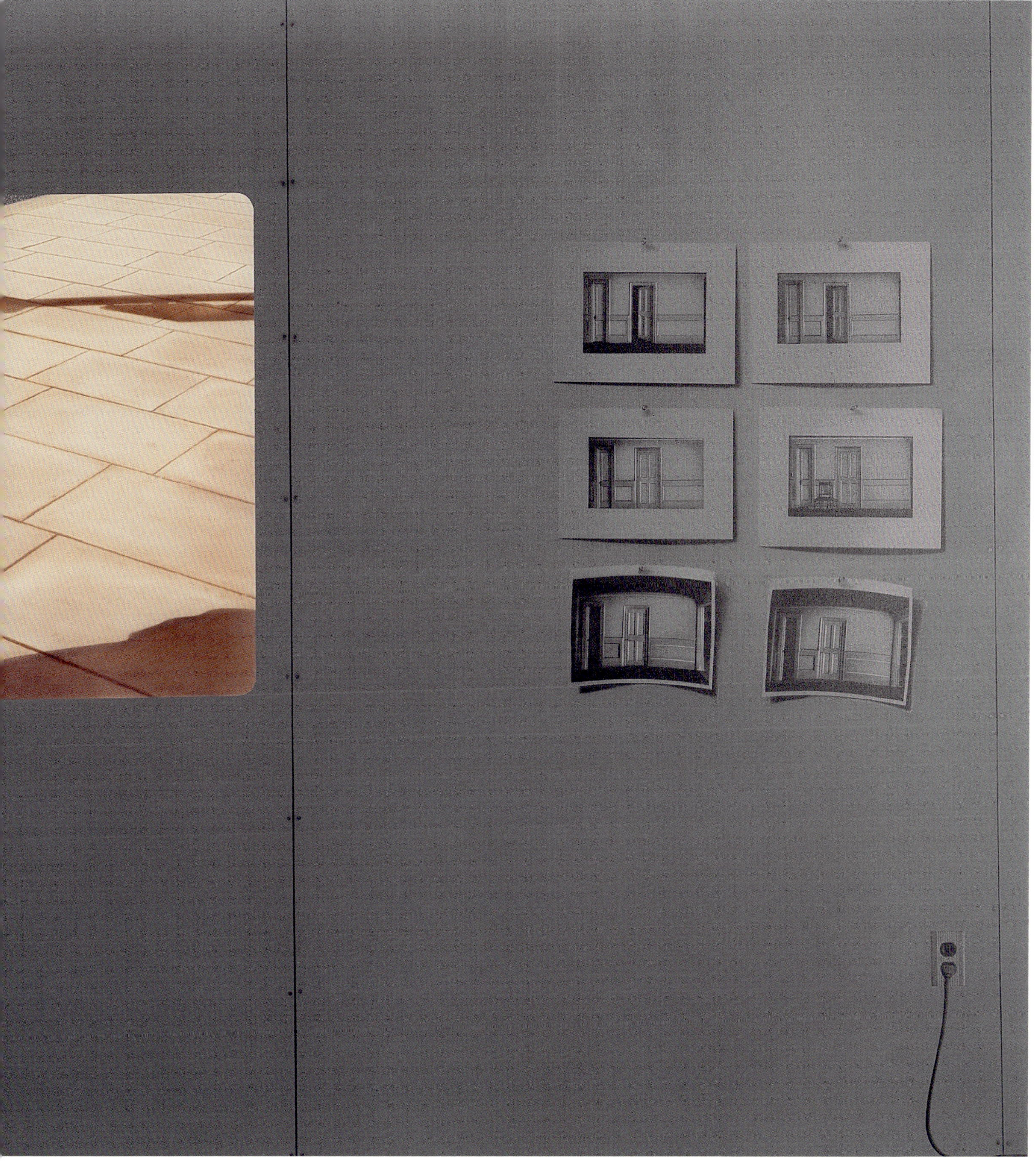

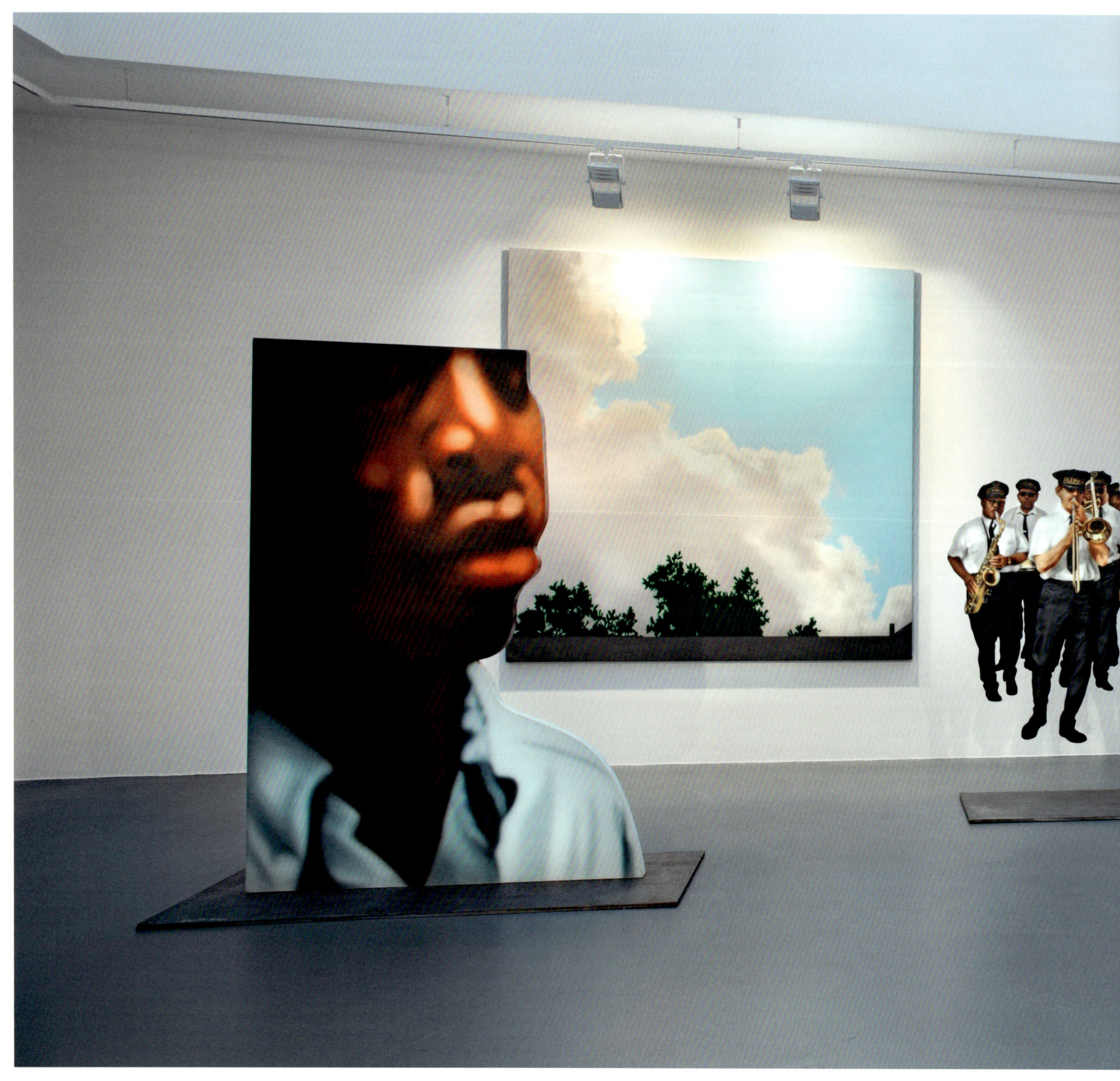

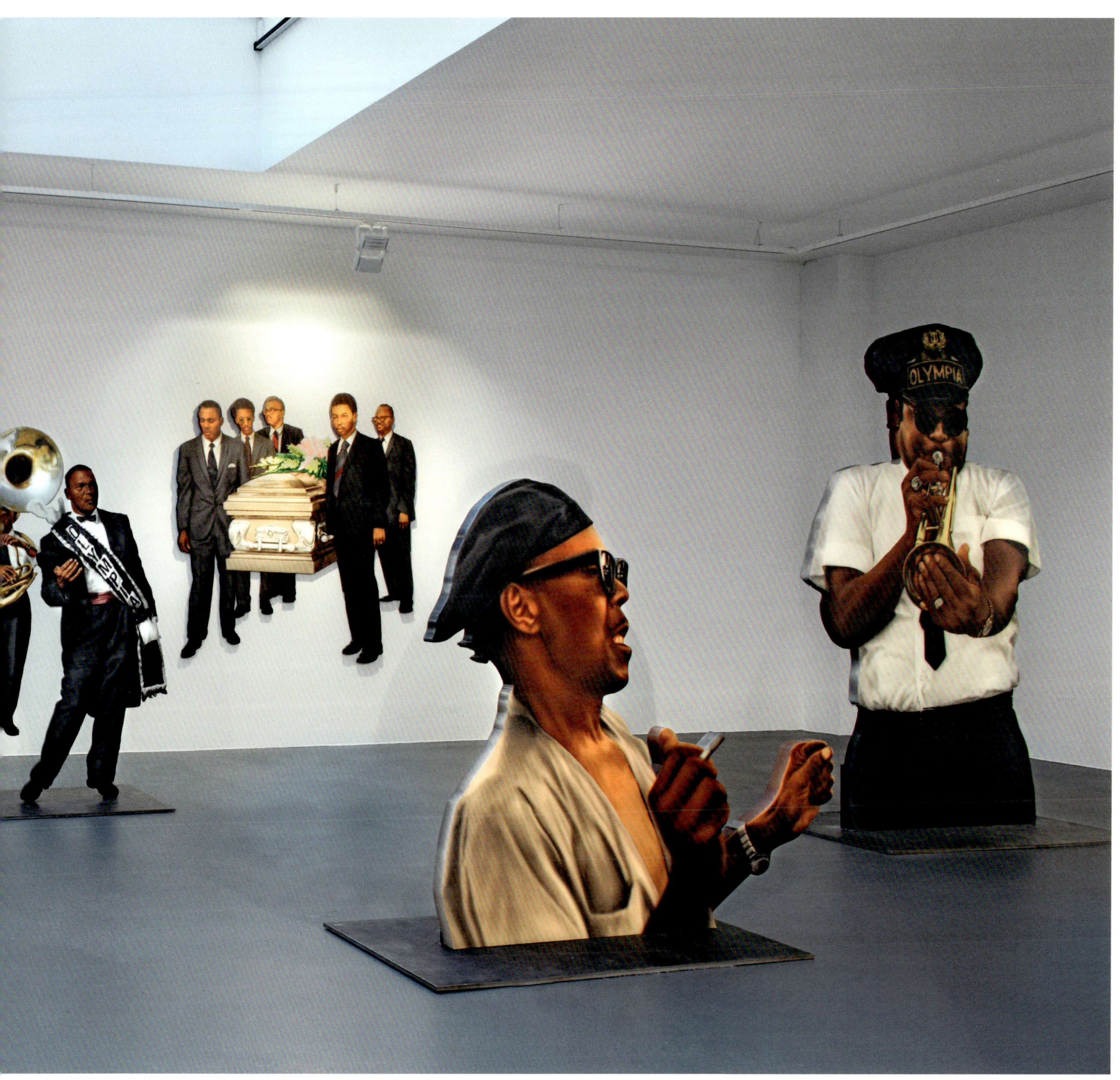

Death in Tremé

1970

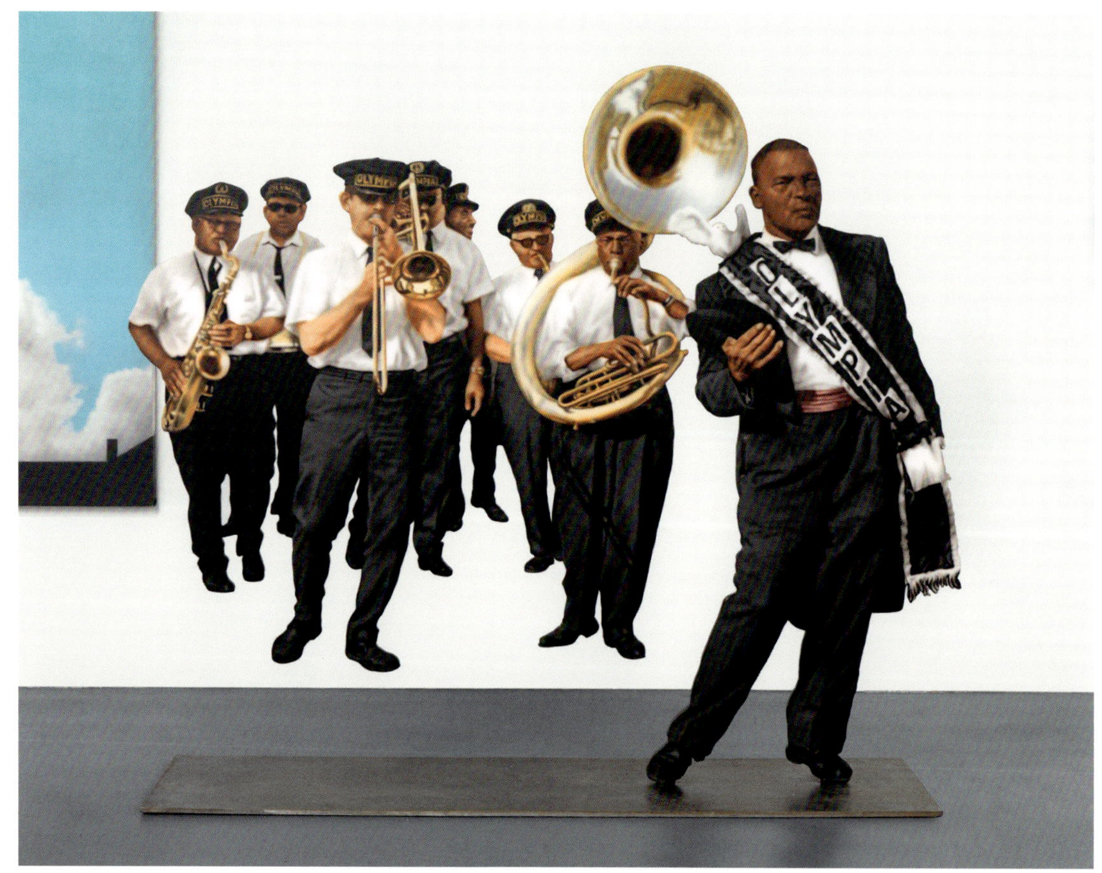

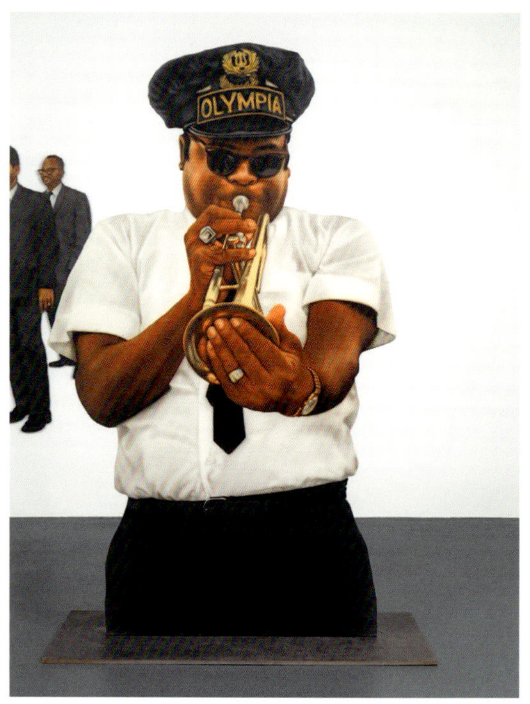

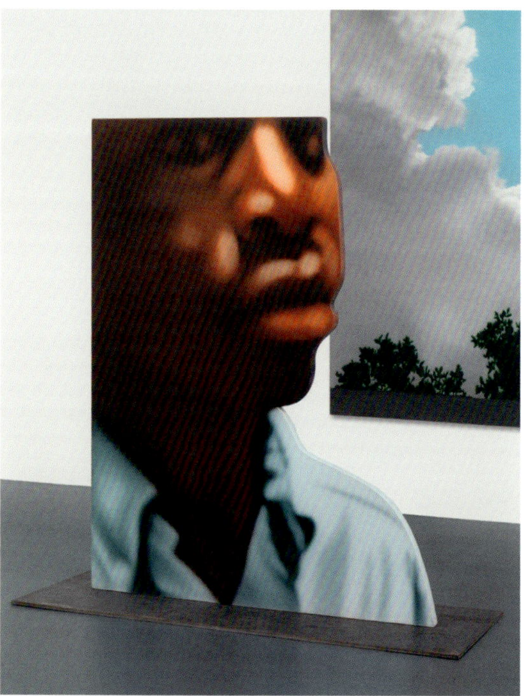

Death in Tremé

1970, Details

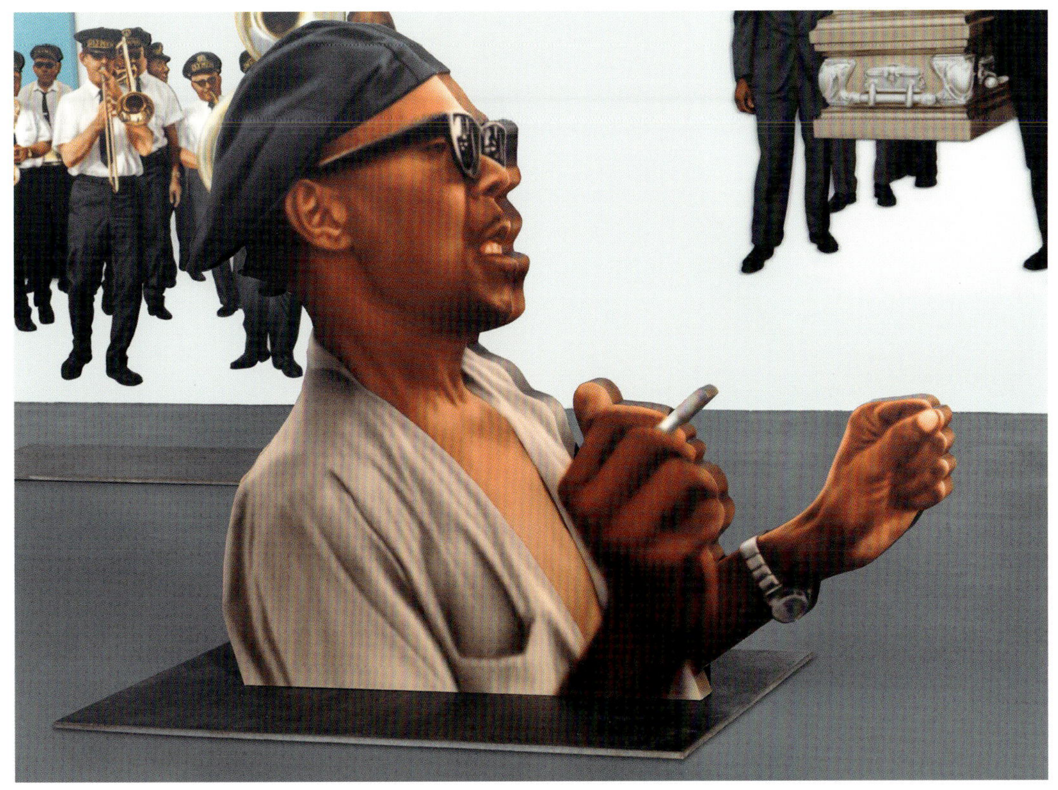

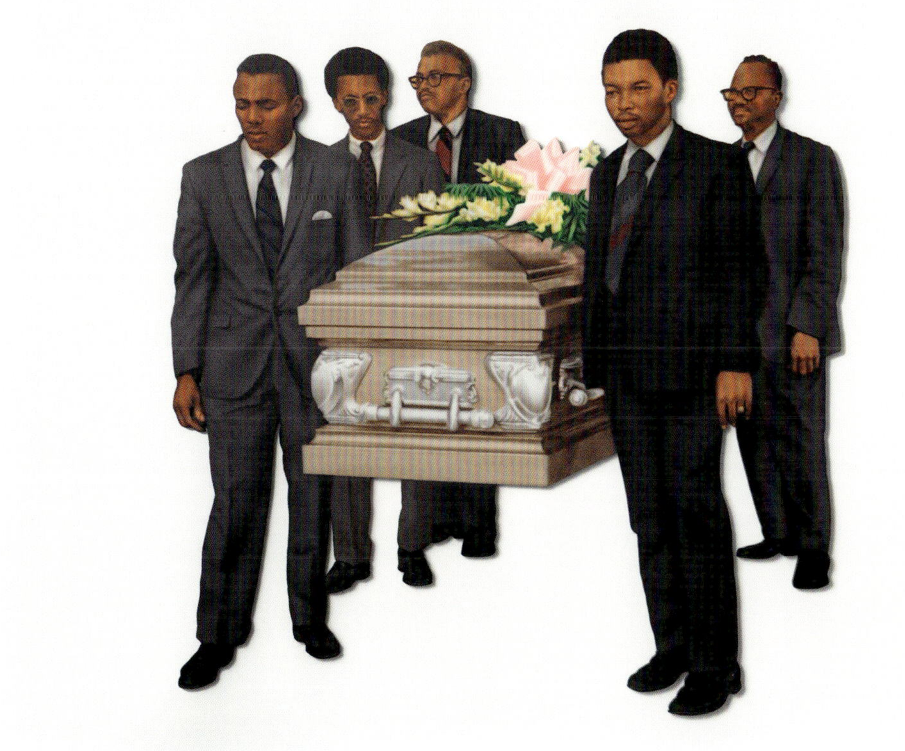

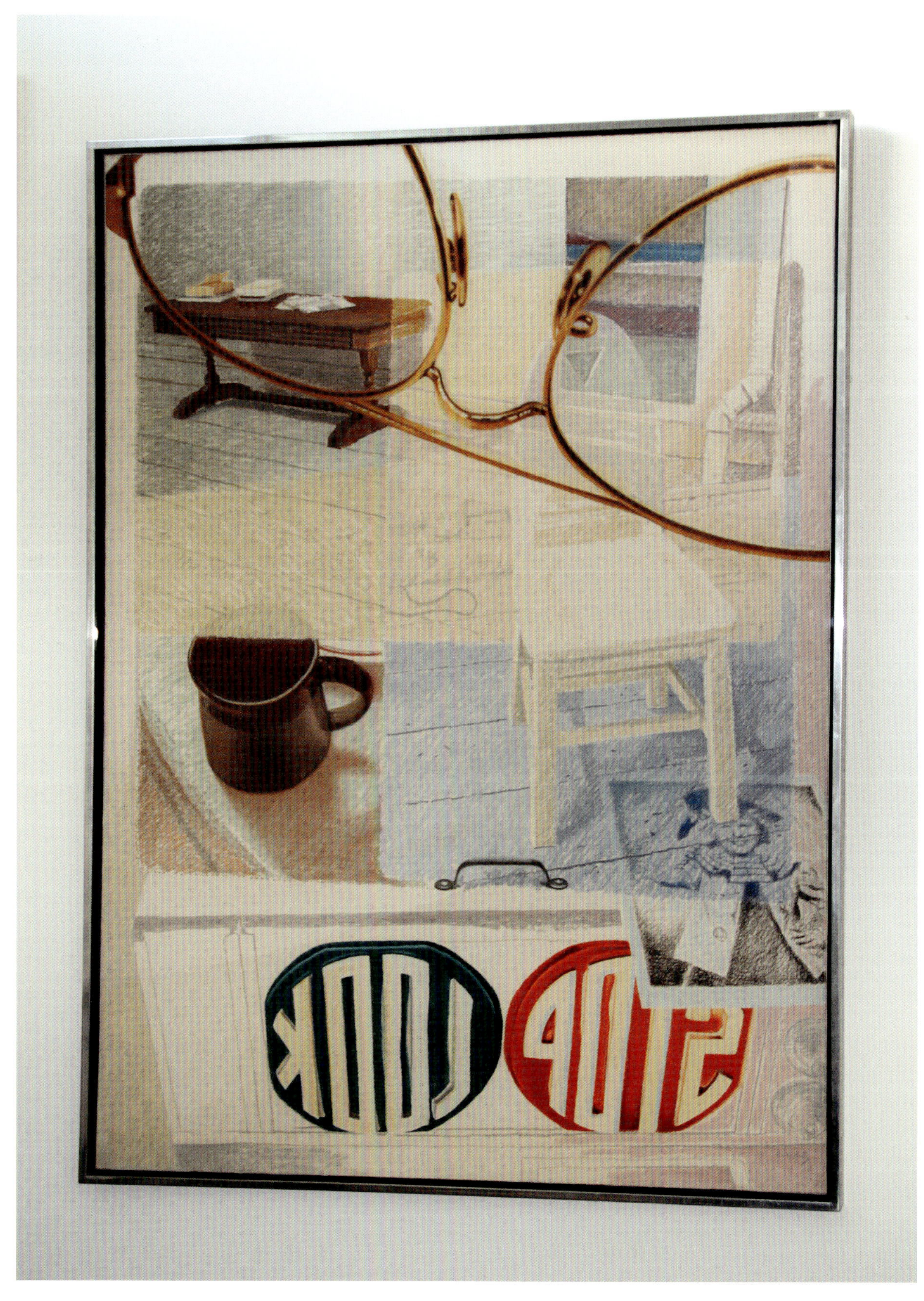

Stop Look

1977

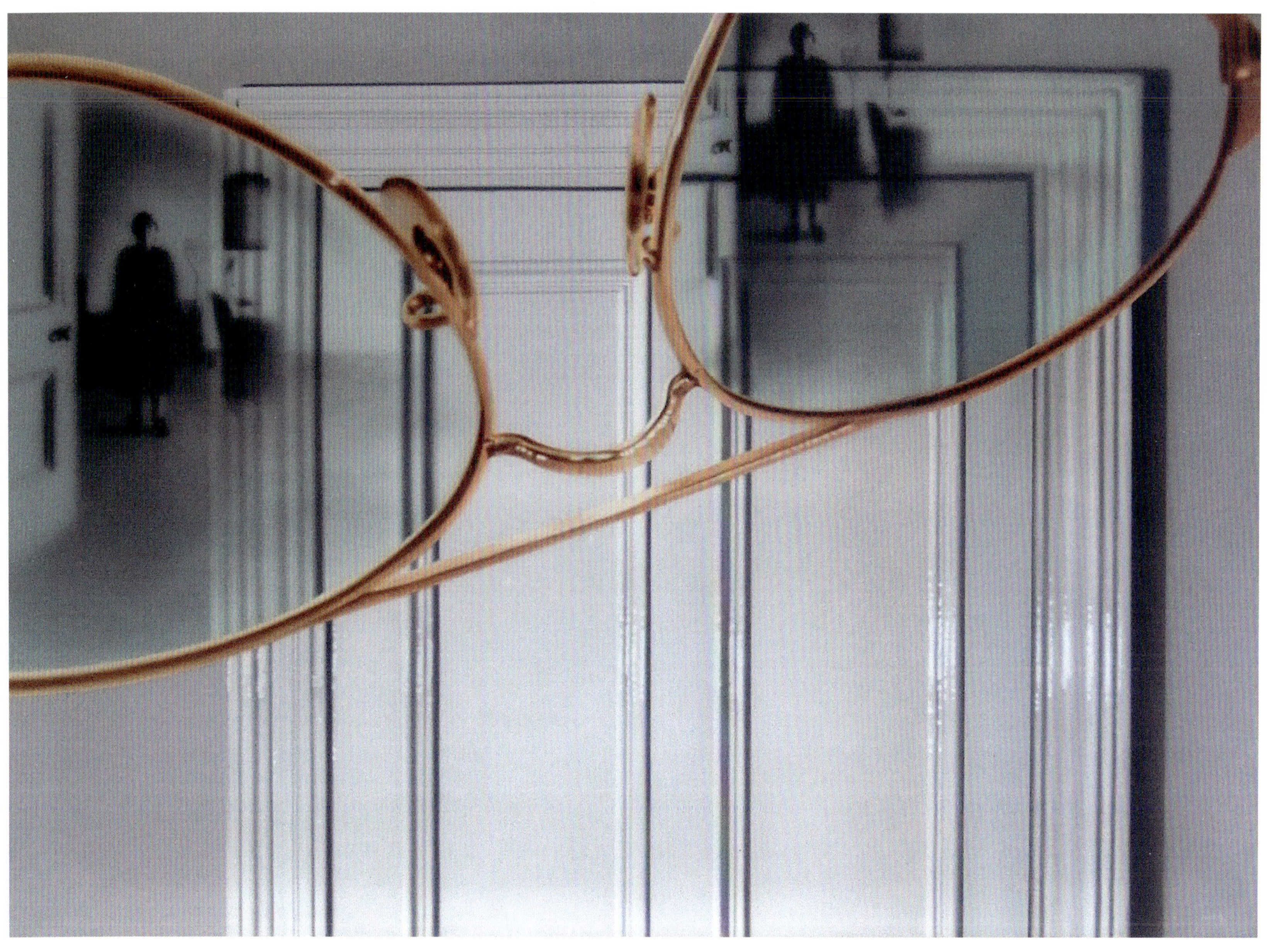

Living Room

1973

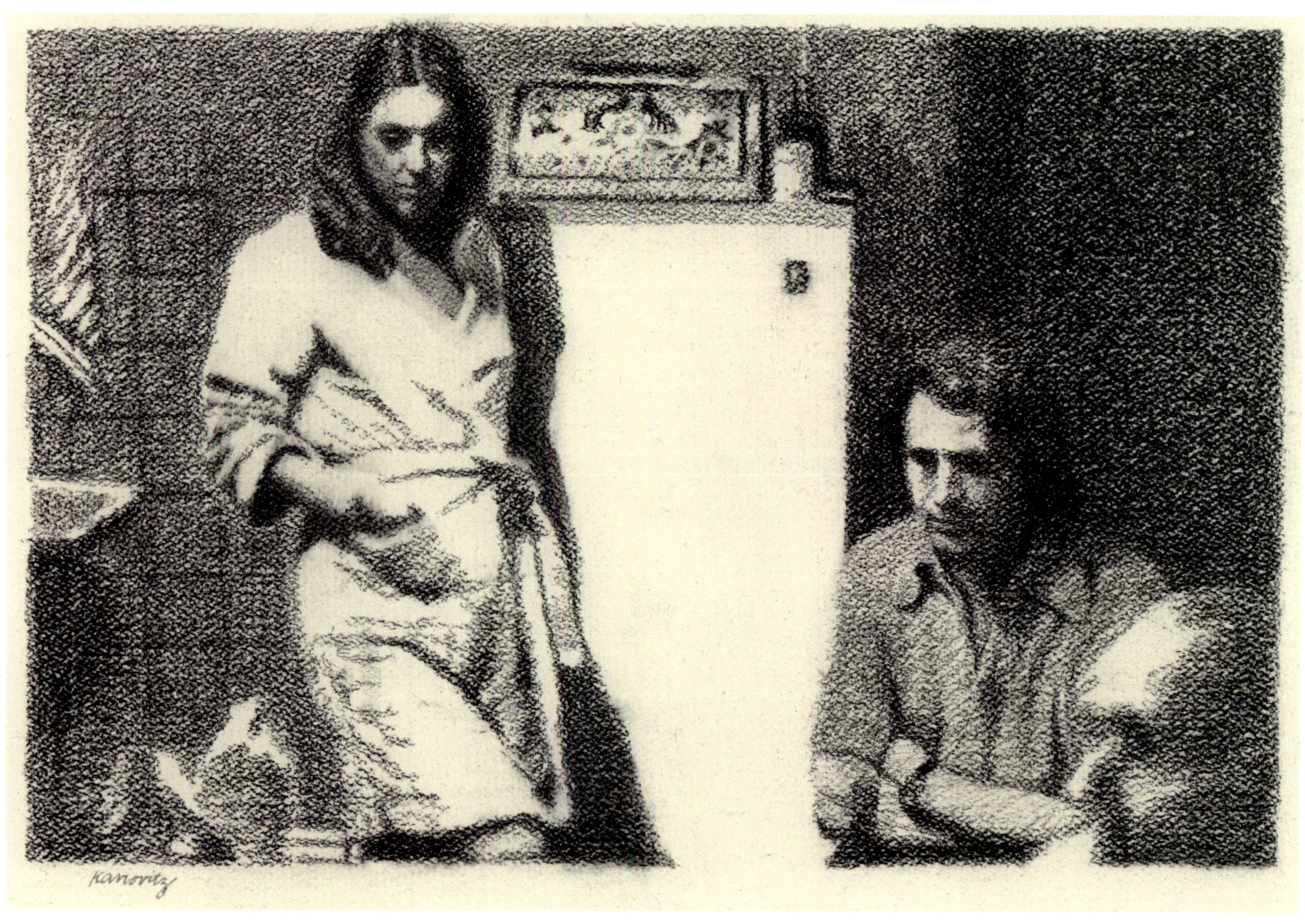

Kitchen Couple

1976

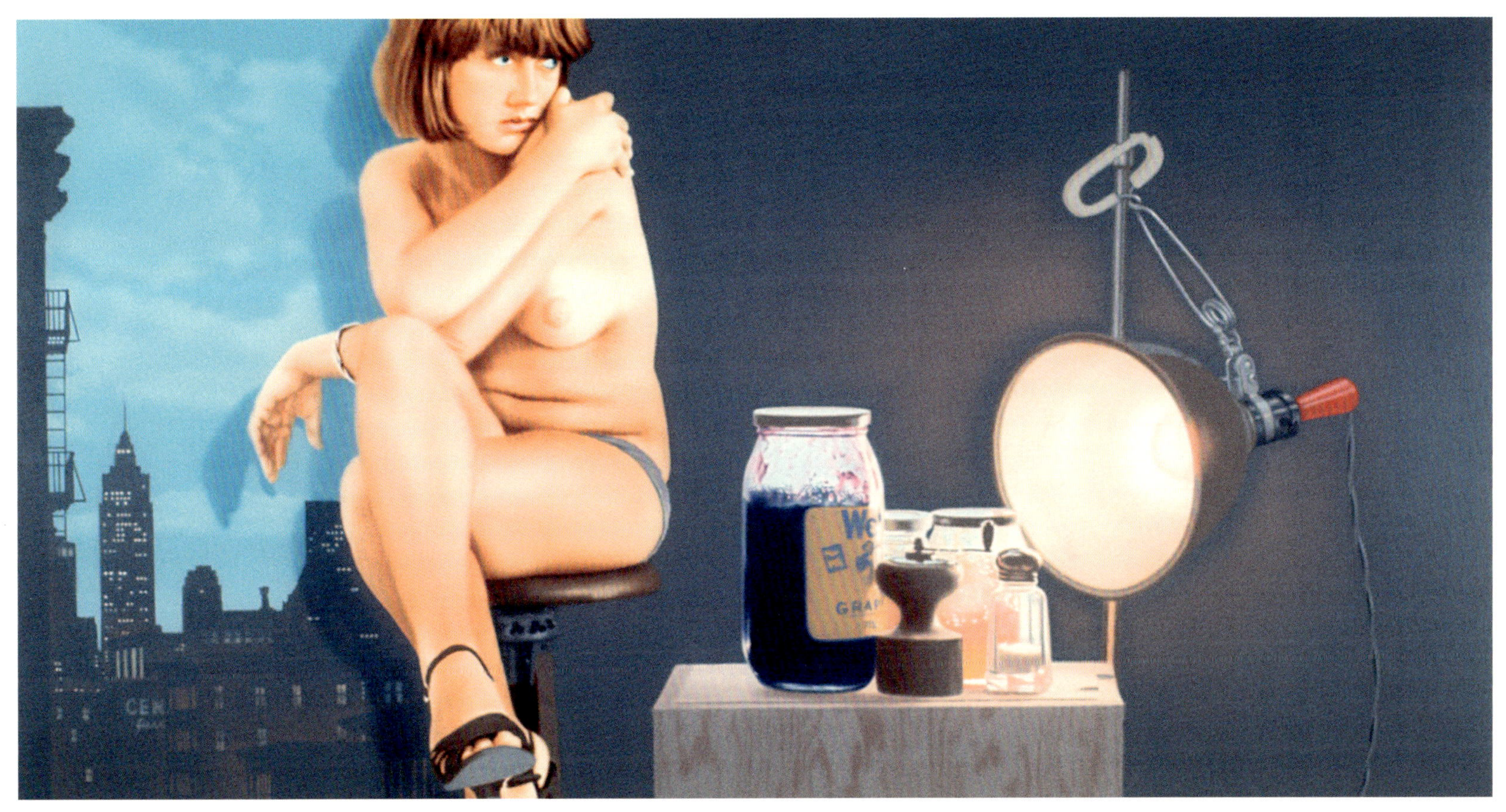

The Muse

1975

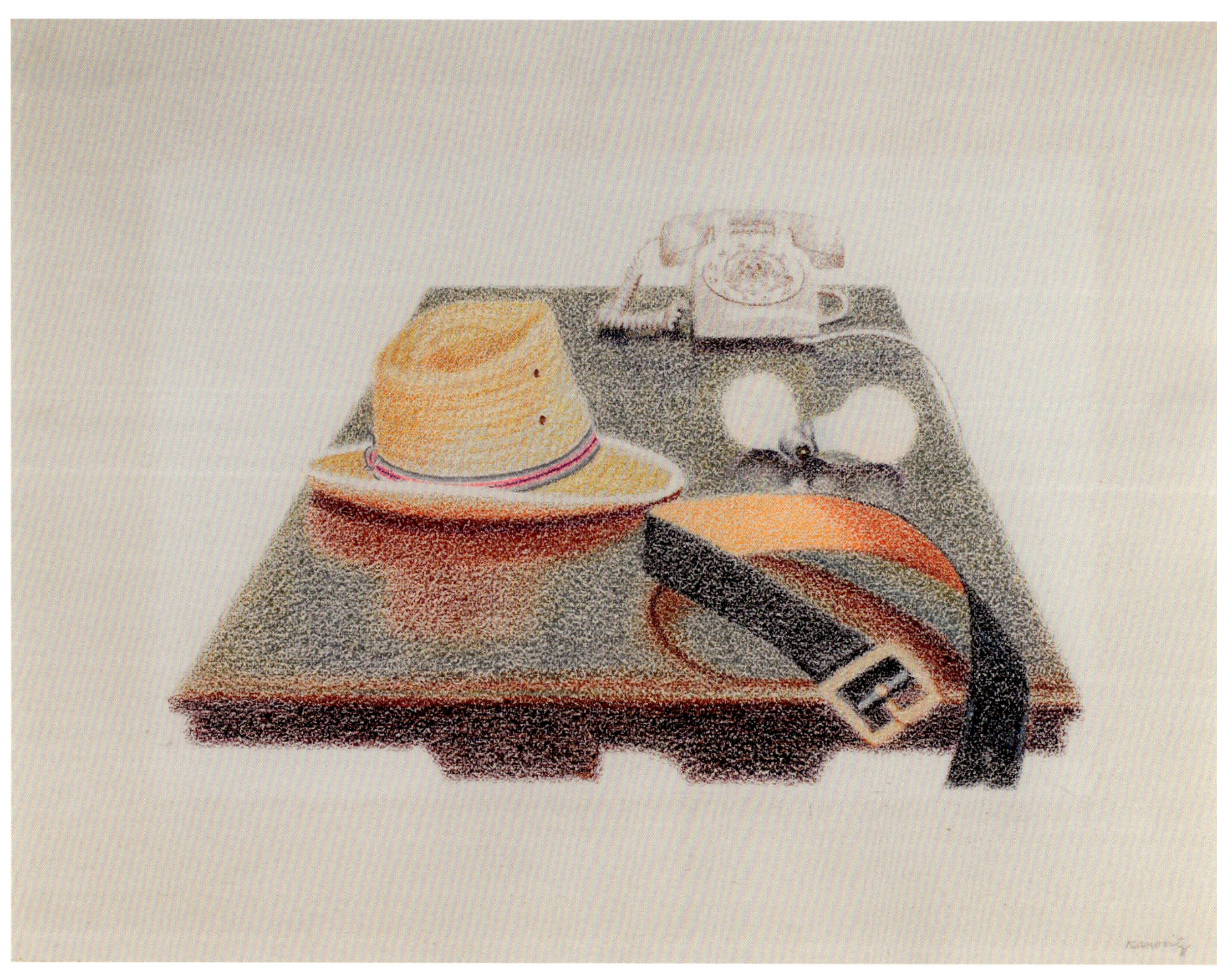

Straw Hat
1976

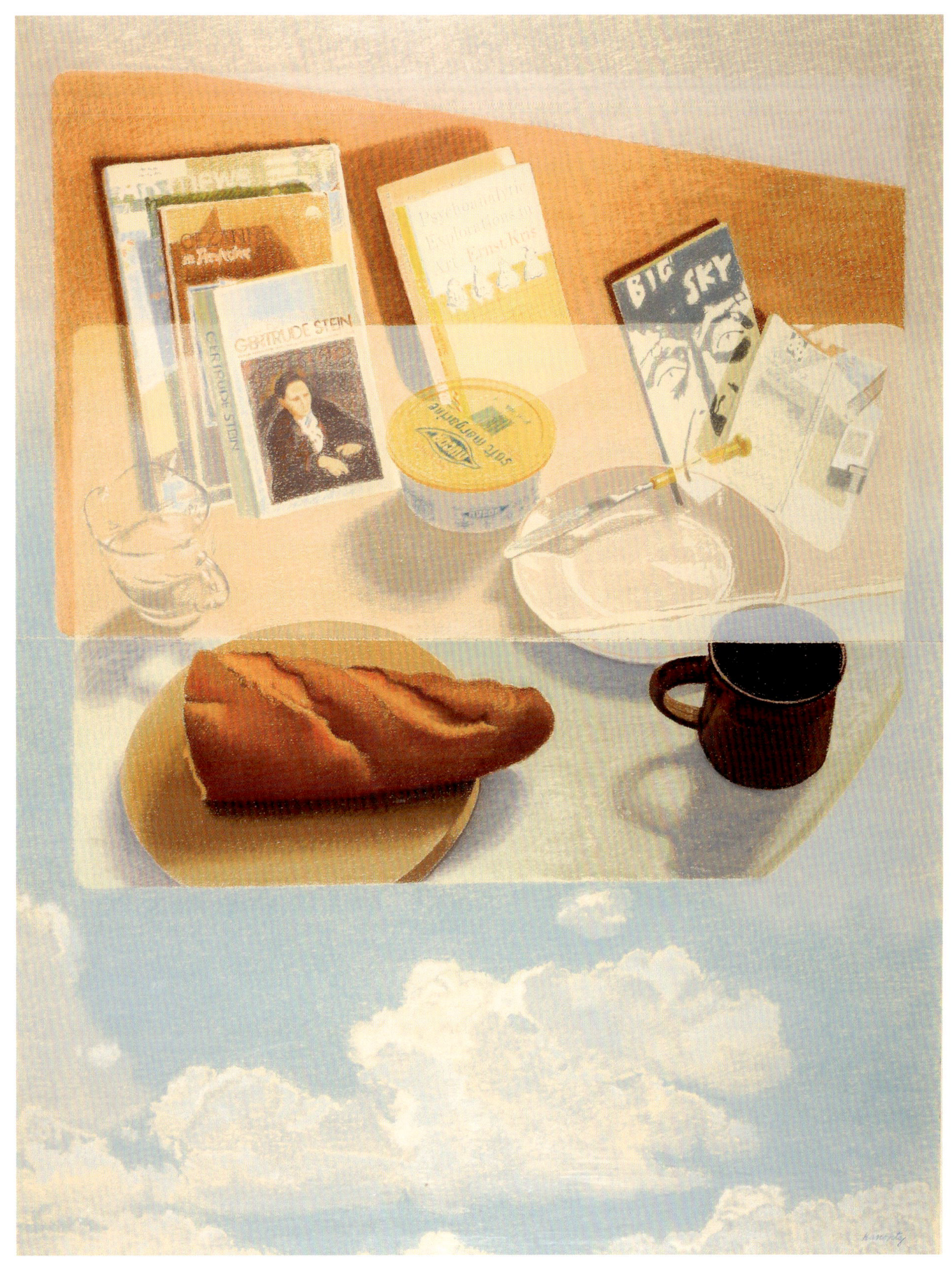

Bread and Books

1977

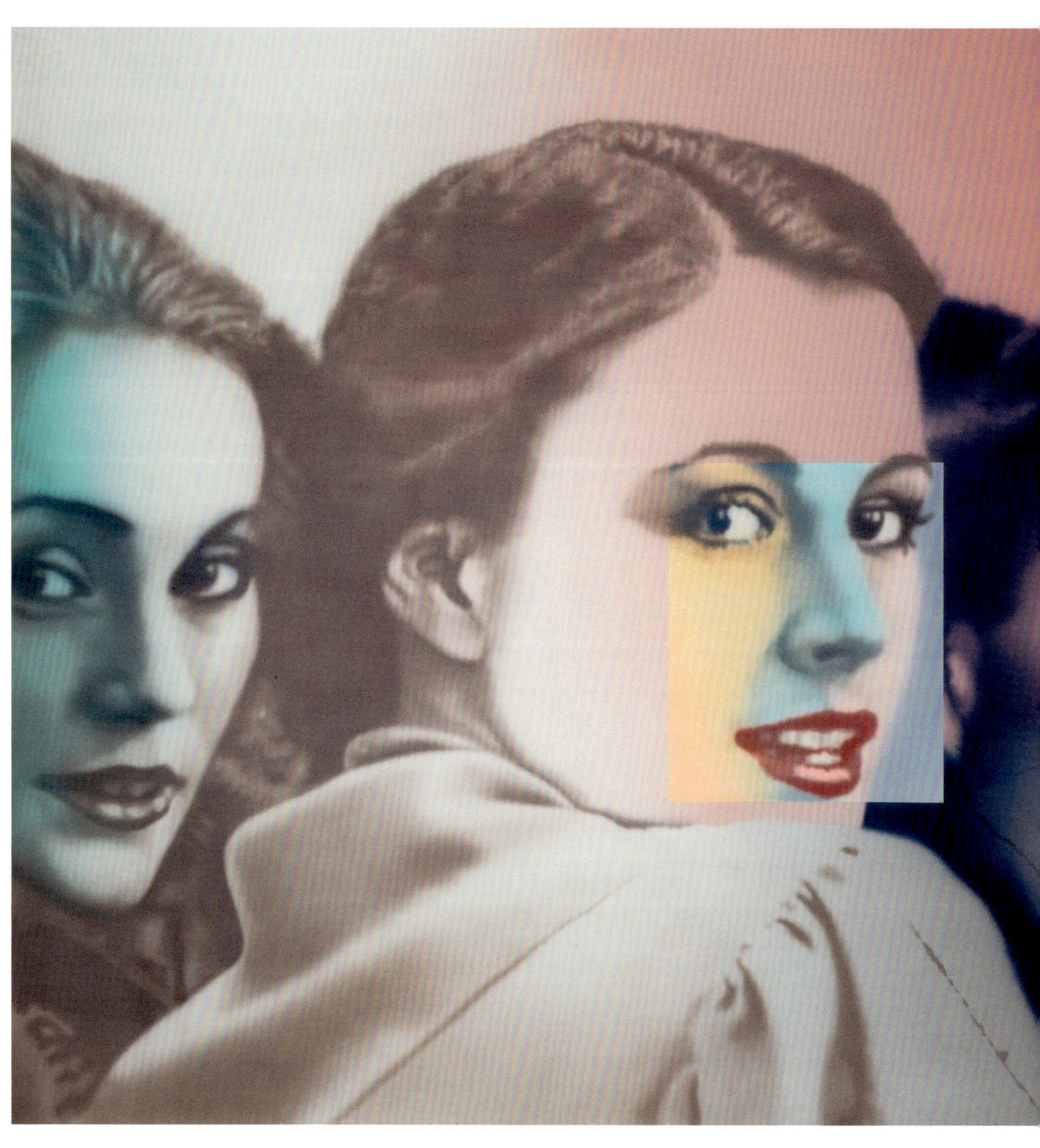

As It Is

1978

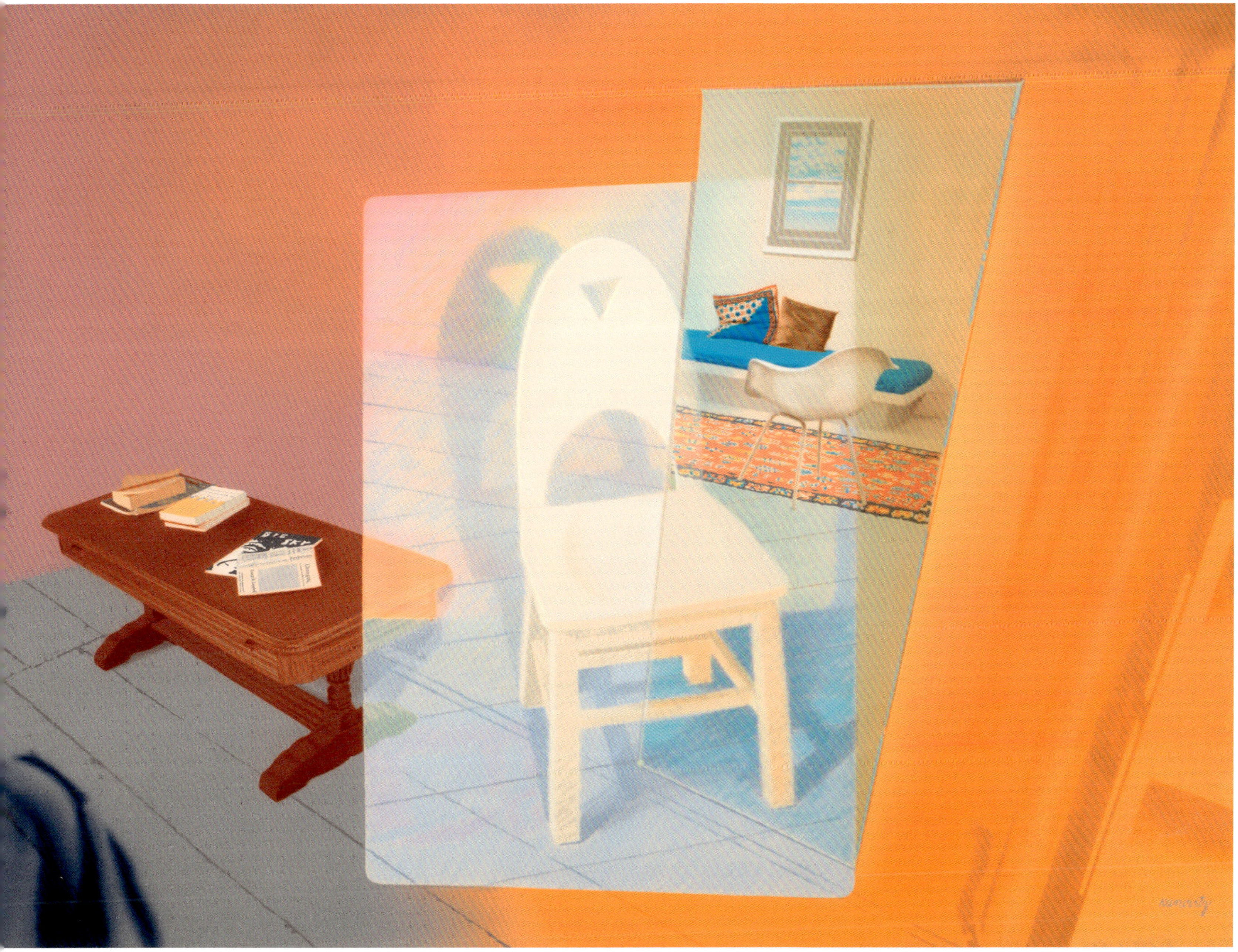

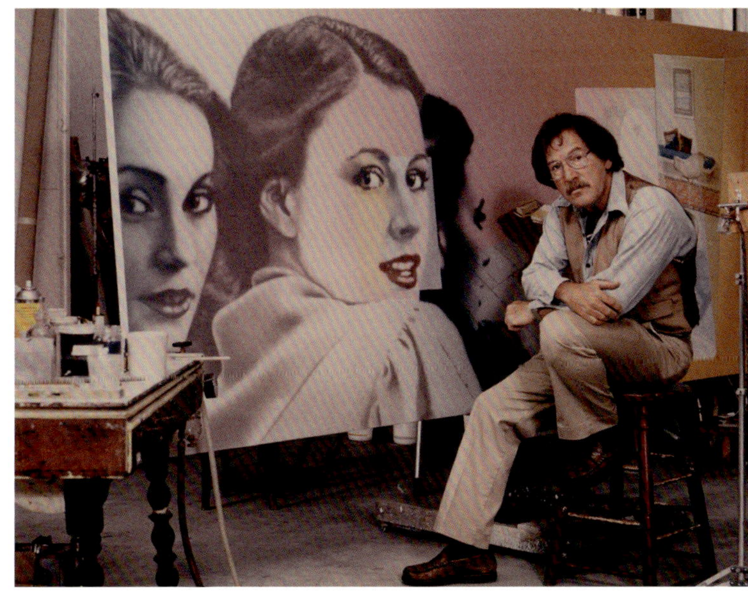

Hans Namuth, Porträt Howard Kanovitz im Atelier vor *As It Is* / Hans Namuth, portrait of Howard Kanovitz in the studio in front of *As It Is*, 1978

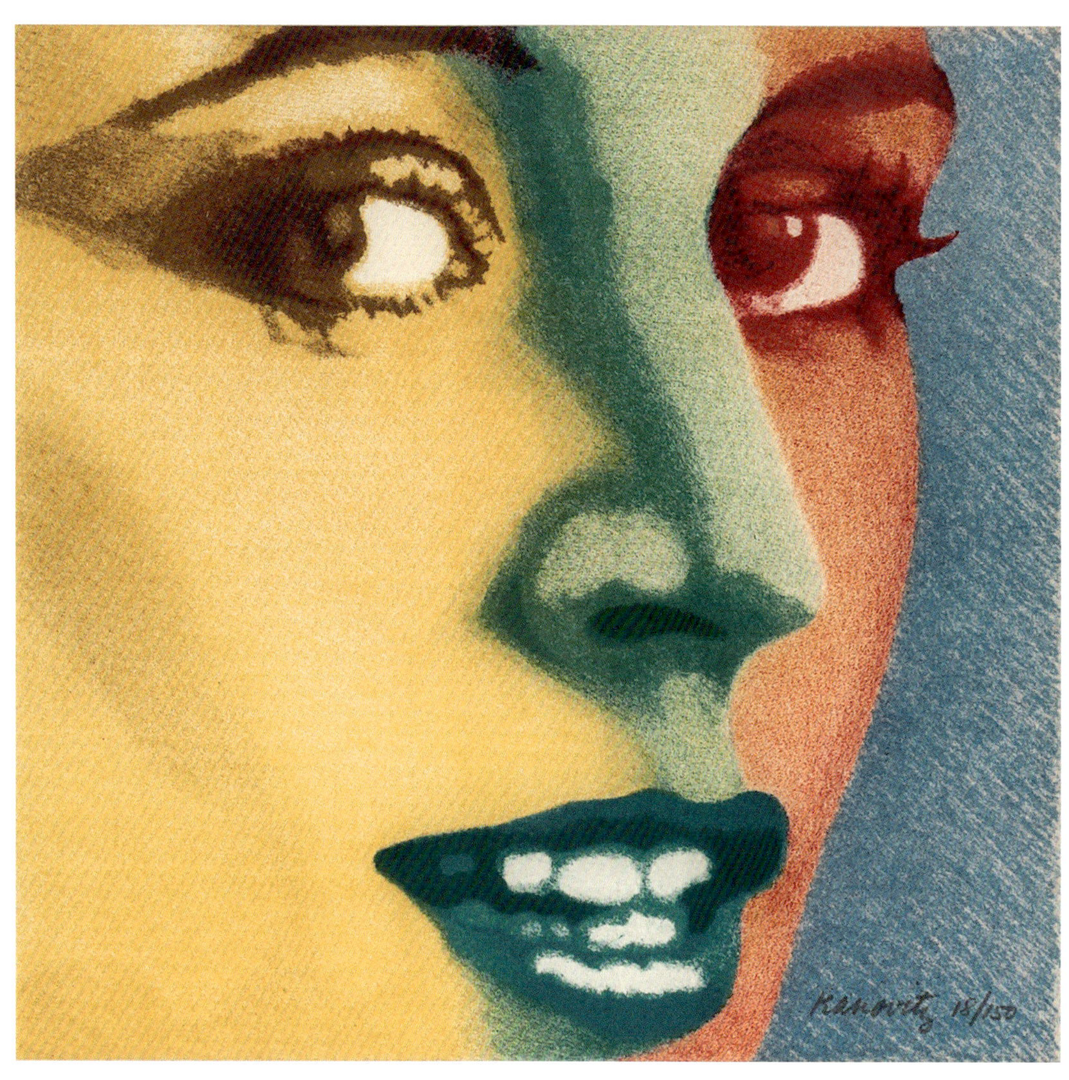

Looking at Me

1979

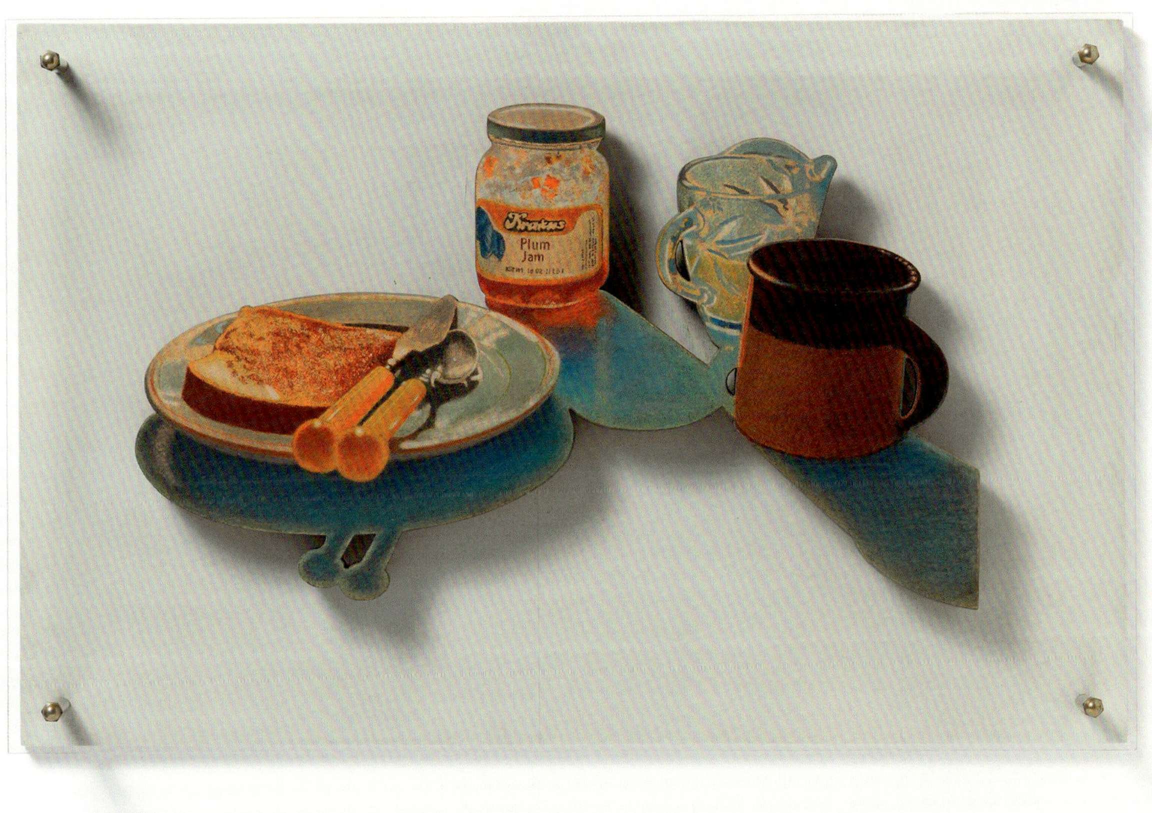

Plum Jam

1979

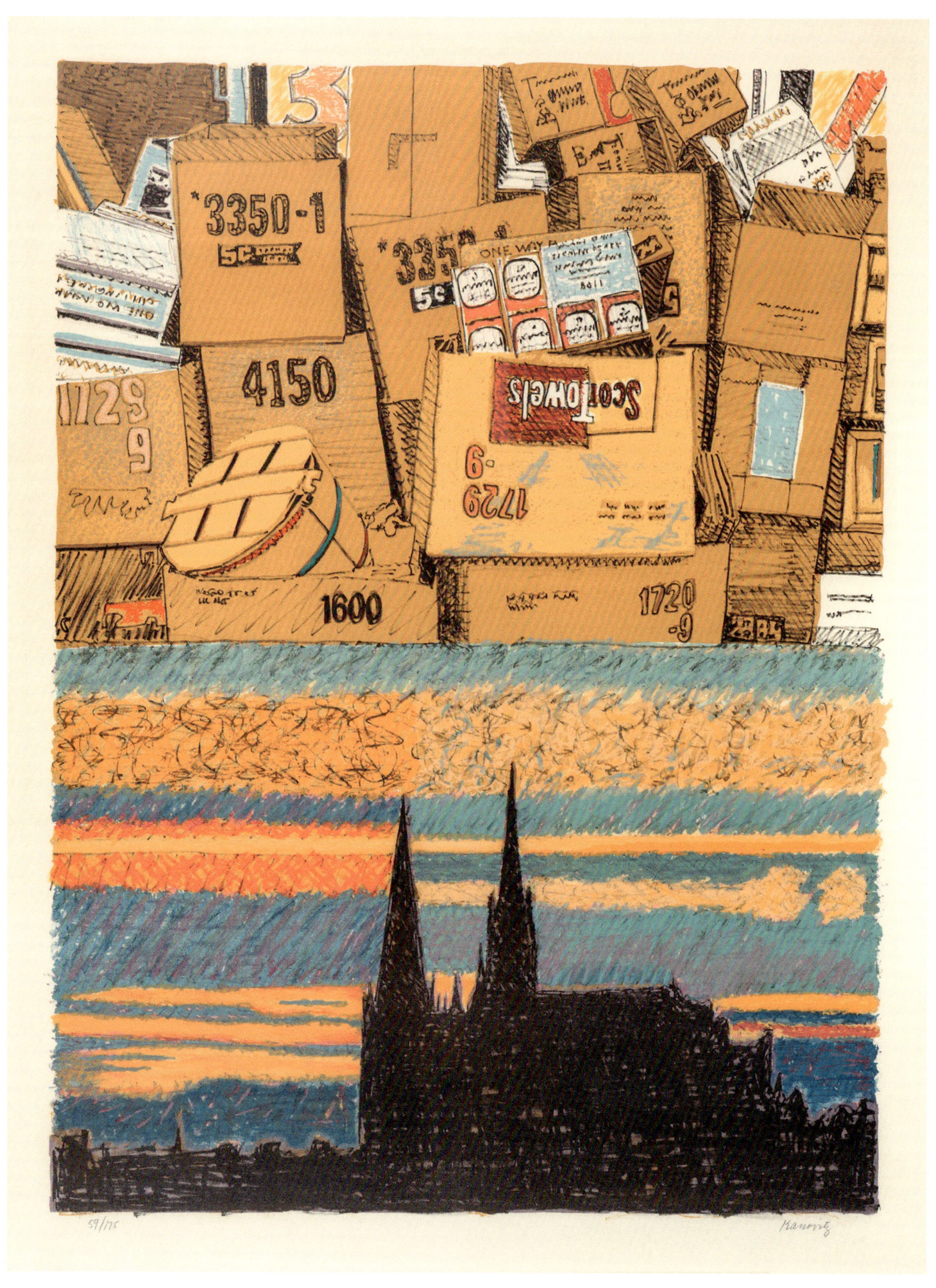

Supermarket Chartres

1979

Visible Difference

1980

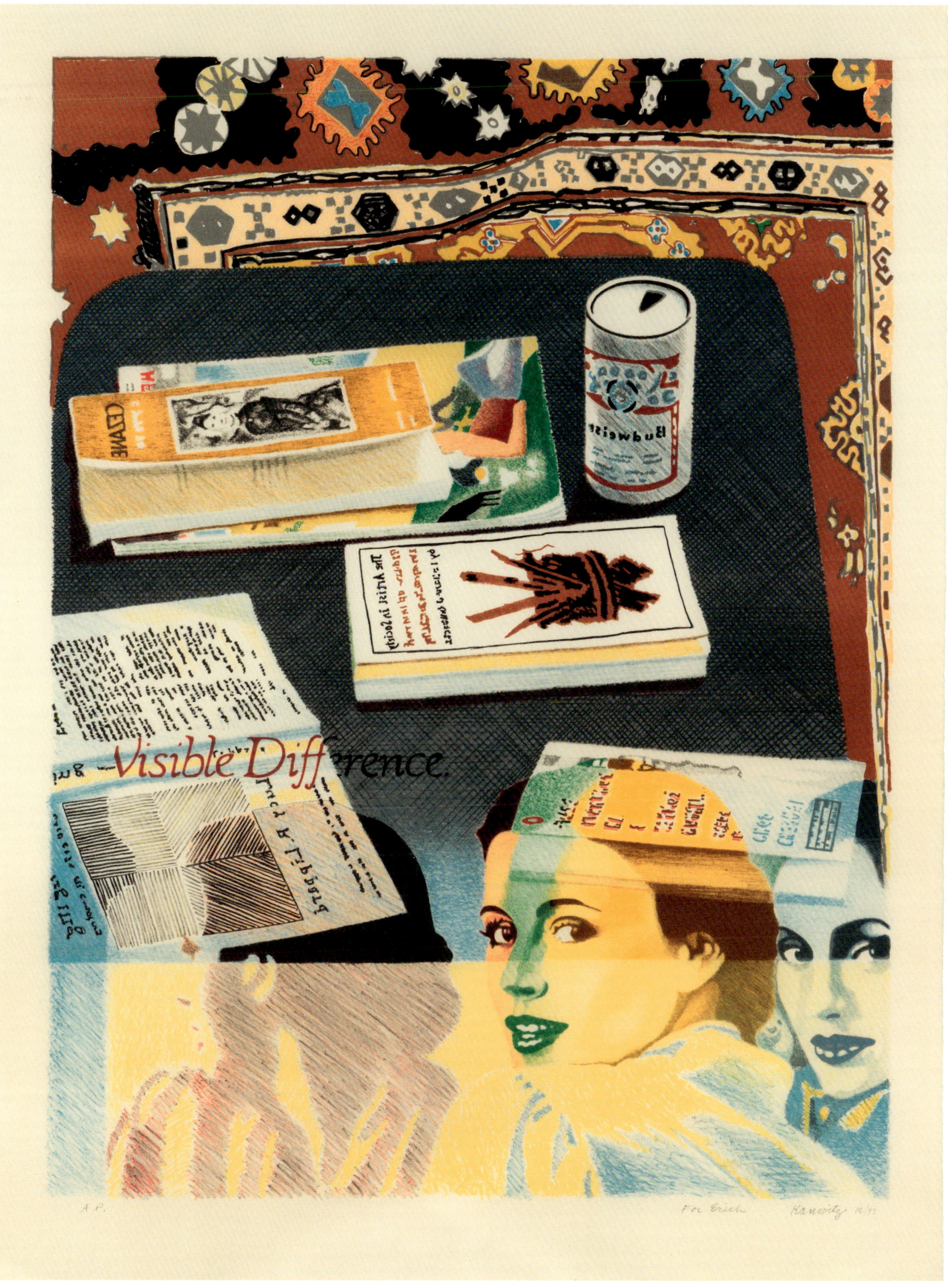
Visible Difference.
A.P.
For Erich

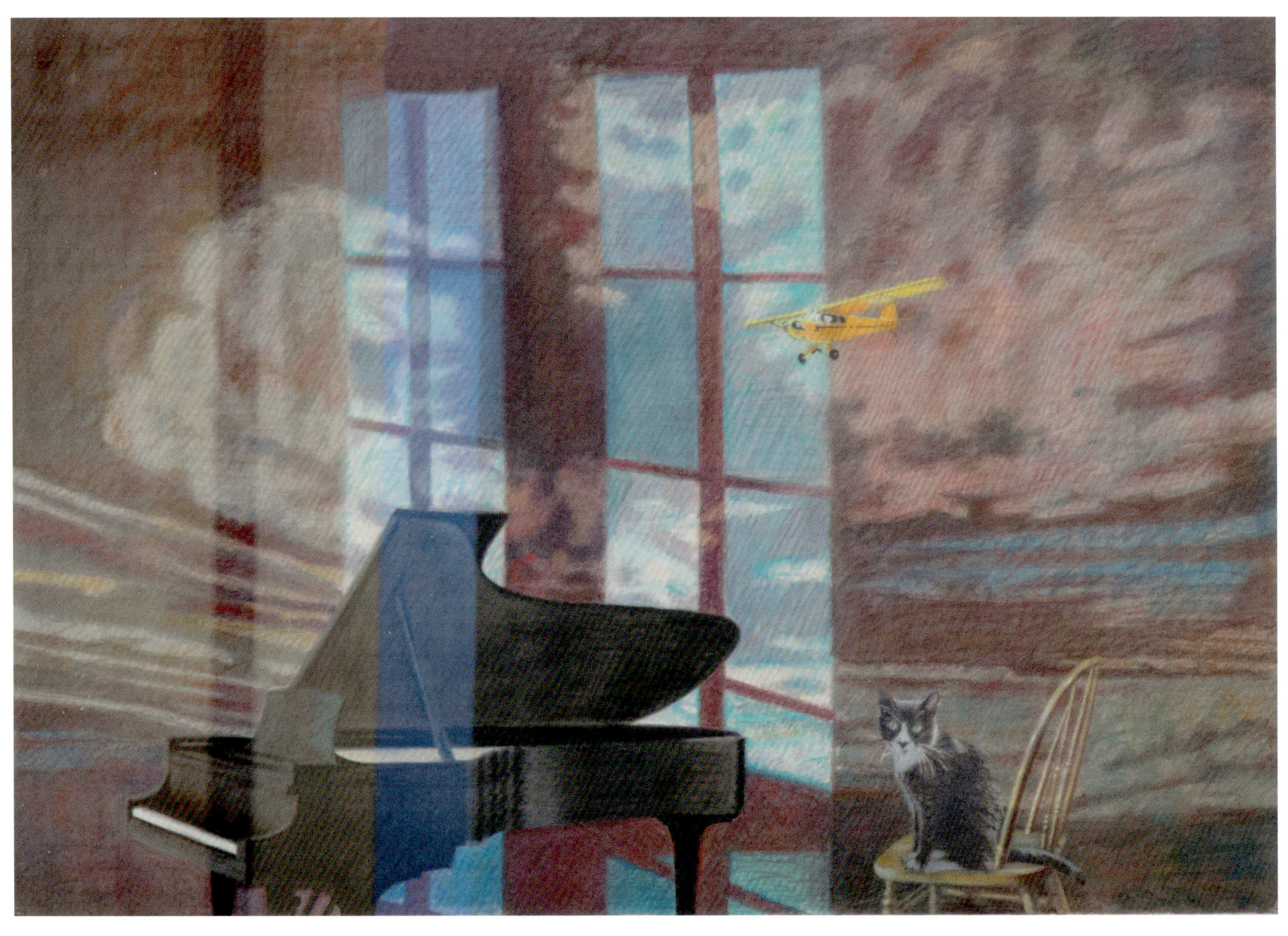

Big Red Grand
1981

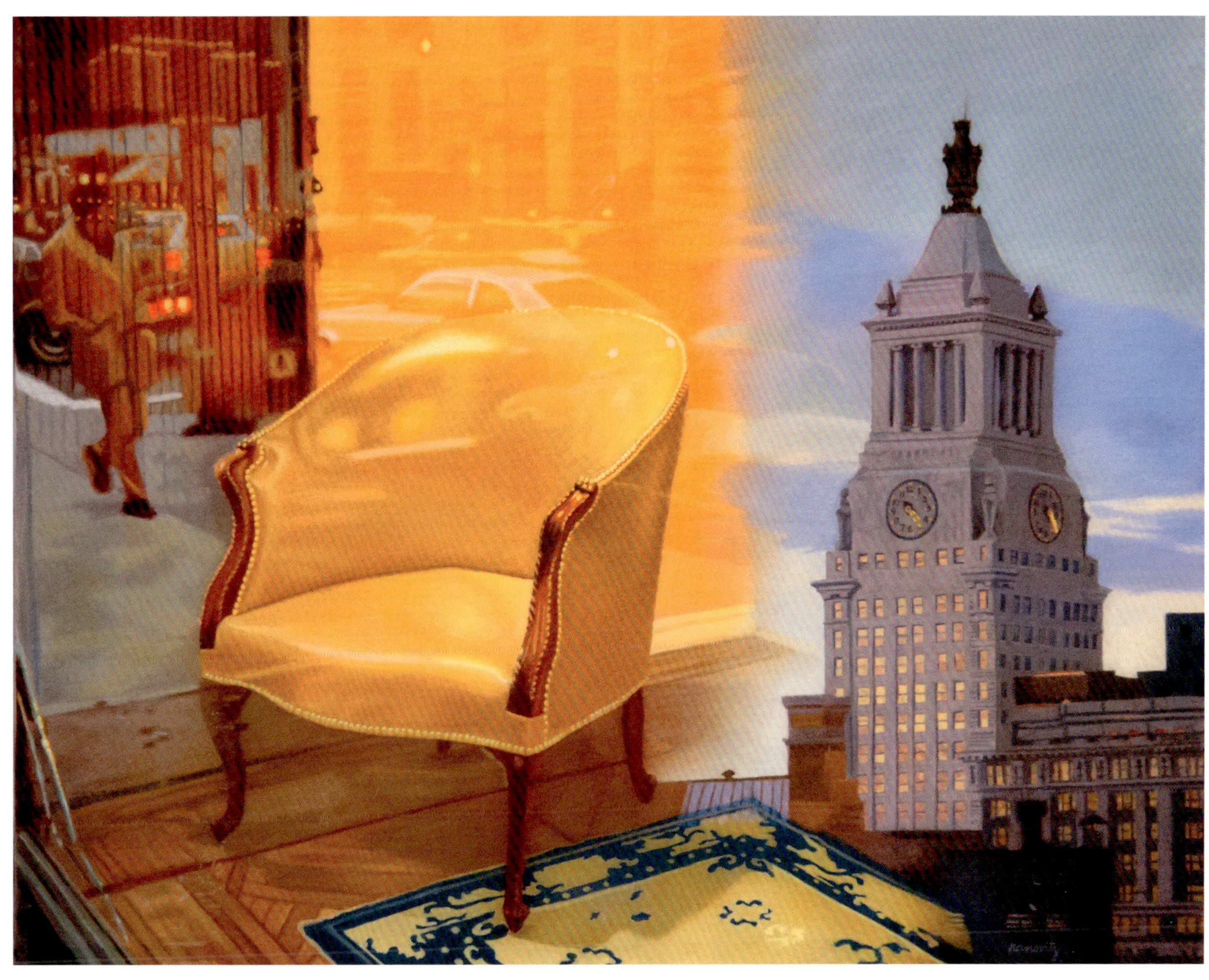

Walker's View

1987

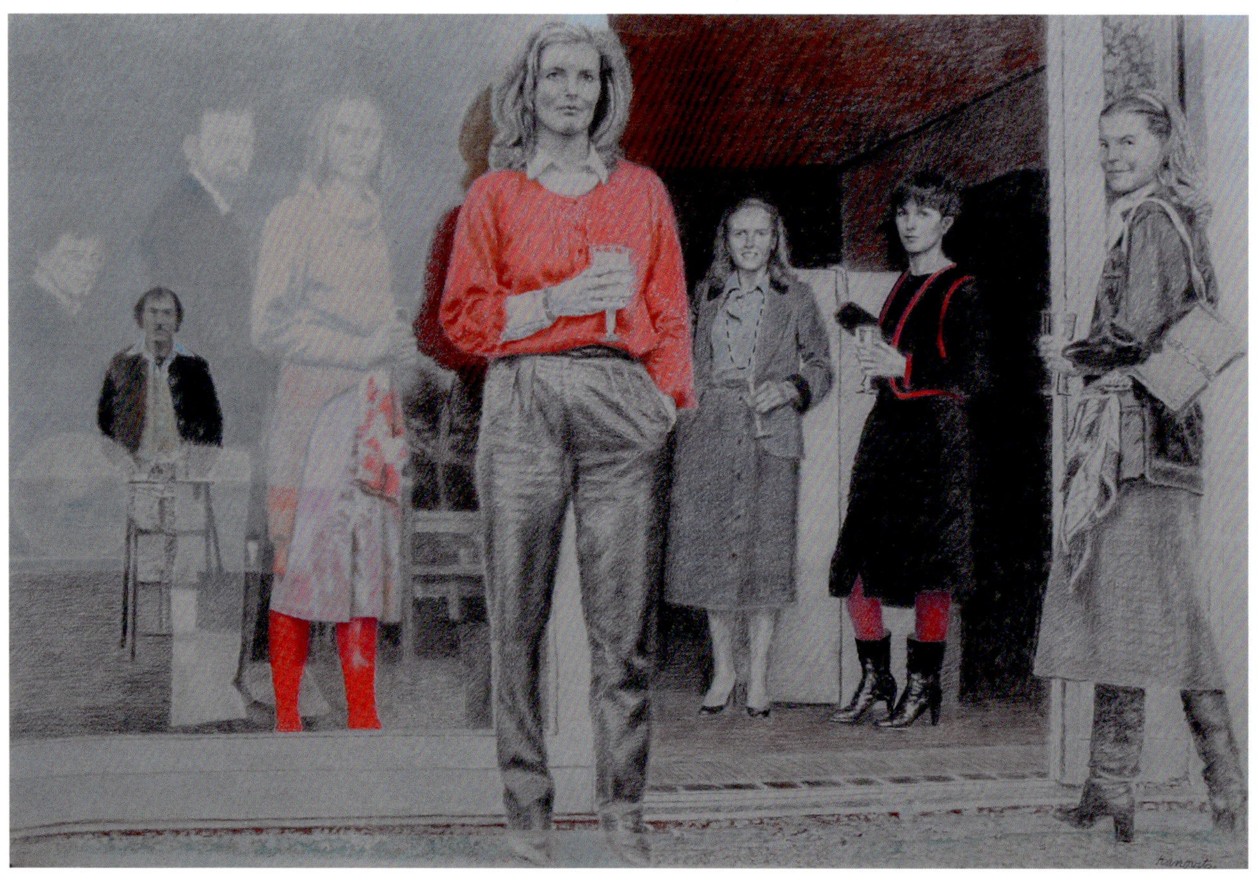

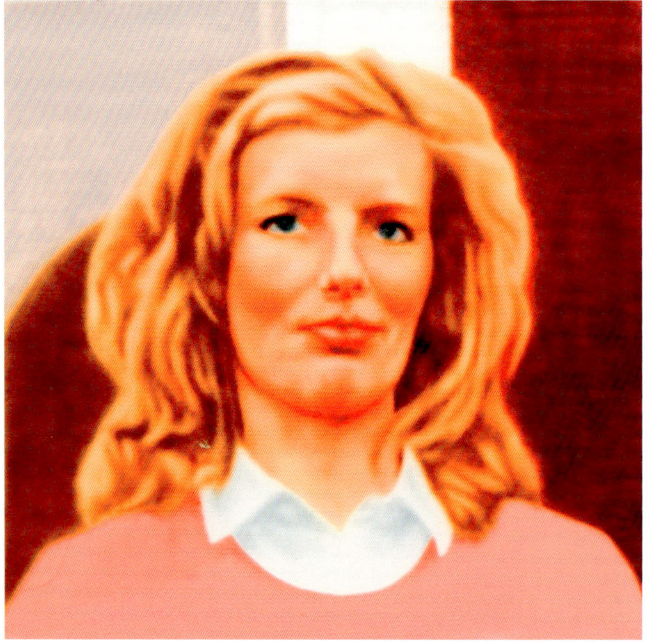

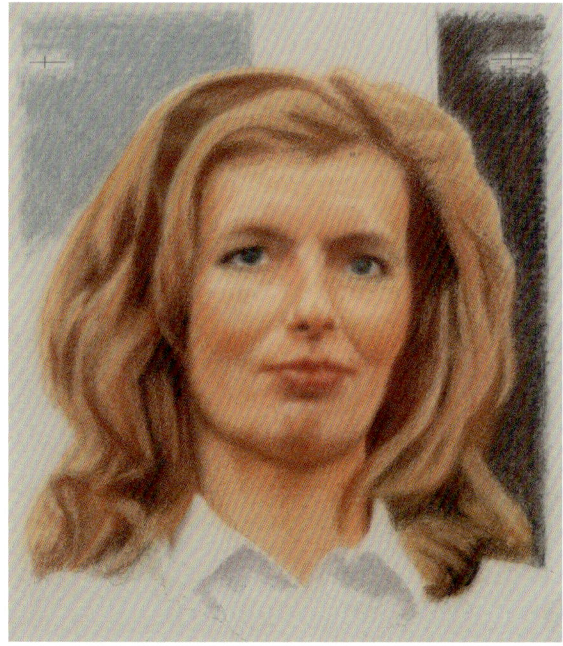

Hanover Lunch

1980

Lilo, Studie zu / Study for *Hanover Lunch*

1980

Lilo, Studie zu / Study for *Hanover Lunch*

1980

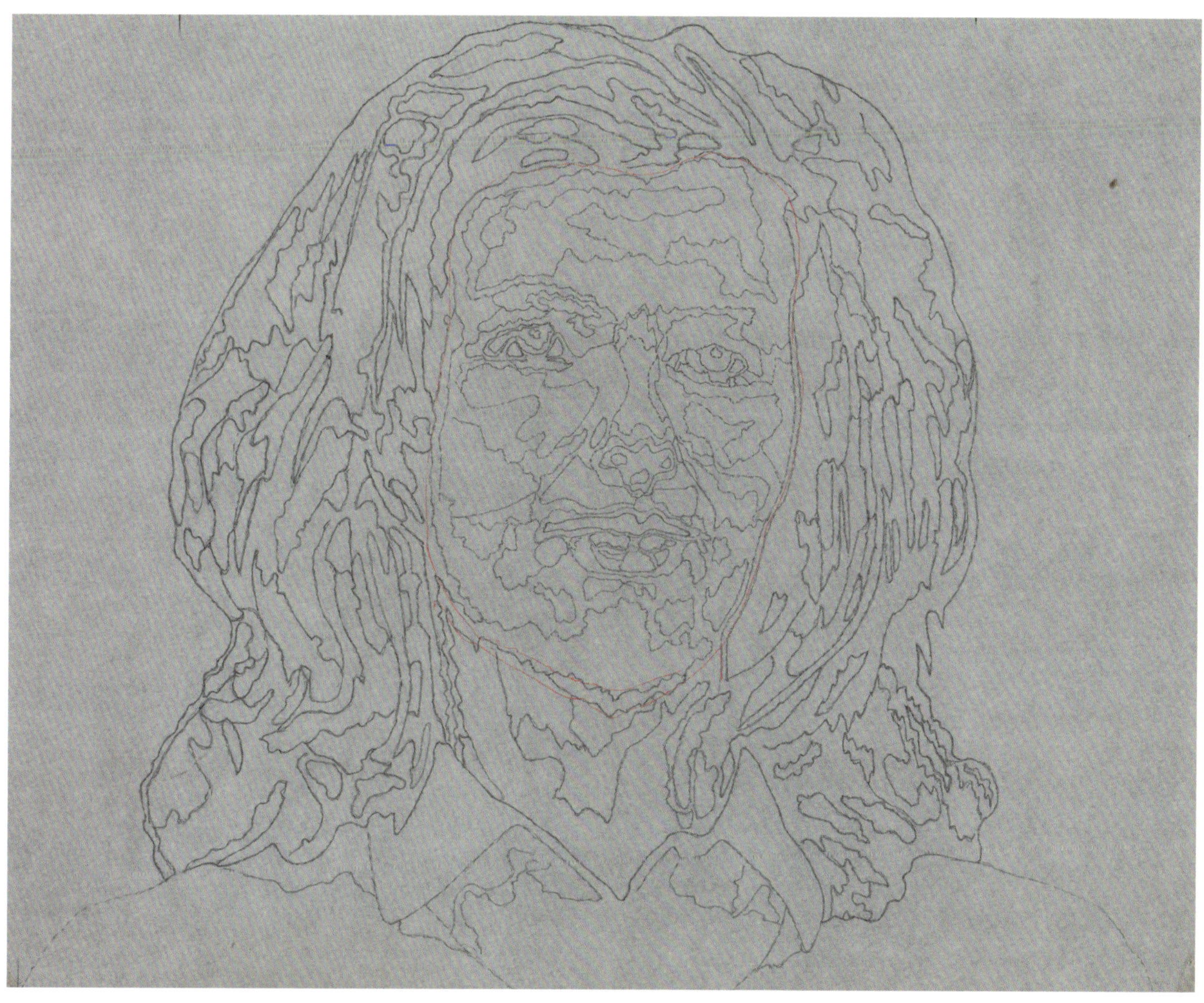

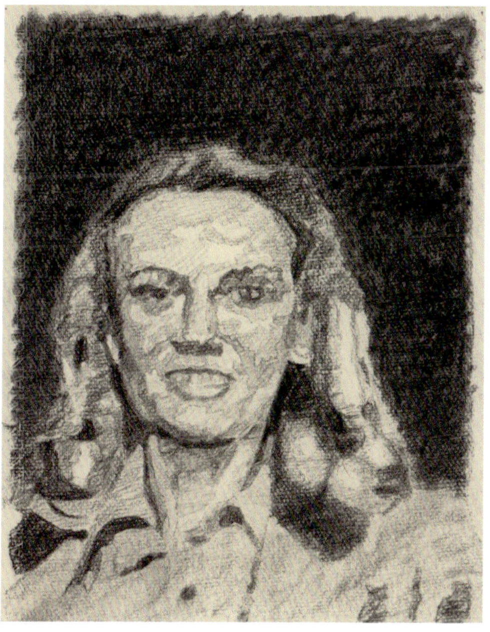

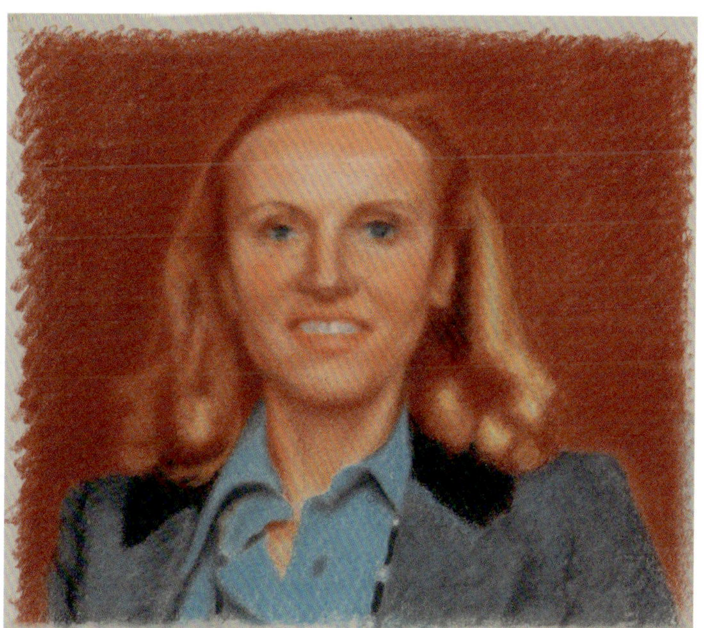

Lilo, Tracing für / Tracing for *Hanover Lunch*

1980

Kopfstudie einer Frau für / Study of a female head for *Hanover Lunch*

um / c. 1980

Kopfstudie einer Frau für / Study of a female head for *Hanover Lunch*

um / c. 1980

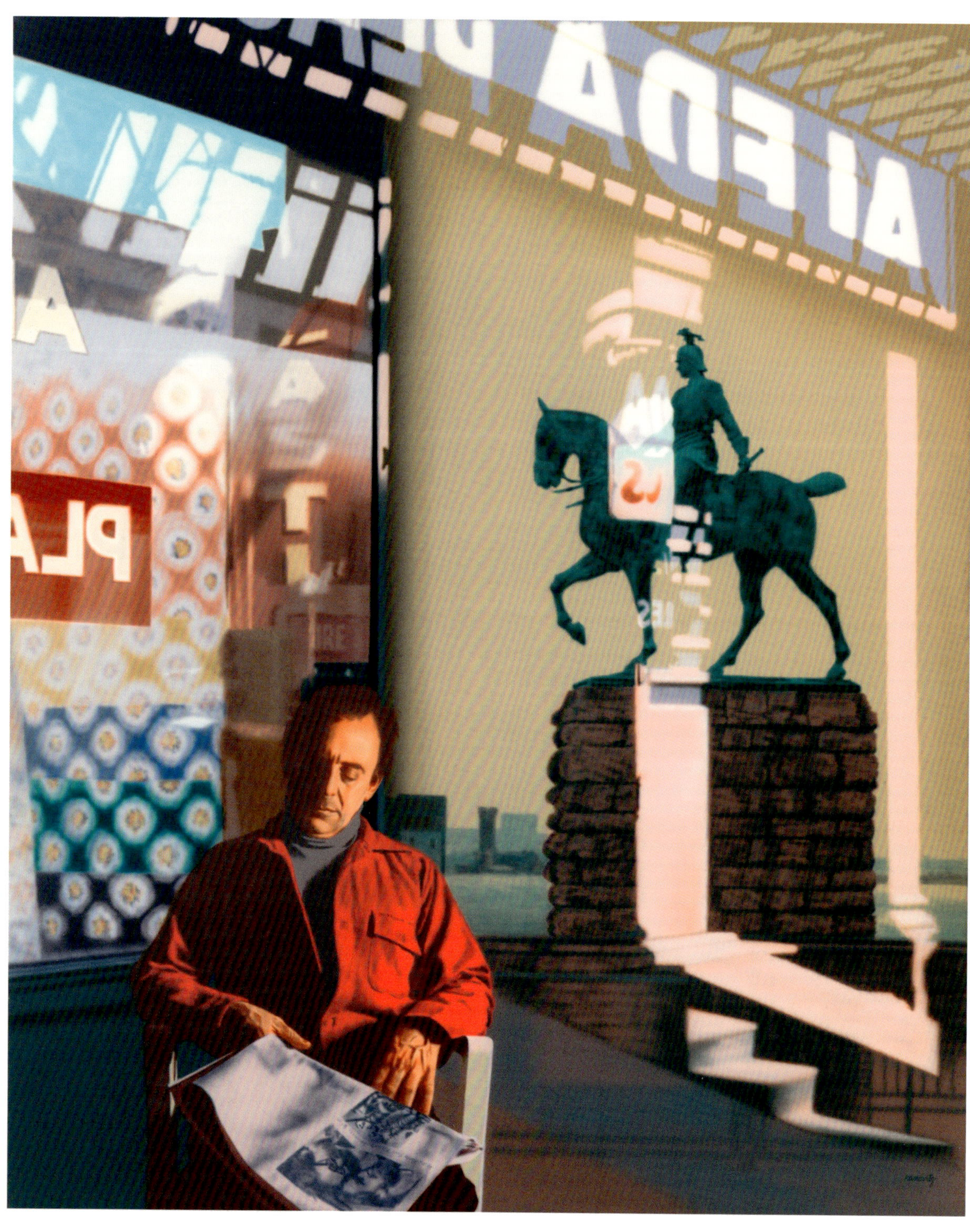

What Did Bani Sadr Say
1982

Night Silhouette I
1986

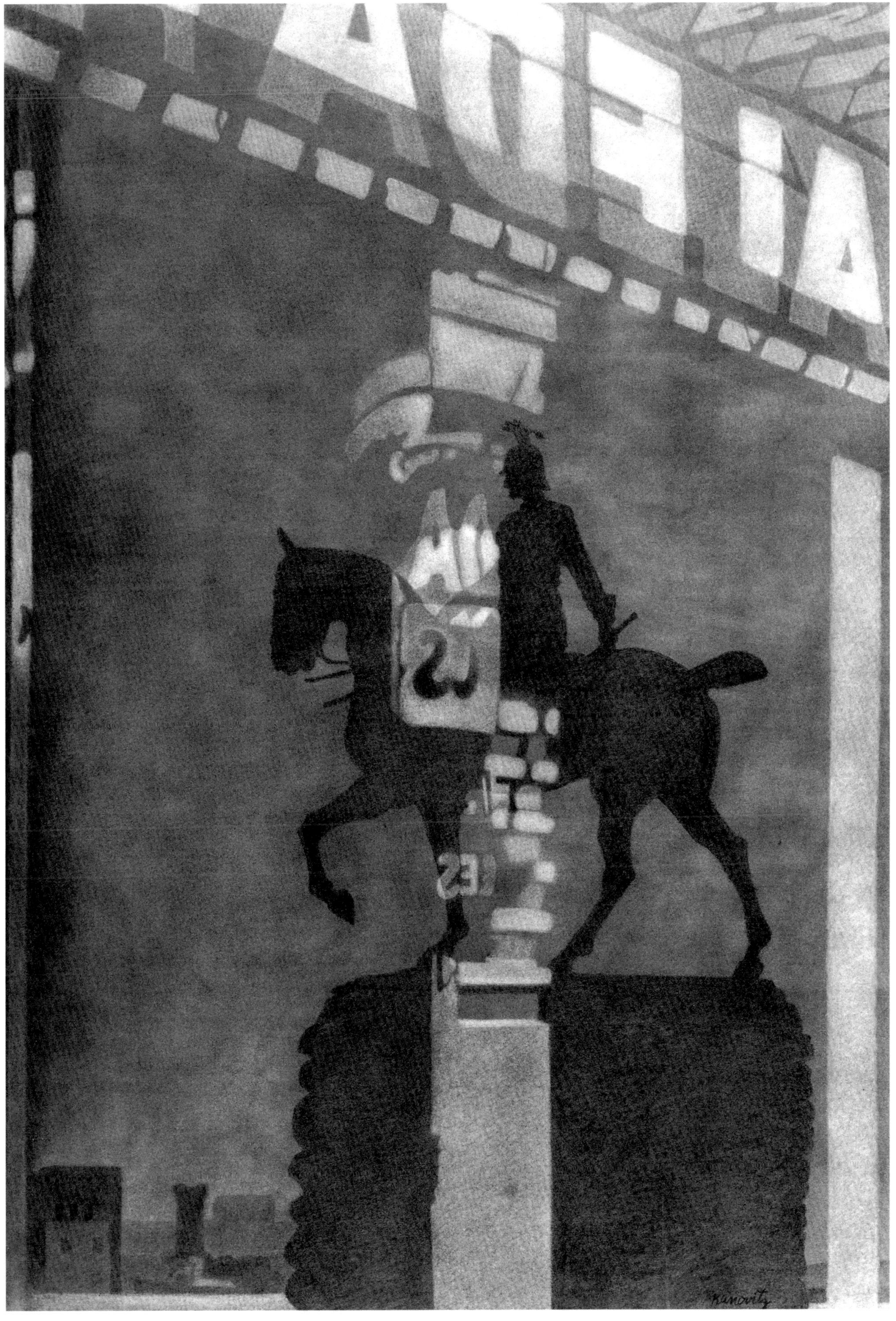

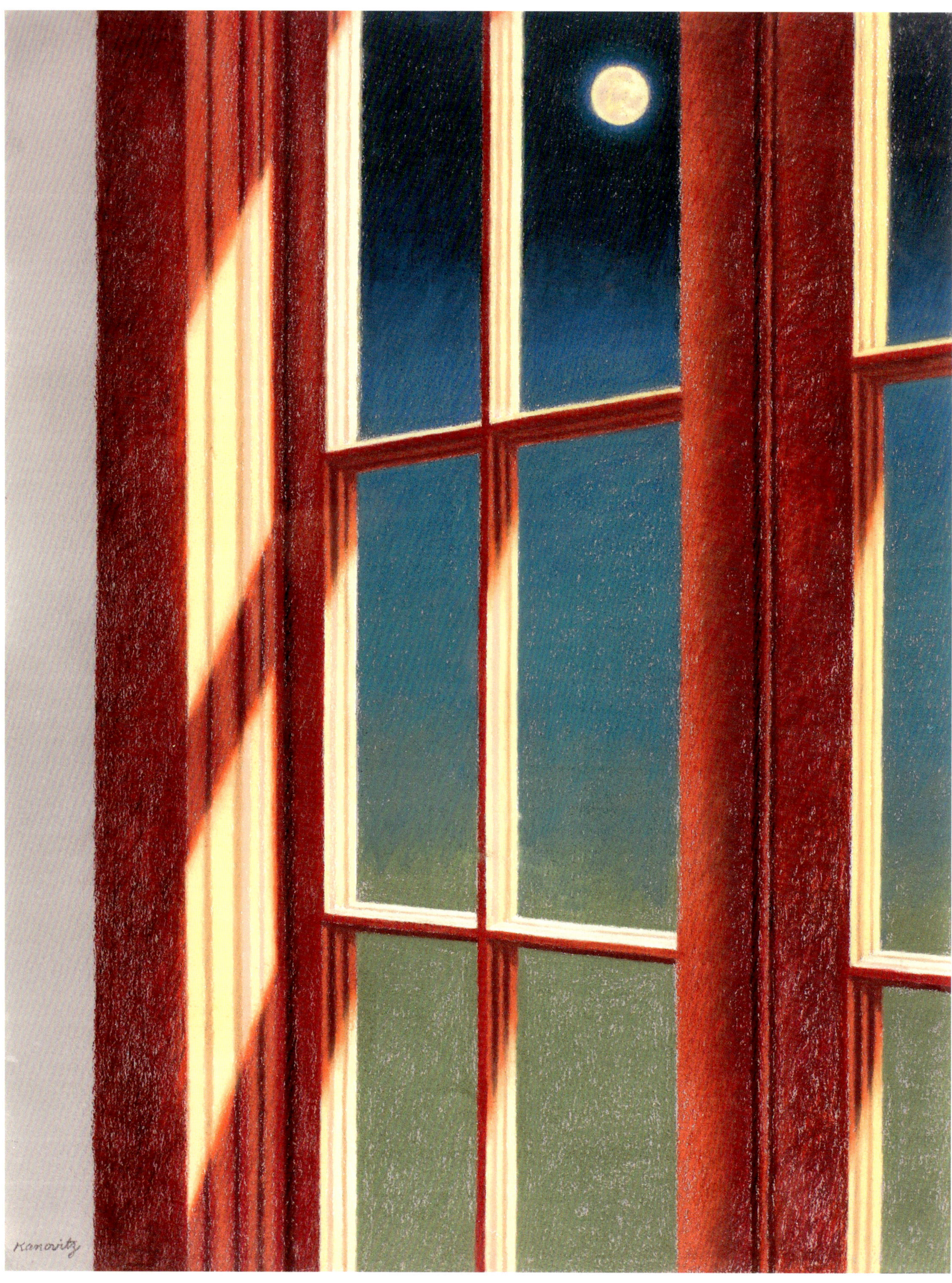
Kanovitz

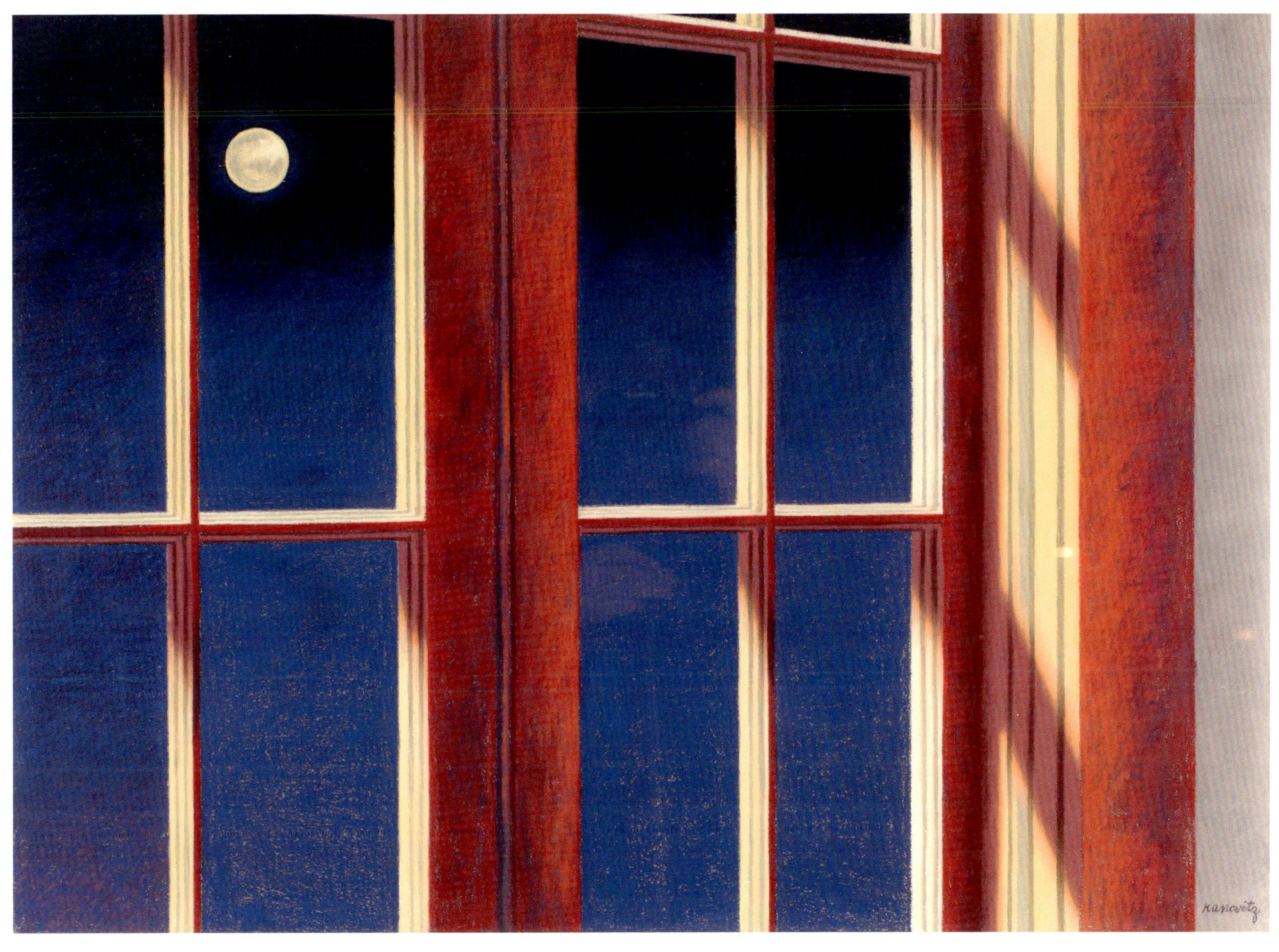

Full Moon Doors III
1984

Full Moon Doors IV
1984

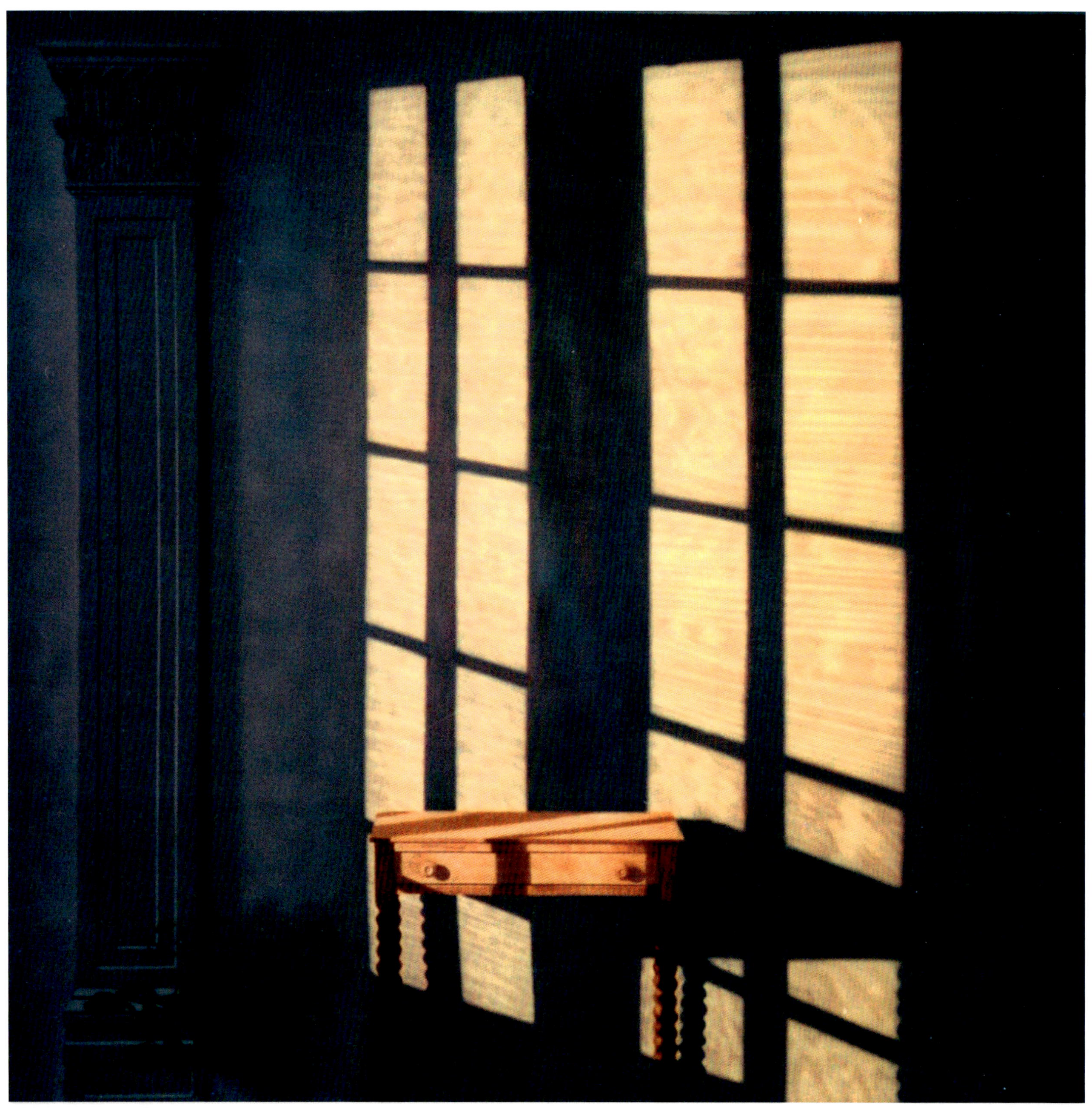

Moonlit Wall
1984

Study for The Town At The River
1988

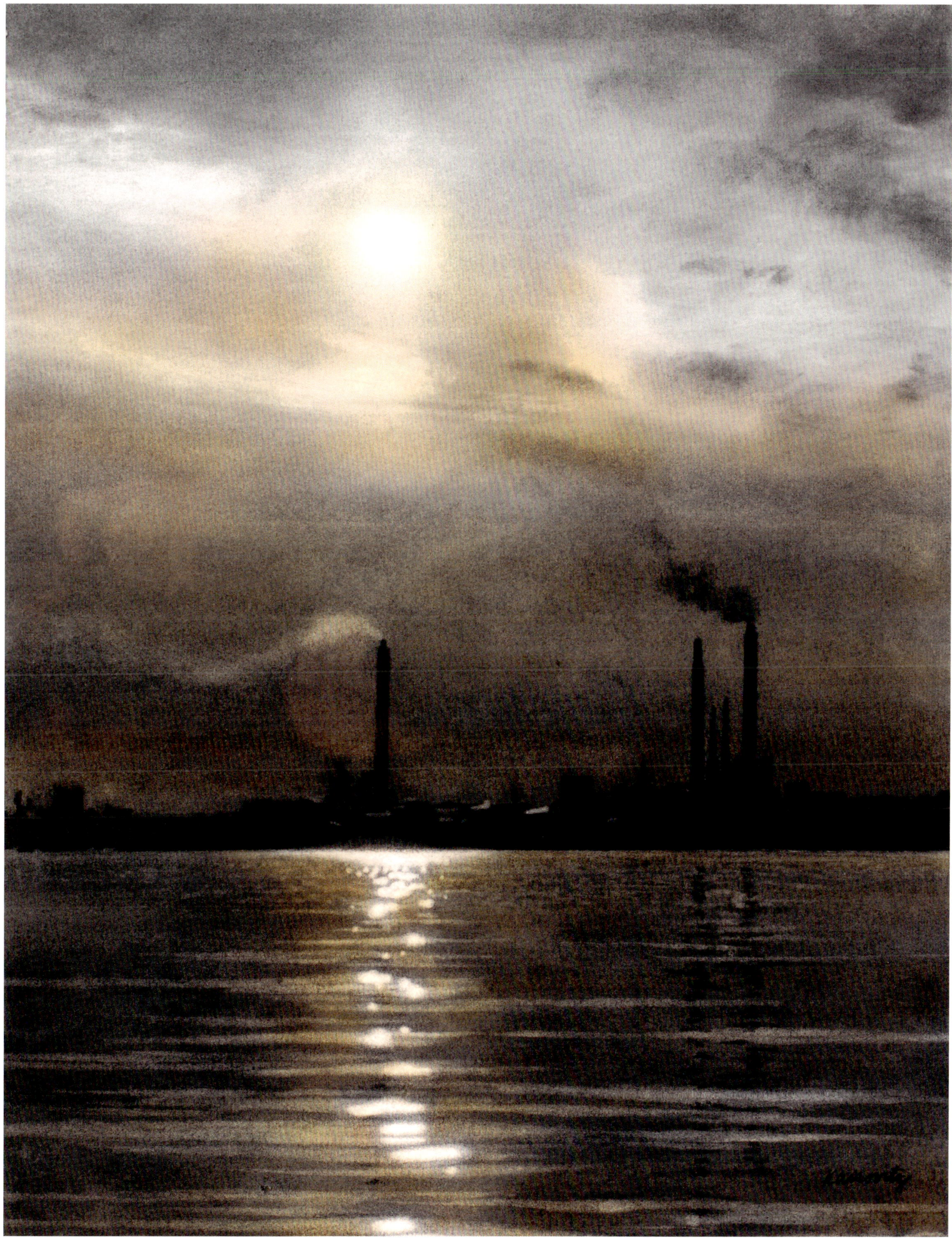

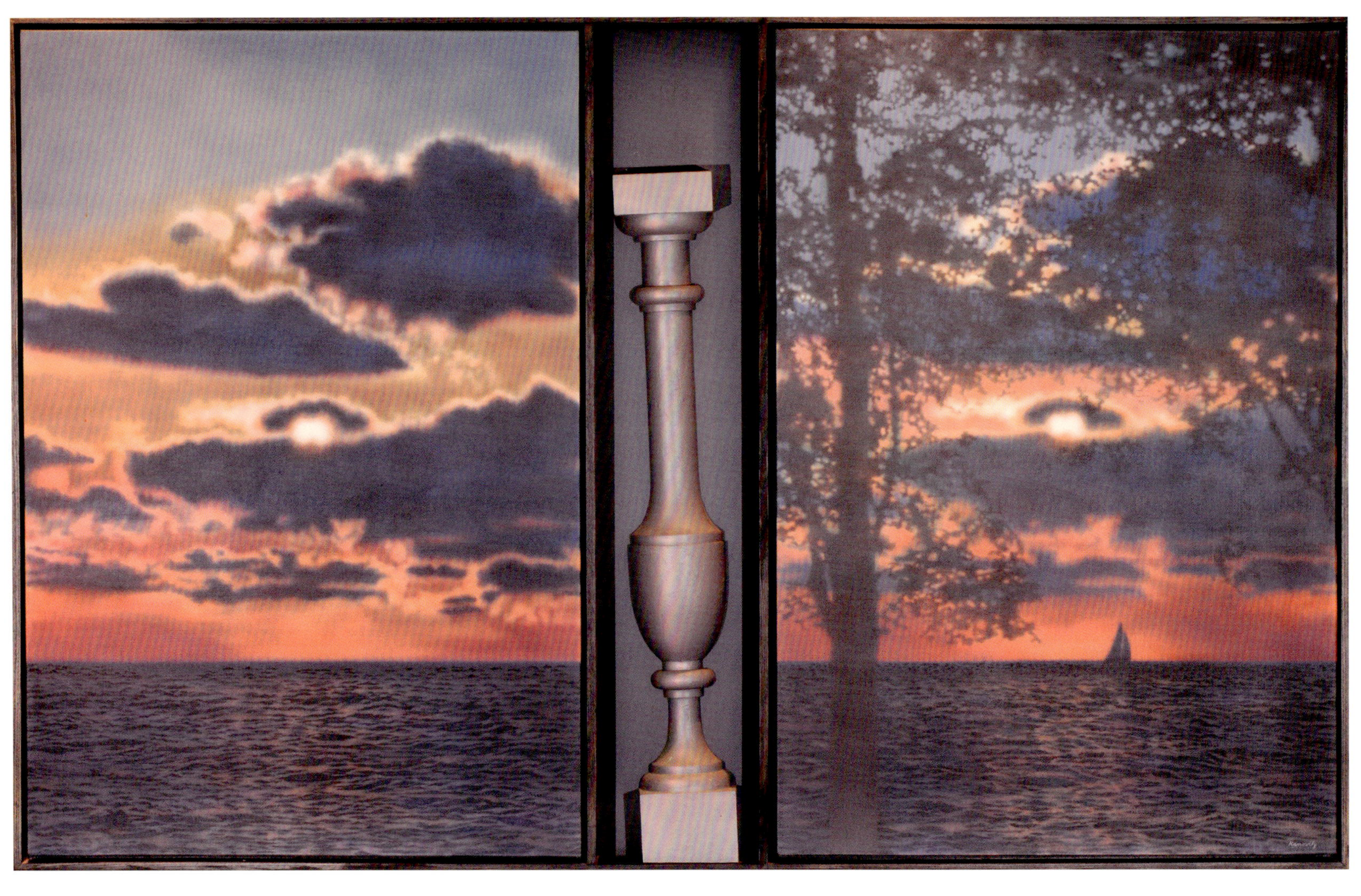

Isle
1989

River Edge
1989

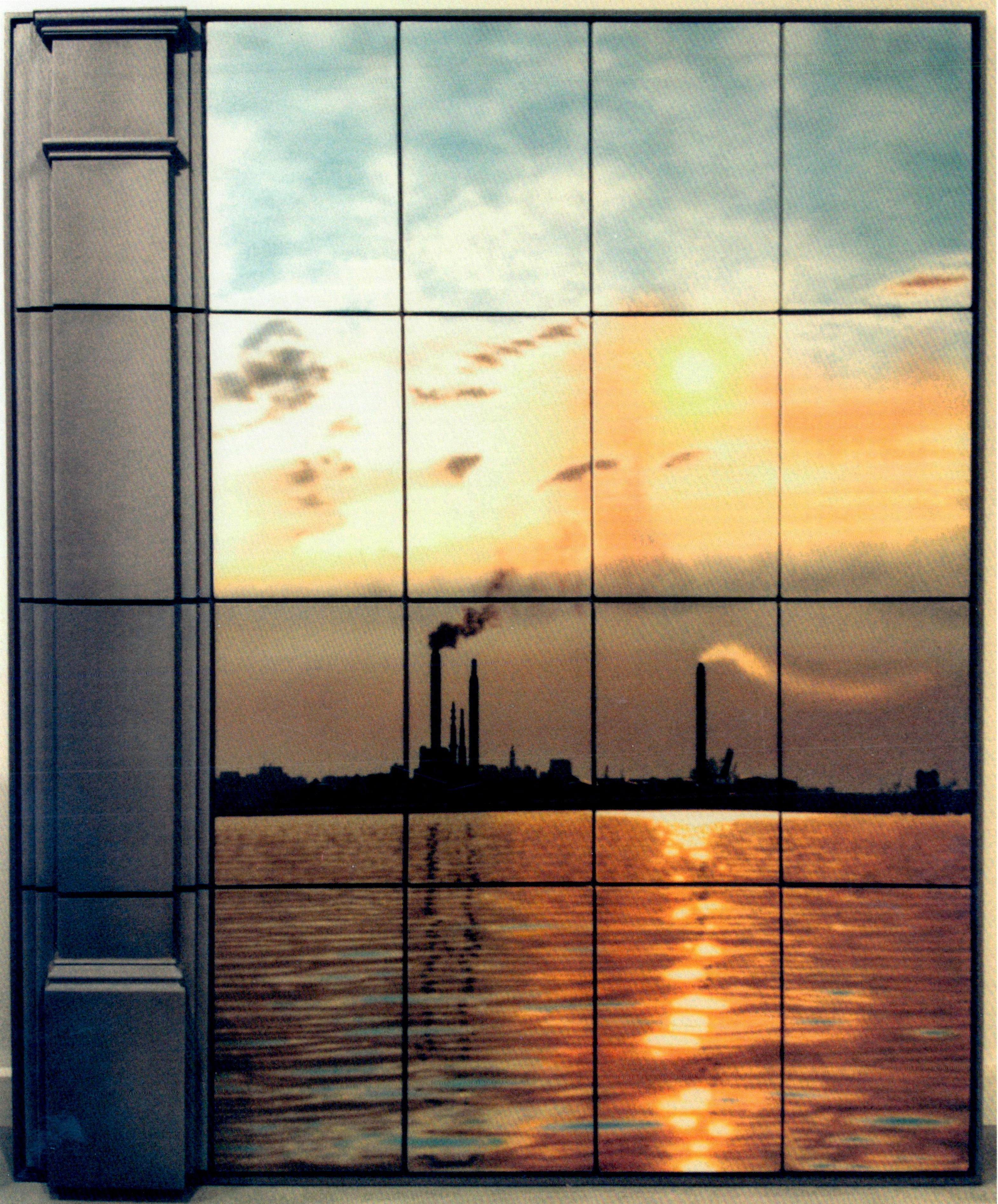

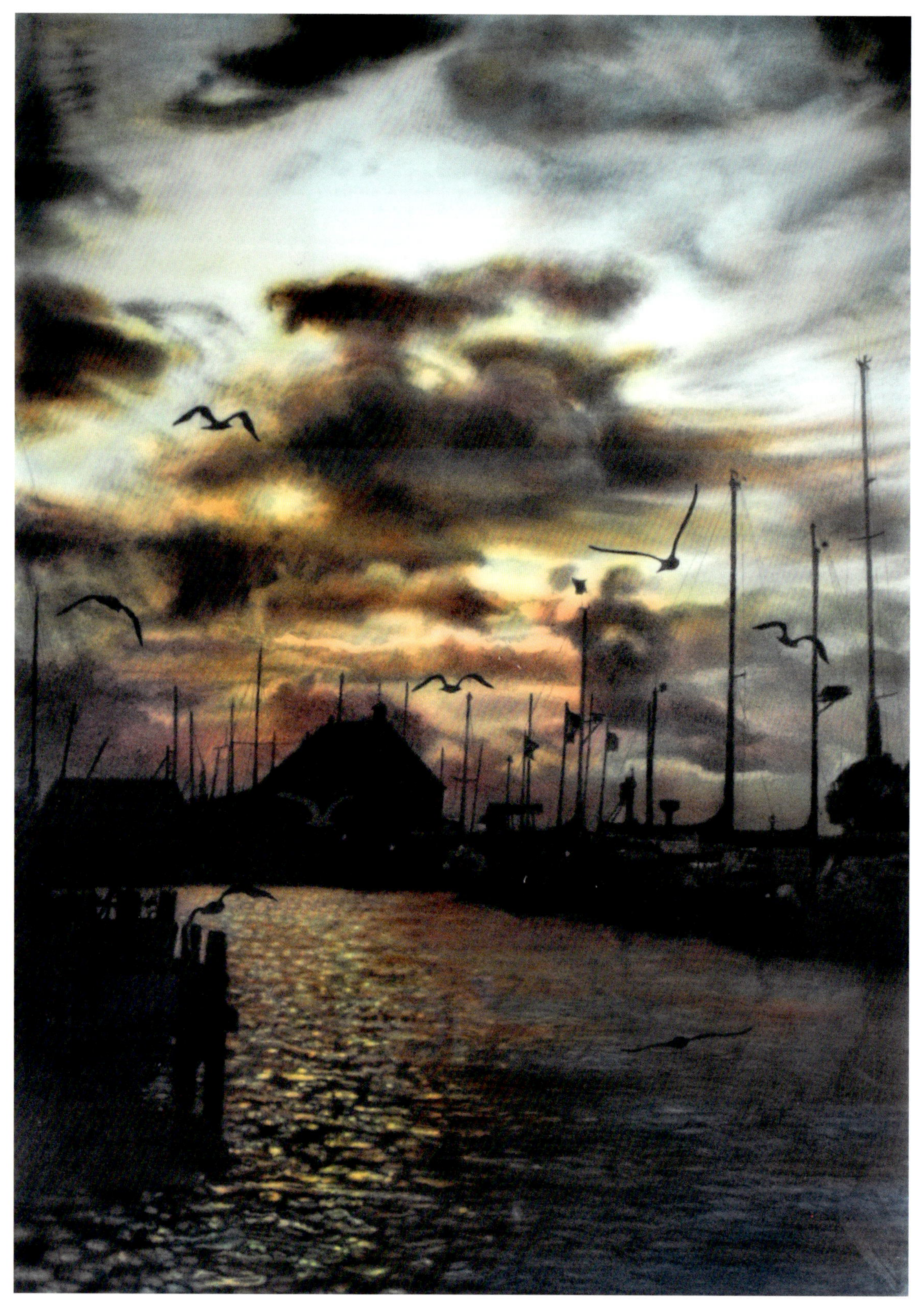

Study for Harbour
1989

Night Sailboat
1989

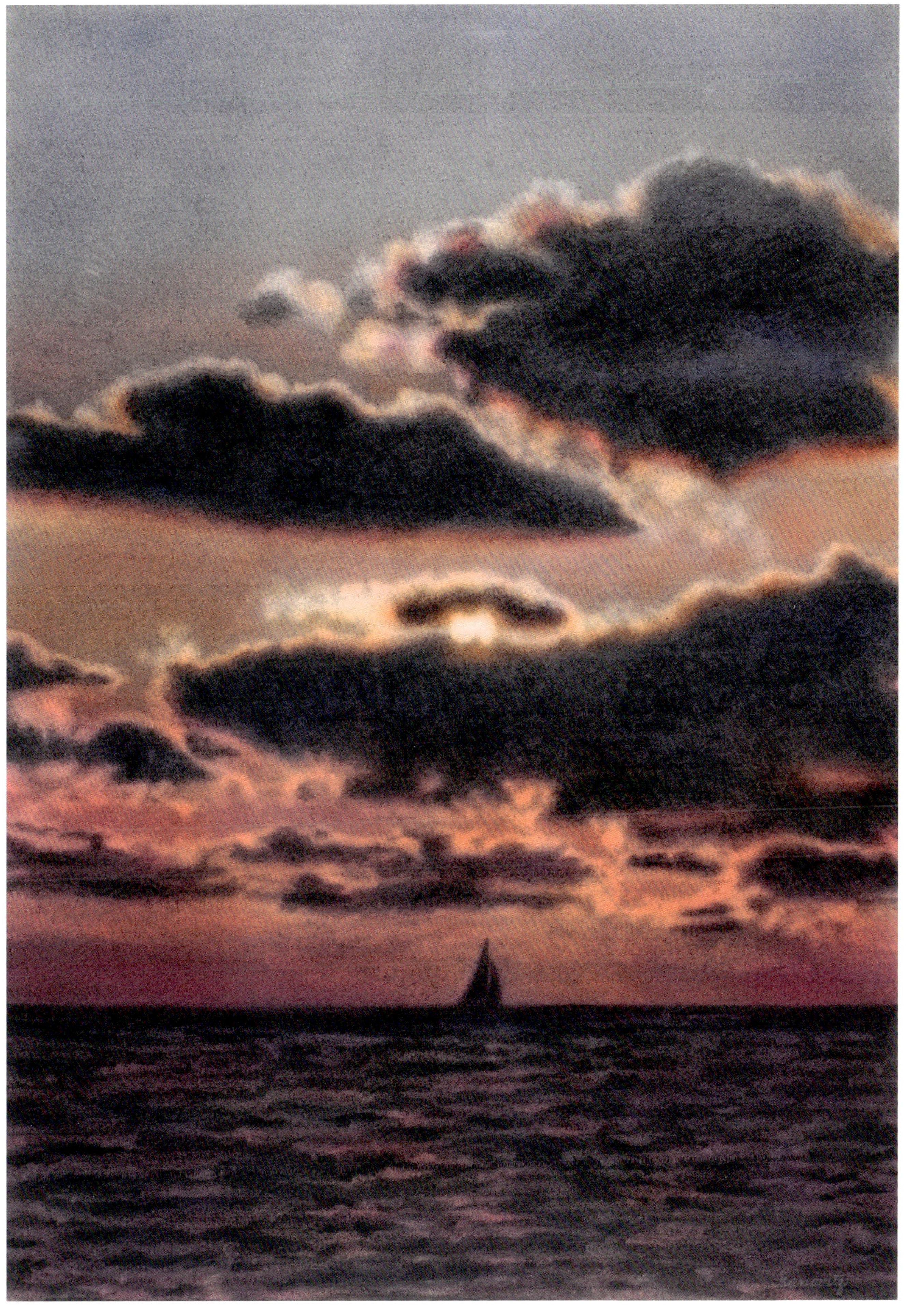

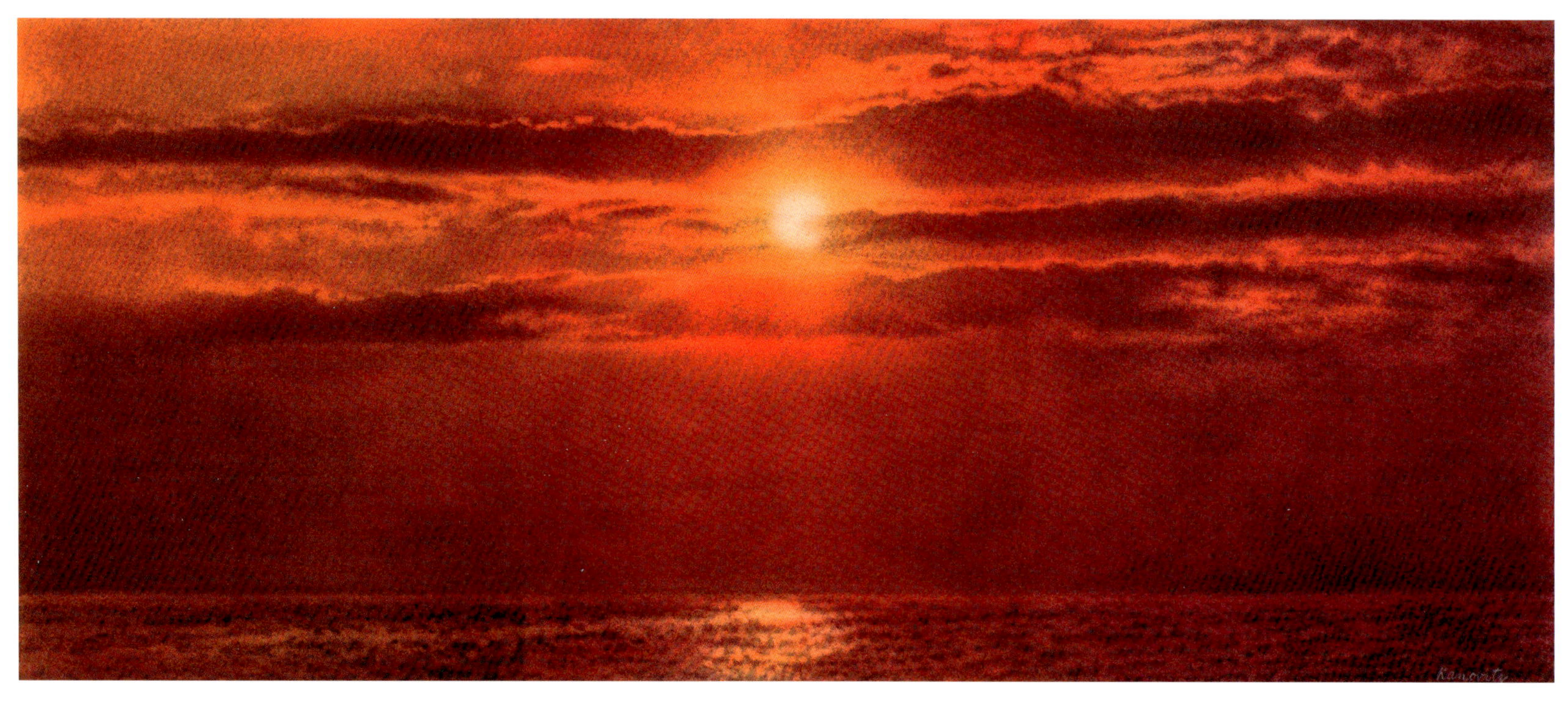

Bronze Sky

1991

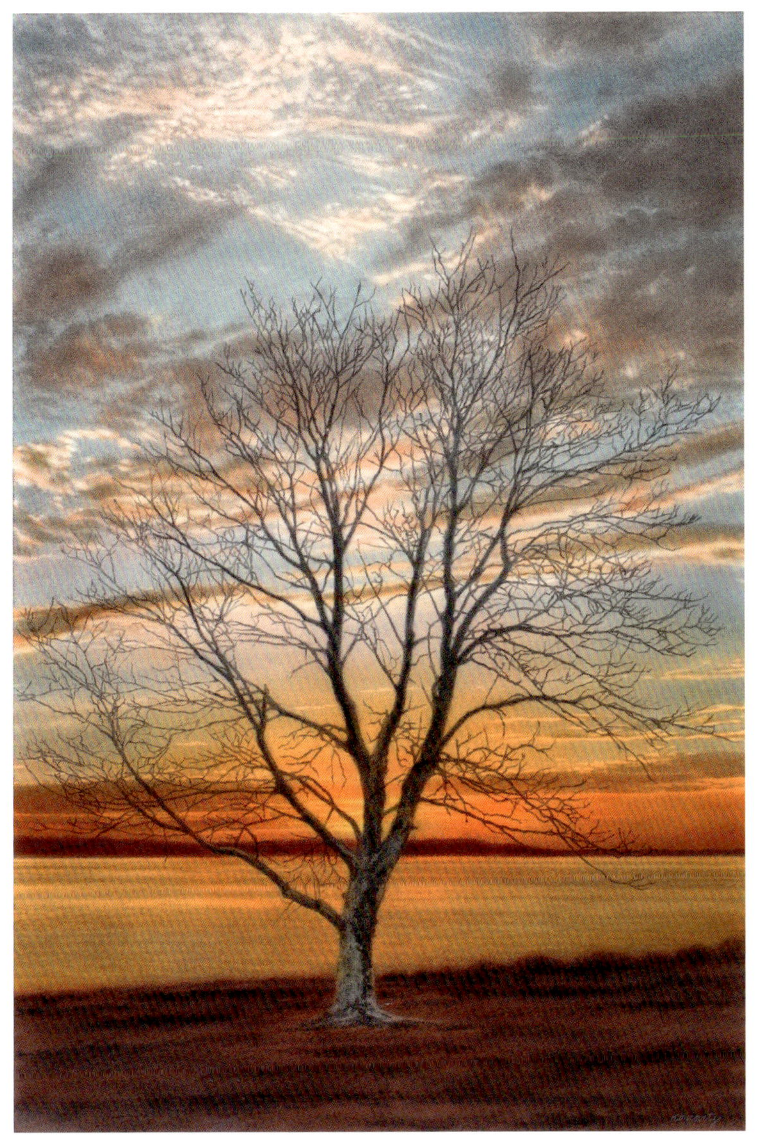

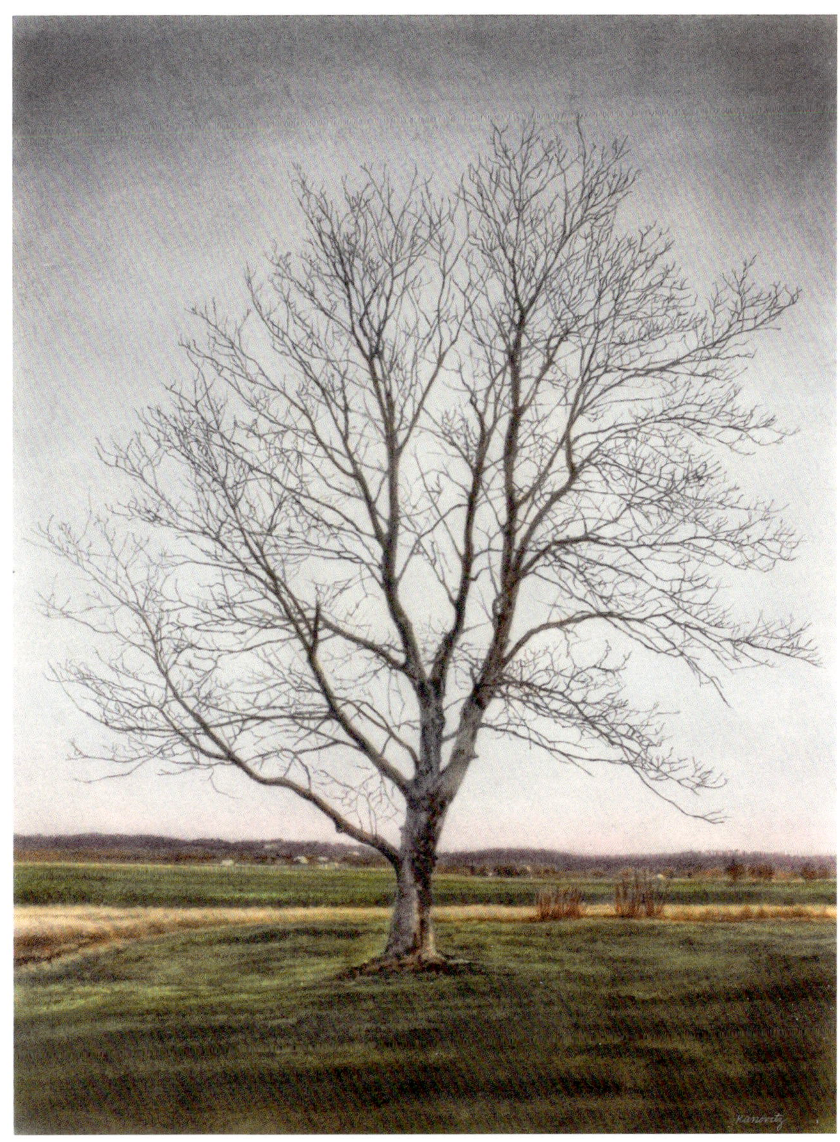

Tree Standing by the Water

1991

Ellen Adler's Tree

1991

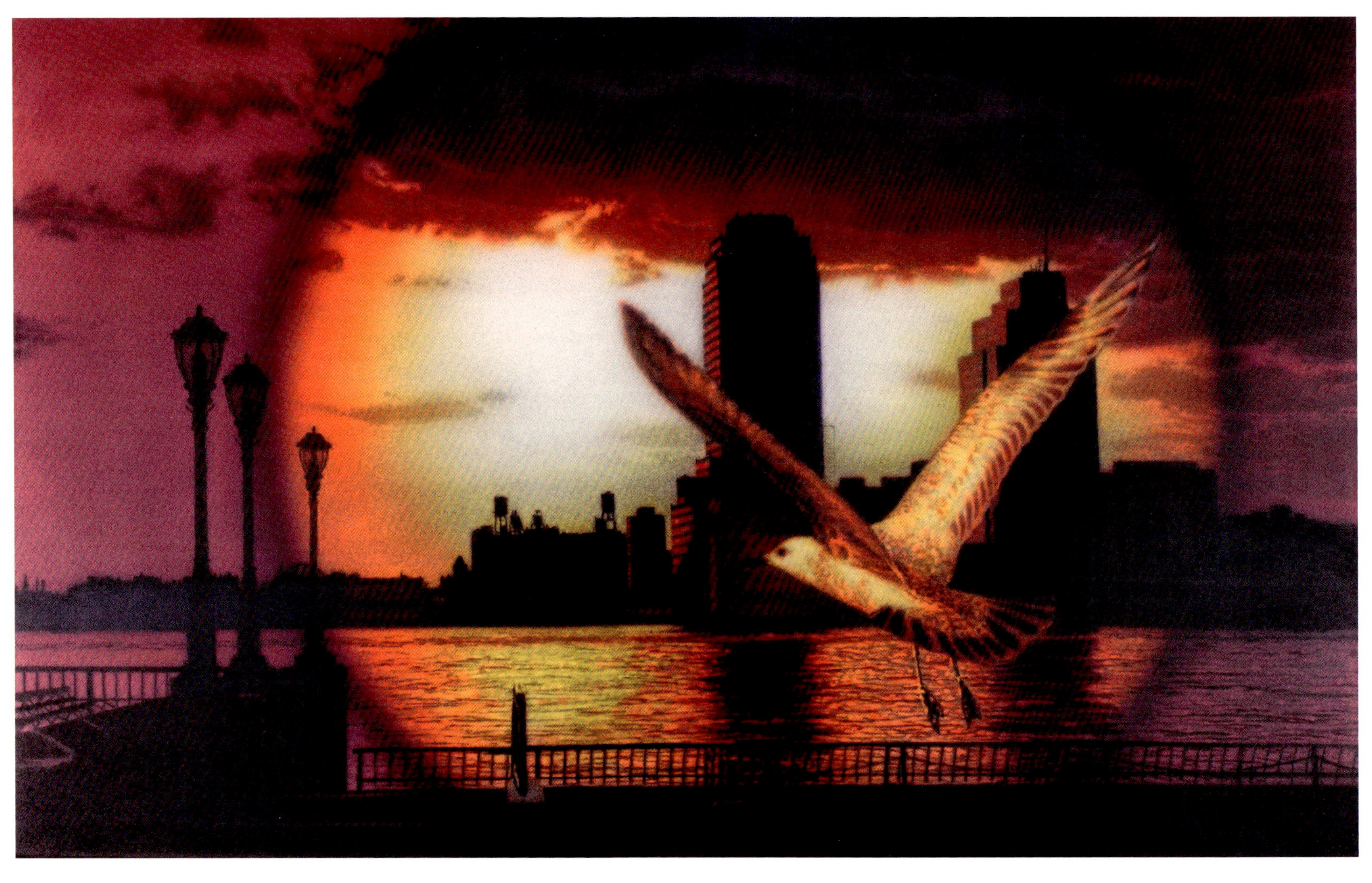

Riverbird
1996

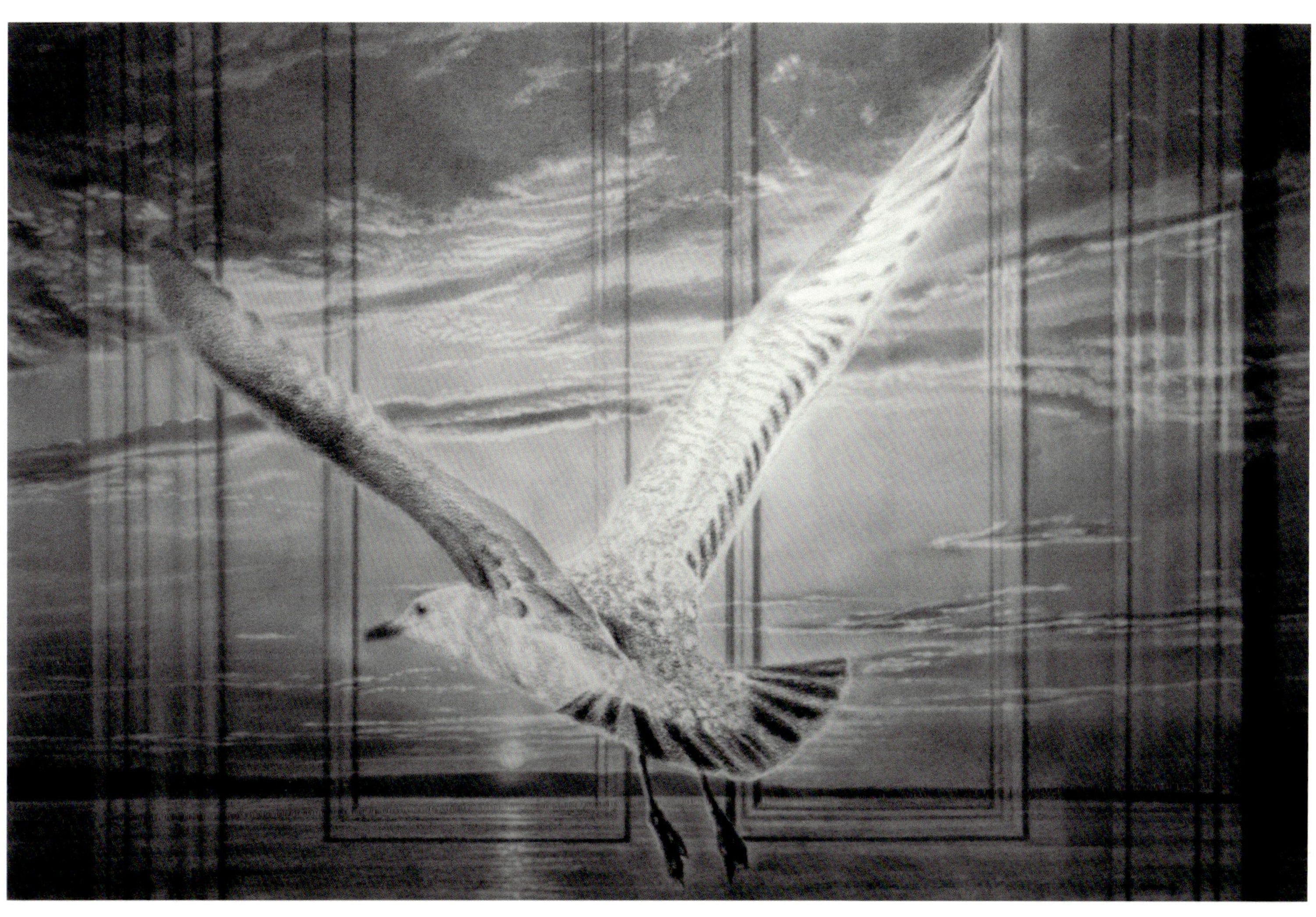

Red Sky in the Morning

1991

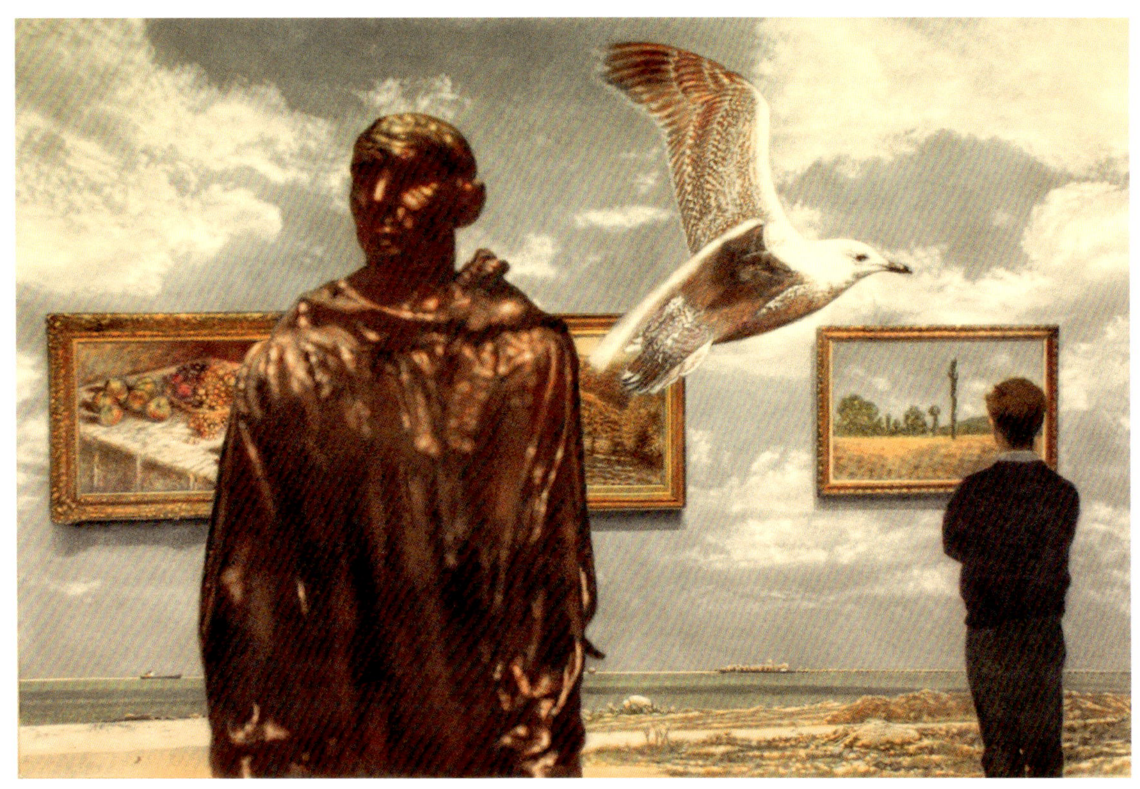

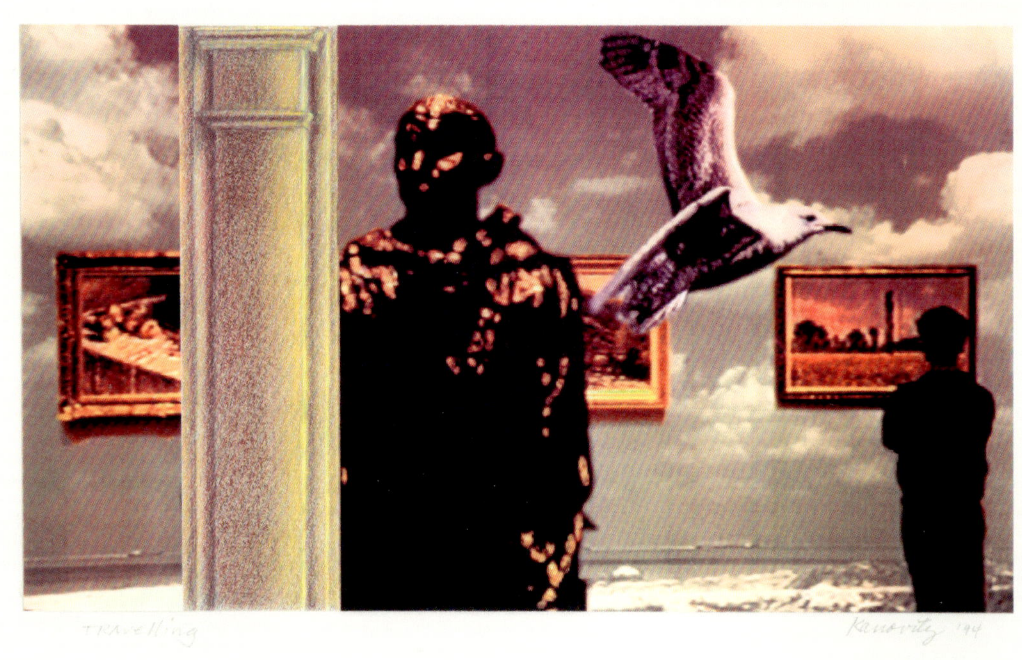

Travel with Elizabeth

1992

Travelling

1994

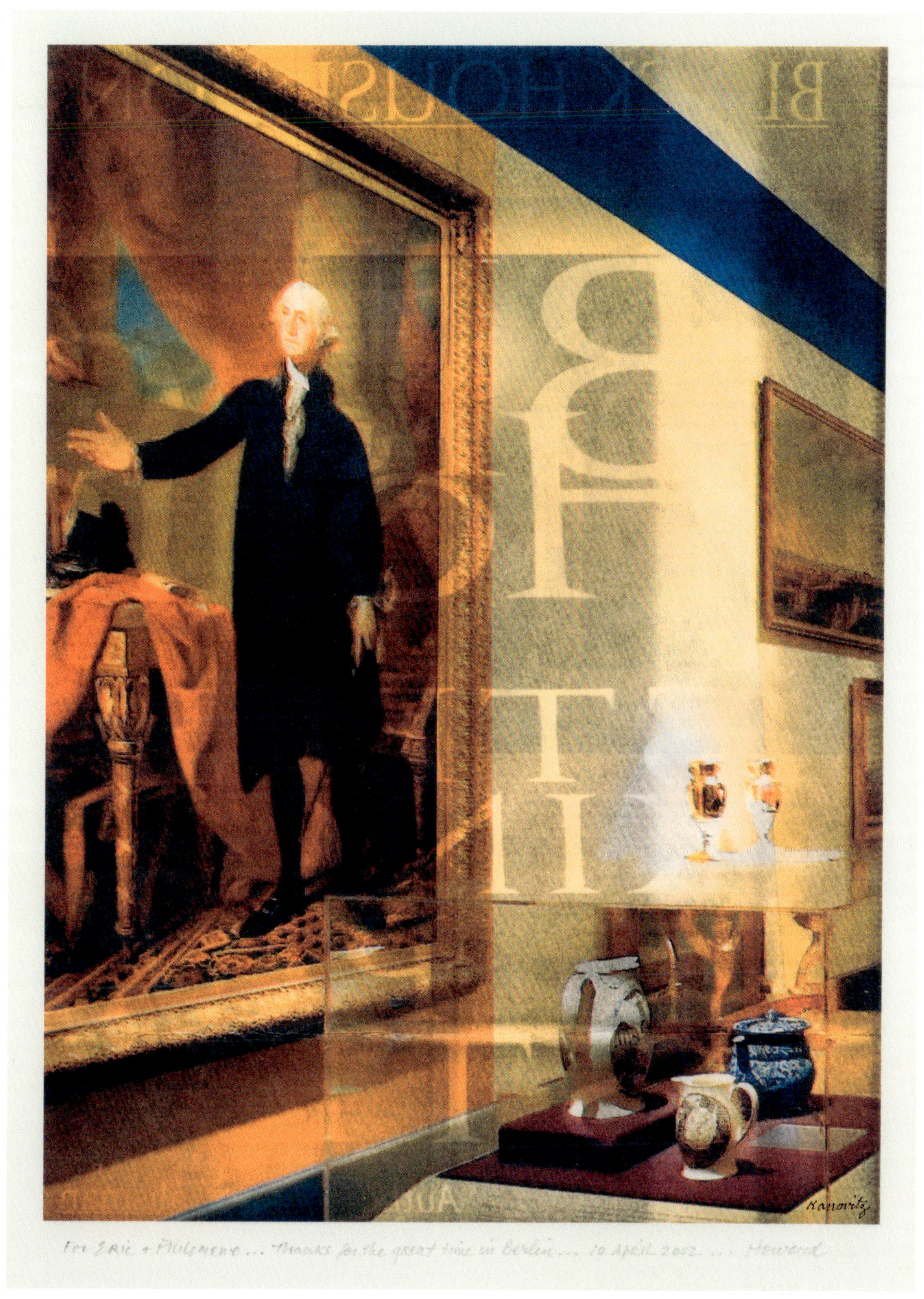

Exhibition Space

um / c. 1995

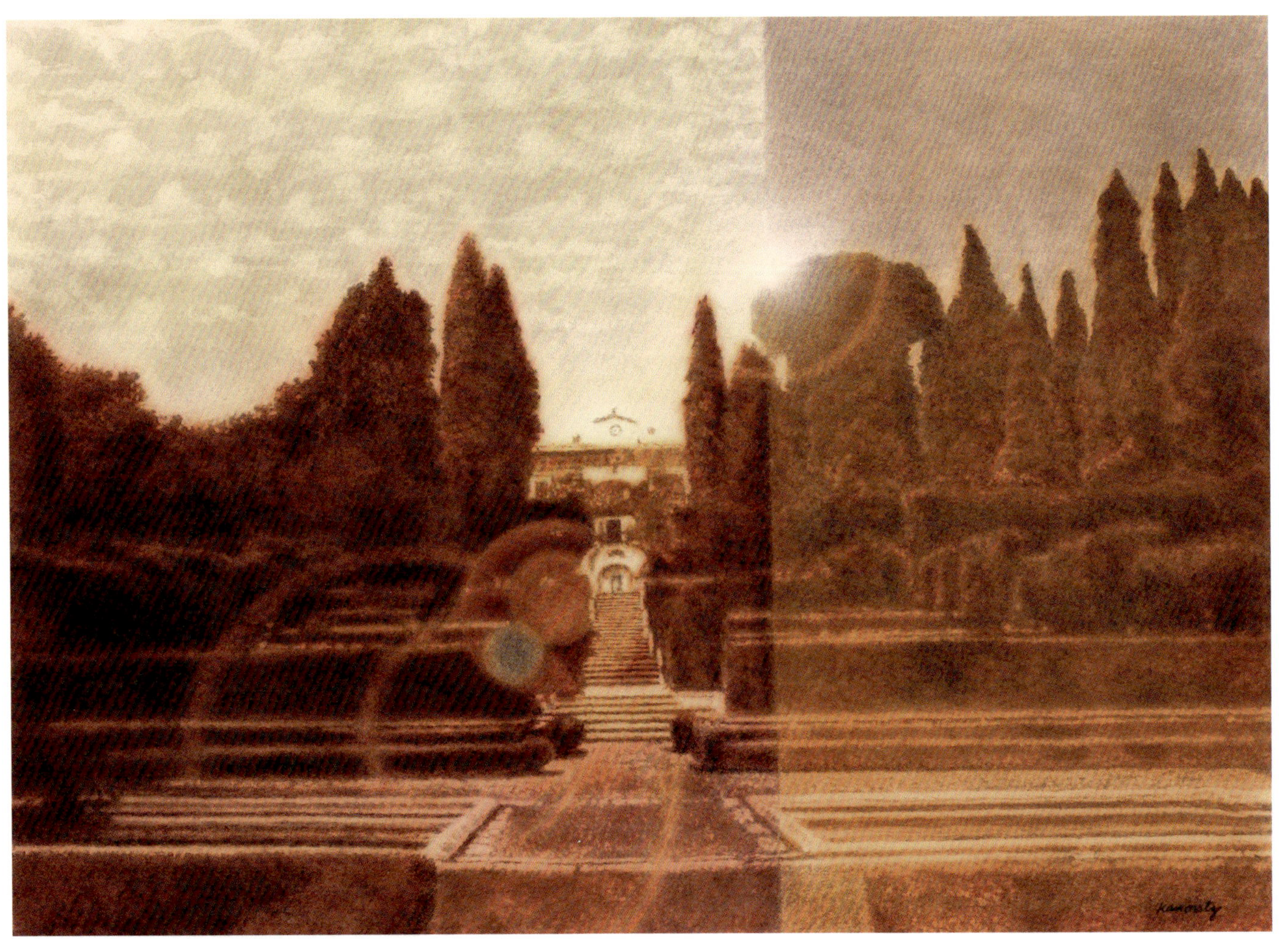

Yellow Tatti

1993

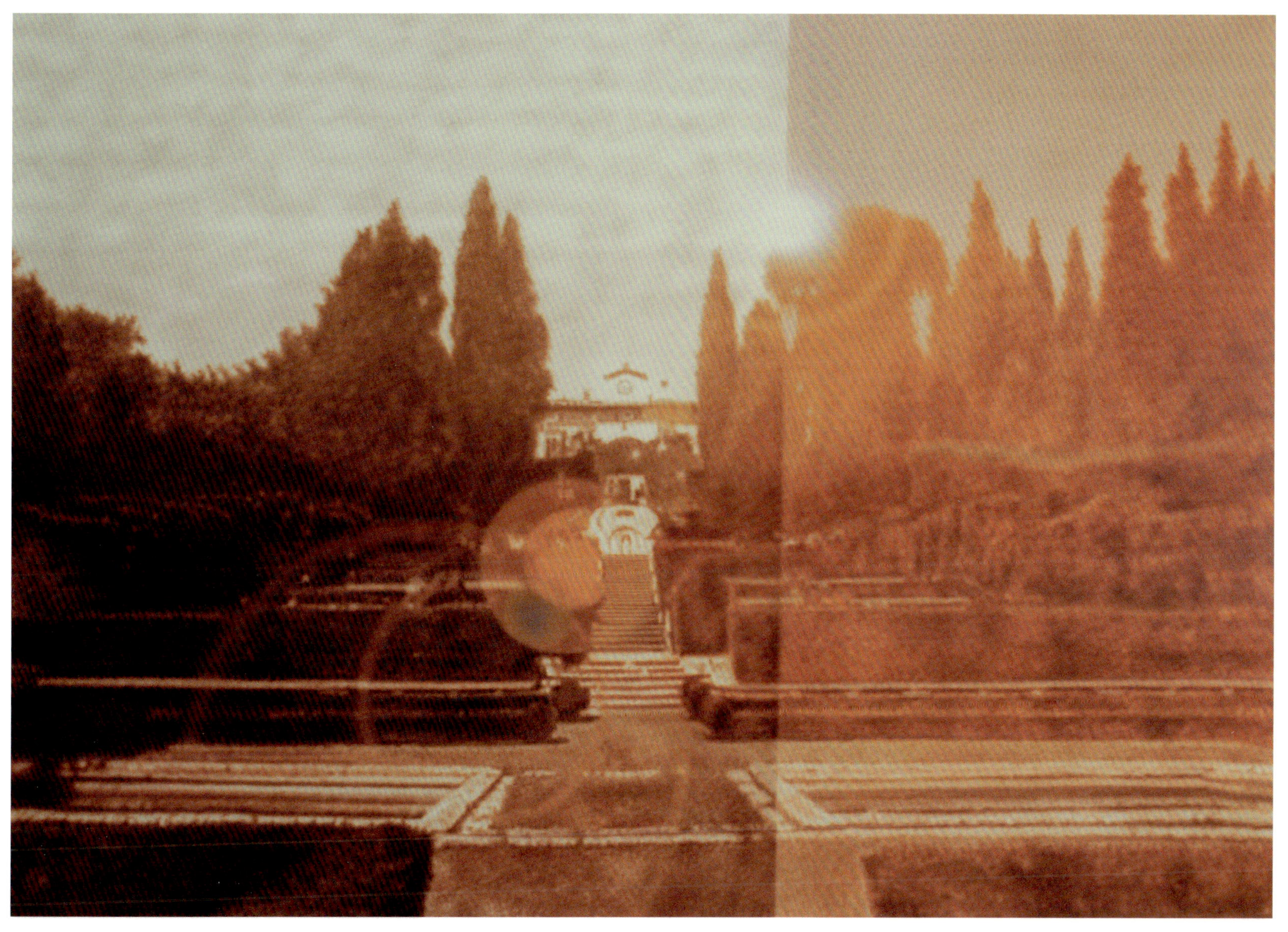

I Tatti

1993

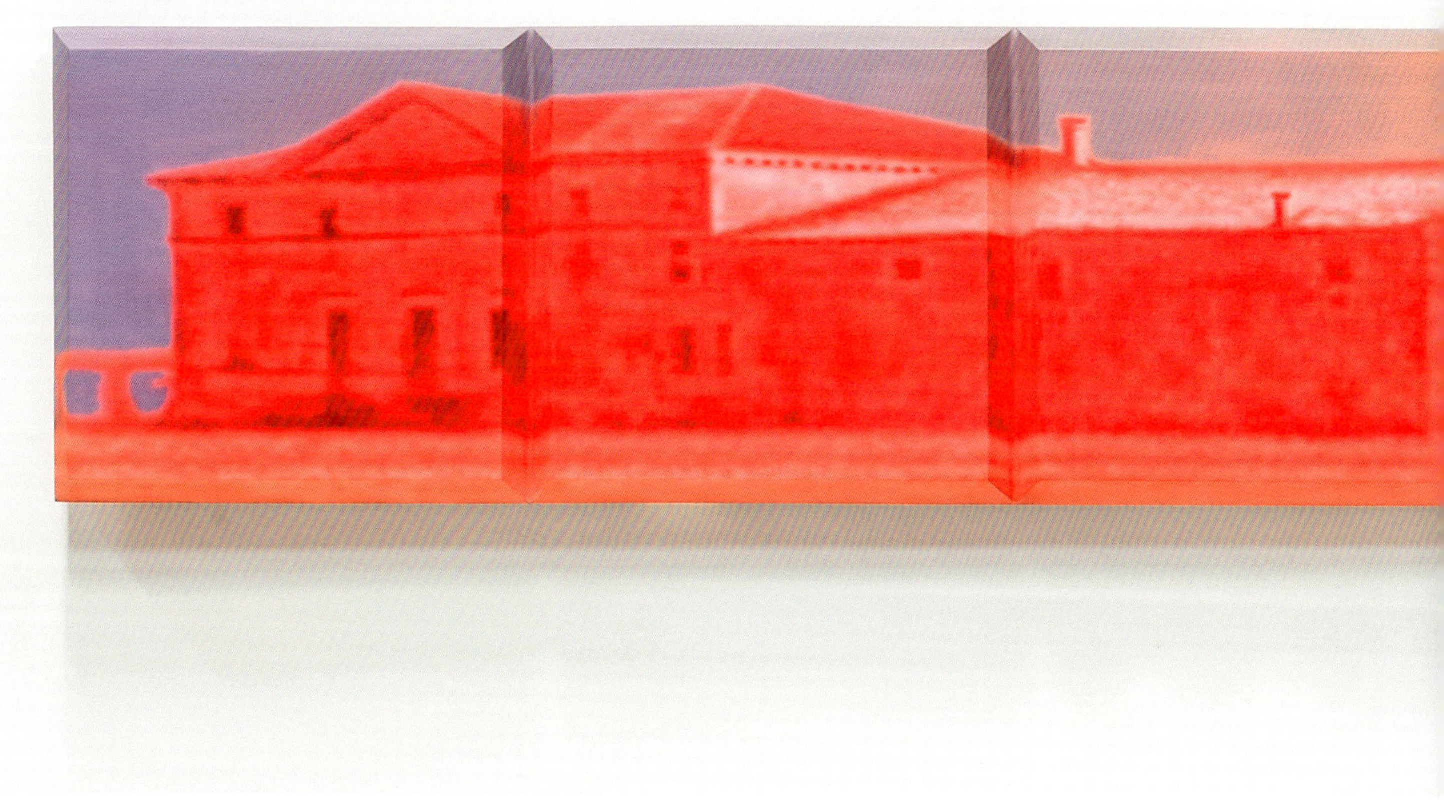

Palladio

1992

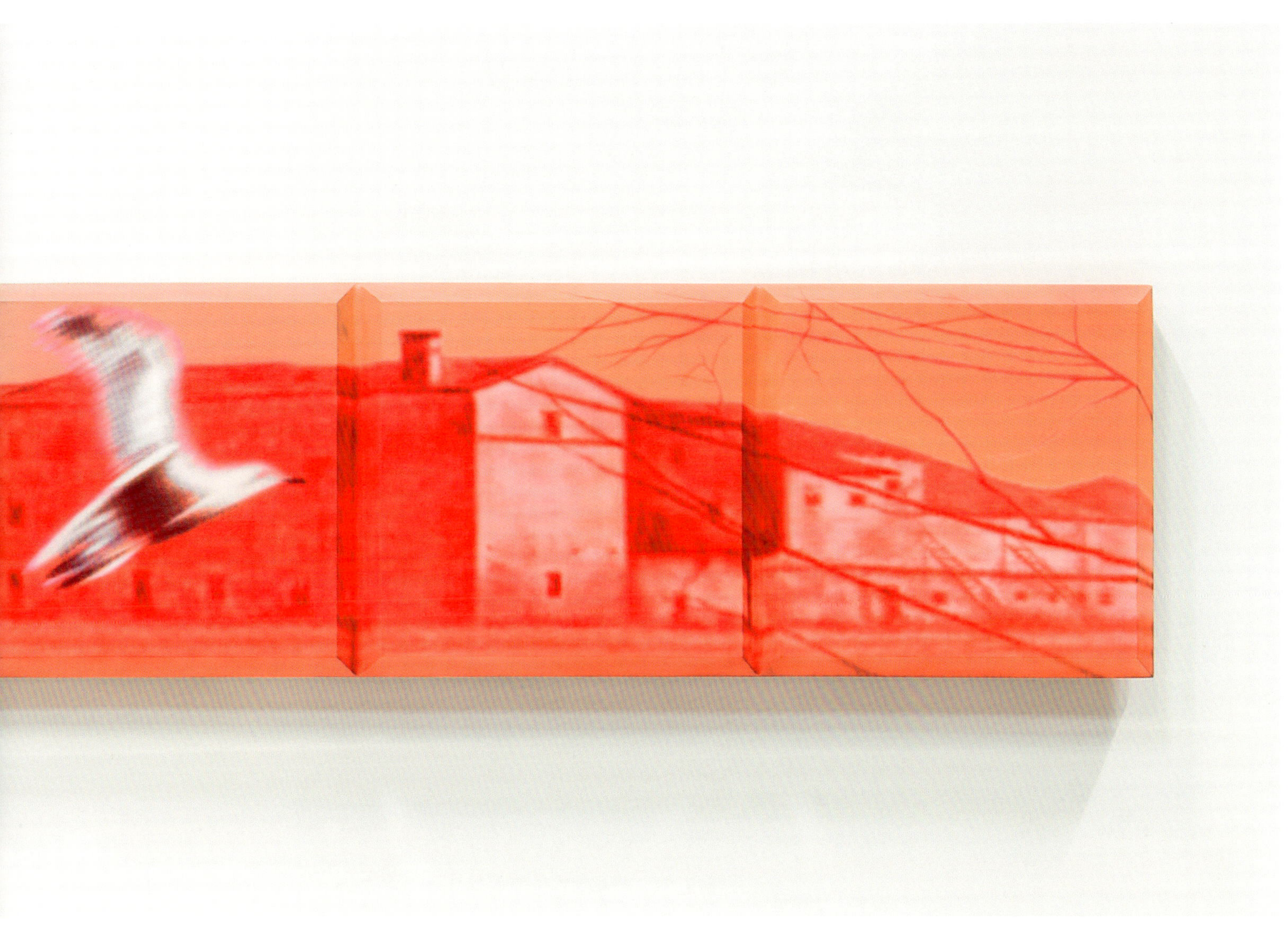

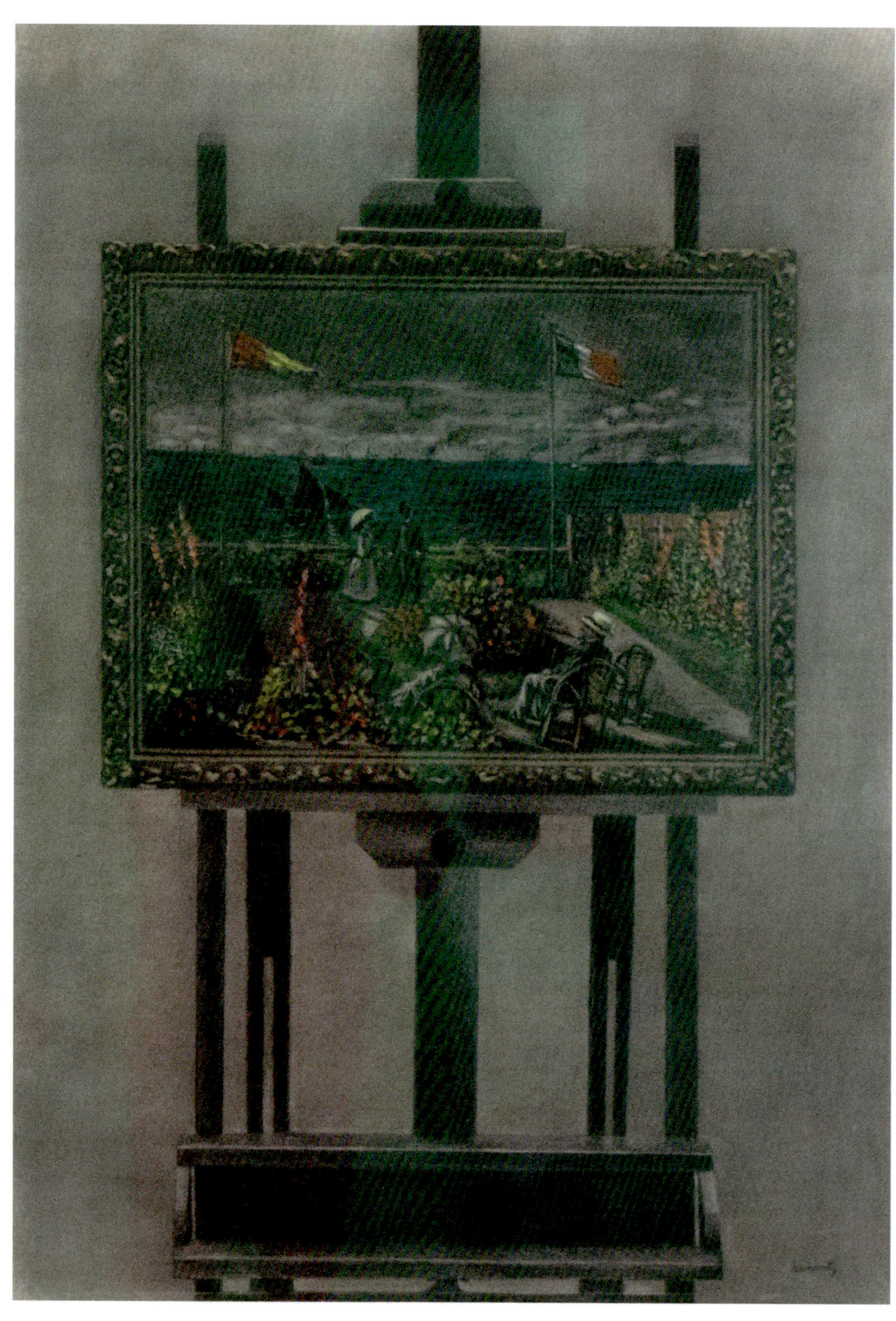

Dark Monet

1987

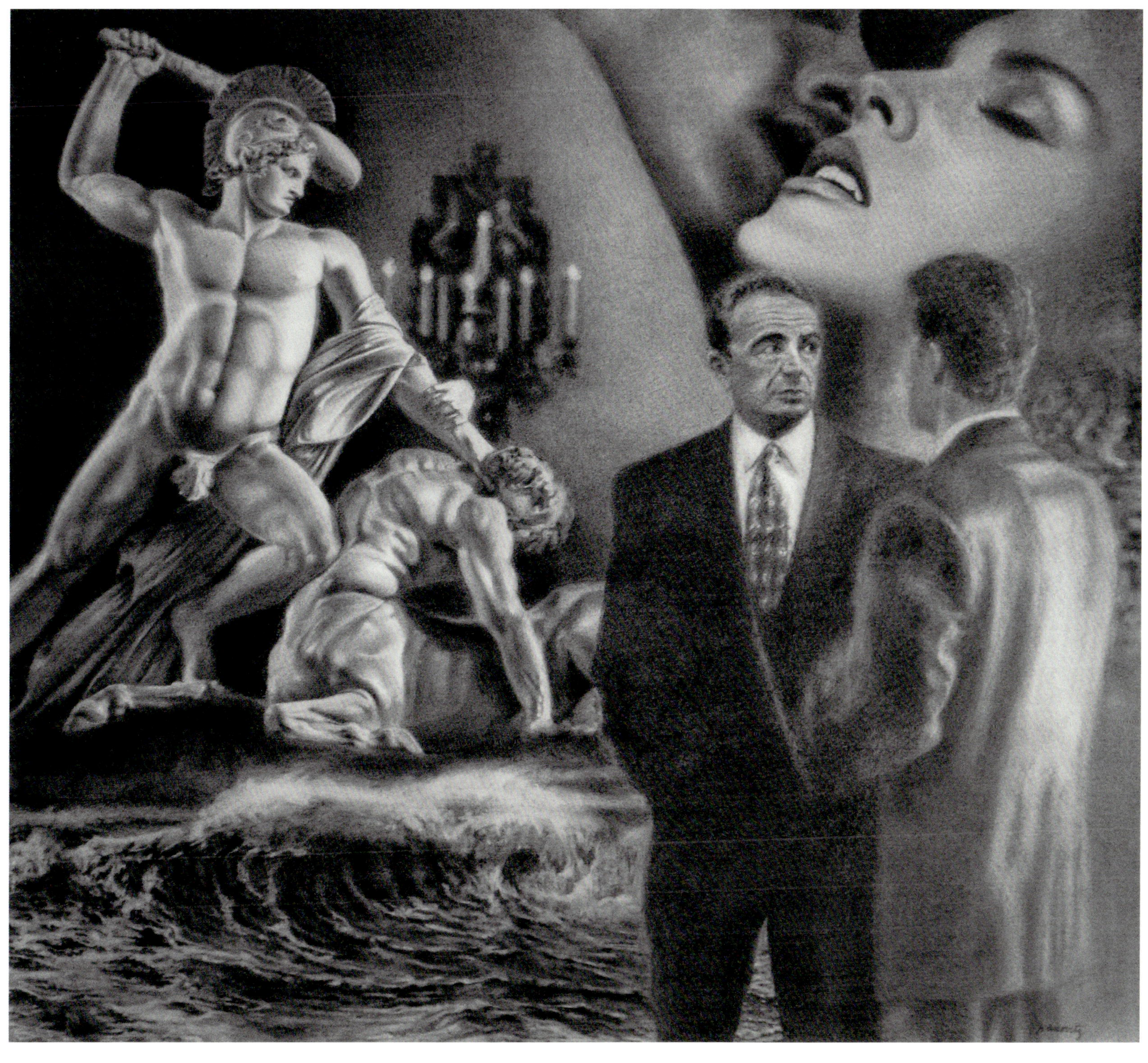

Starring Mickey and Gil

1995

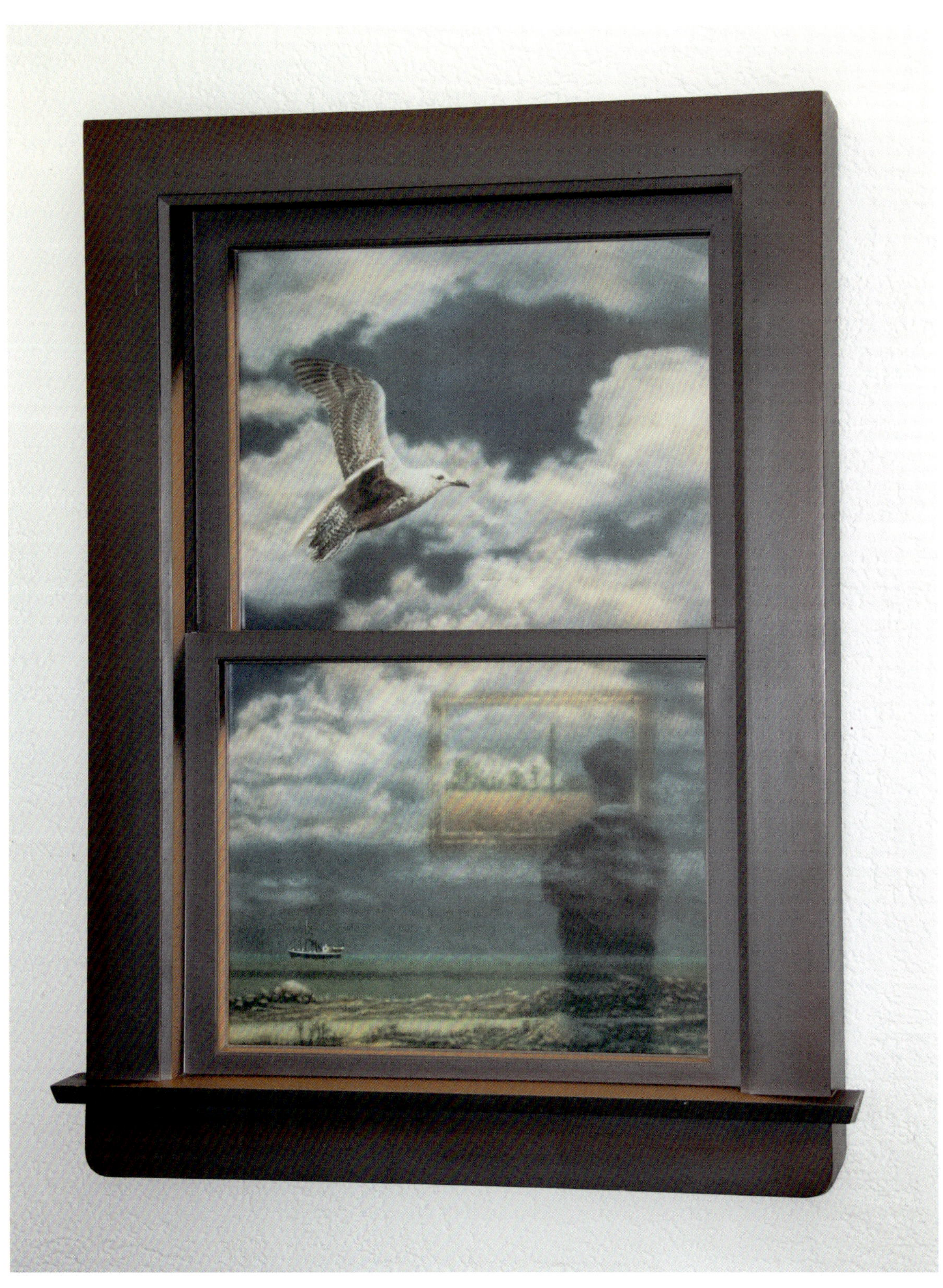

A Day's Dream Travel

1994

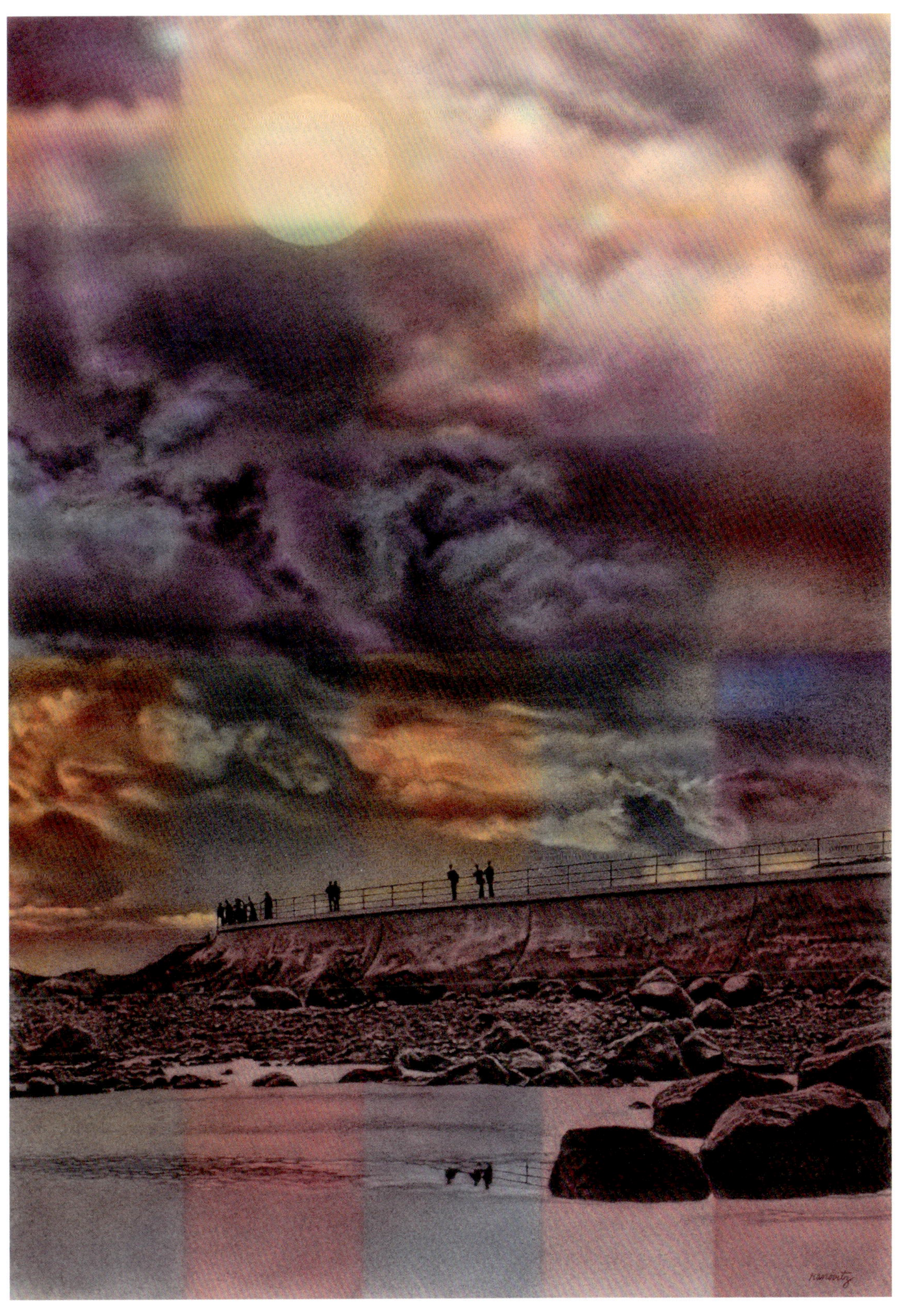

Breakwater II

1997

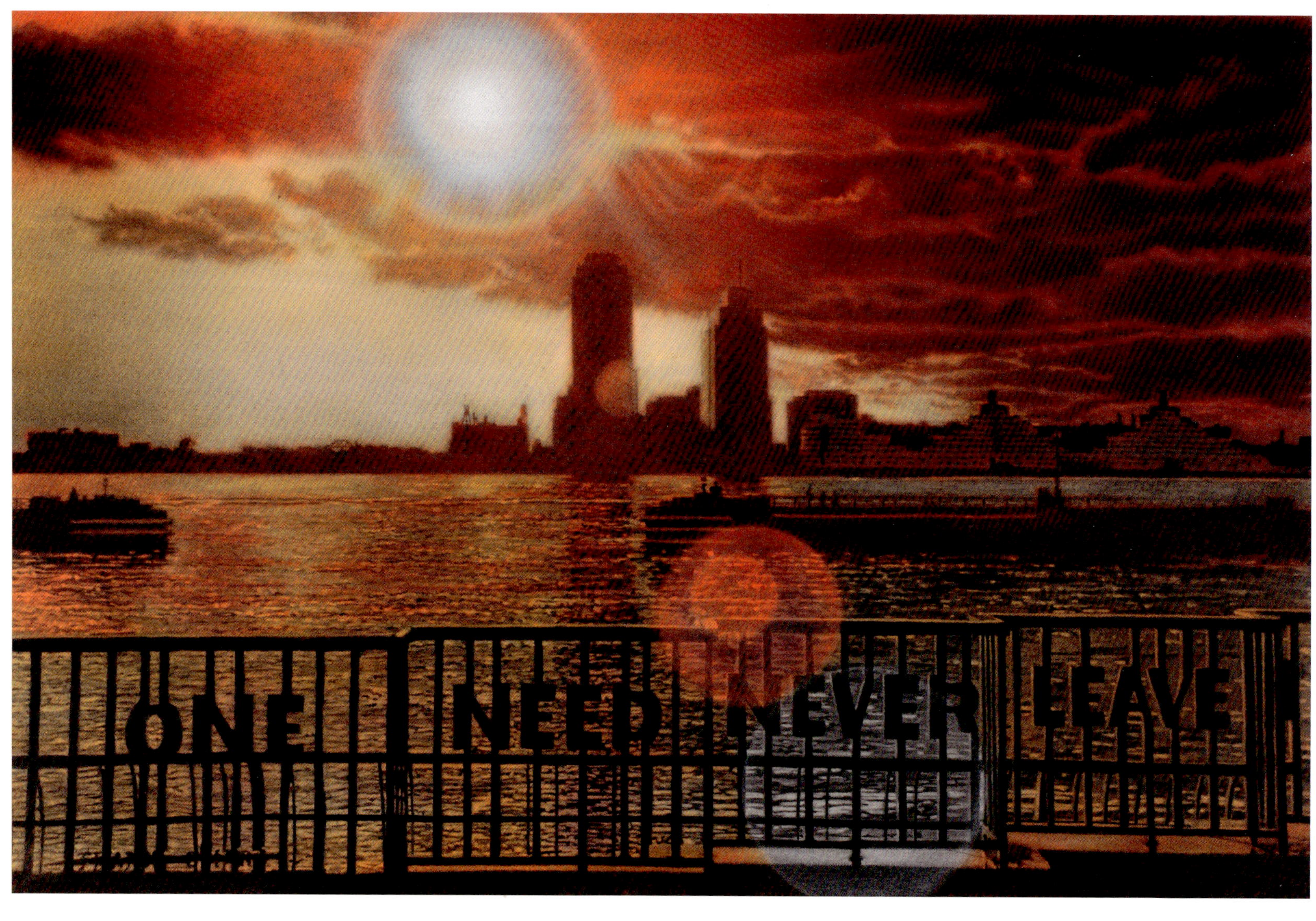

One Need Never Leave
1996

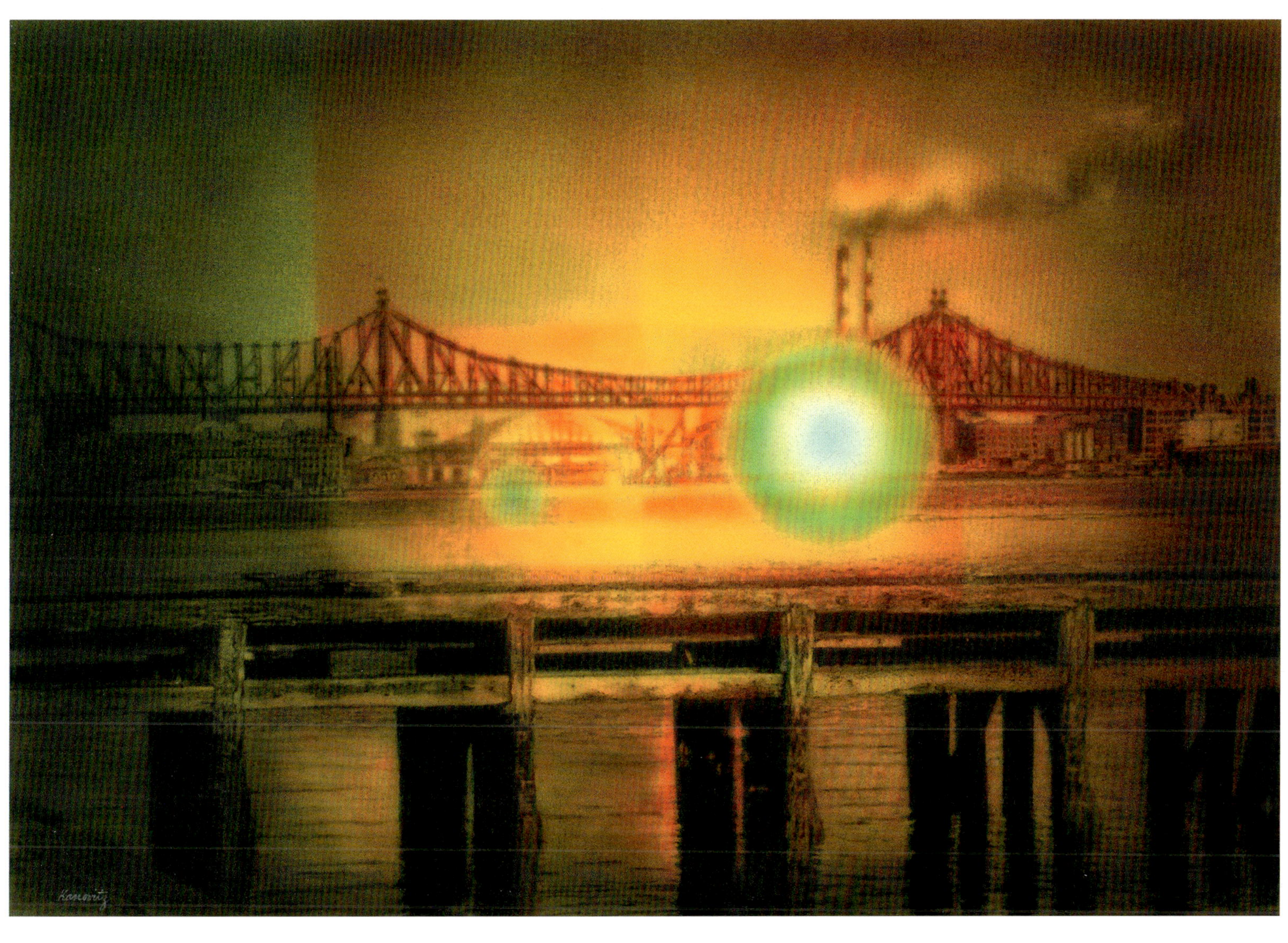

East River Queens Bridge

1997

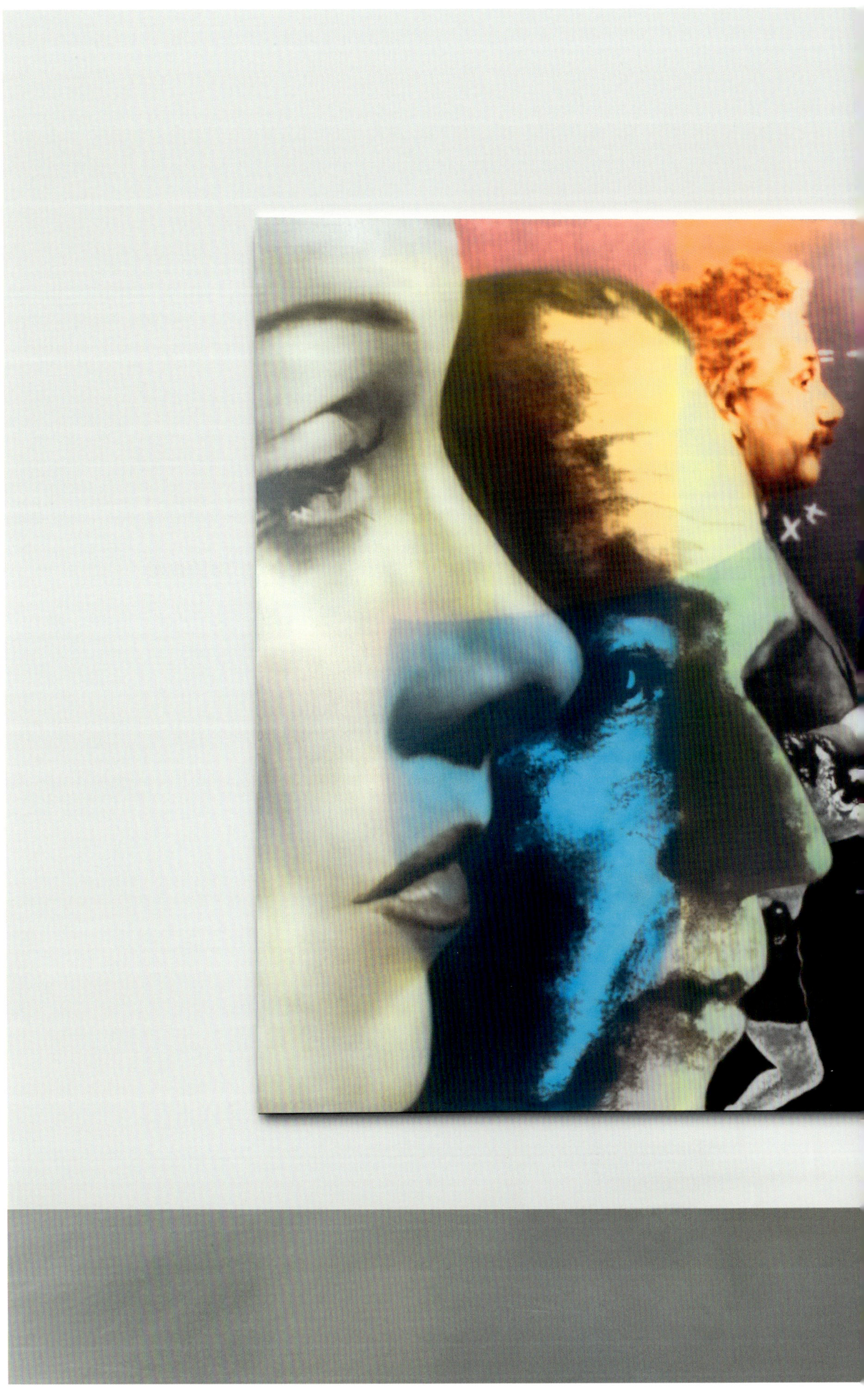

Wie es war

1997

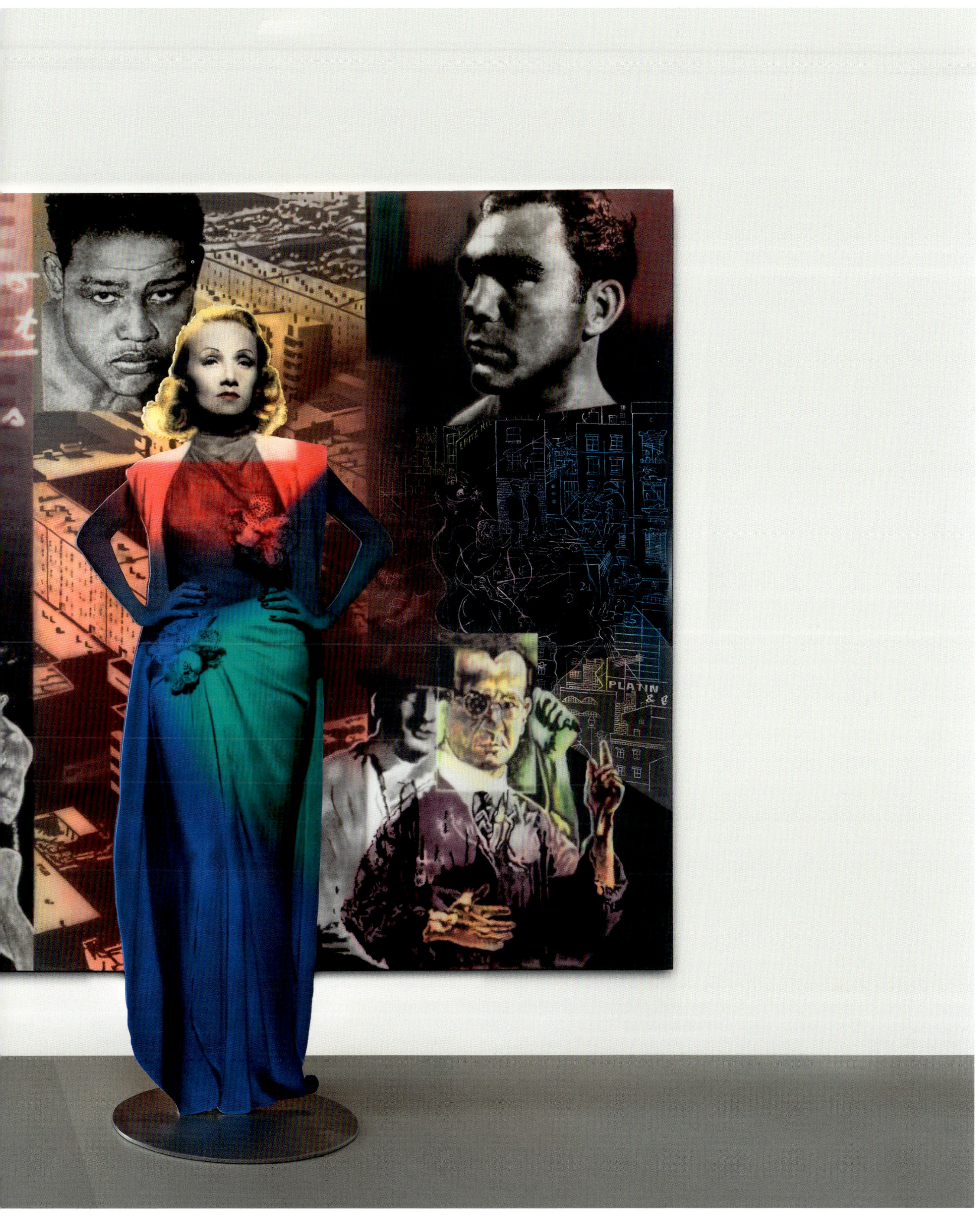
PLATIN

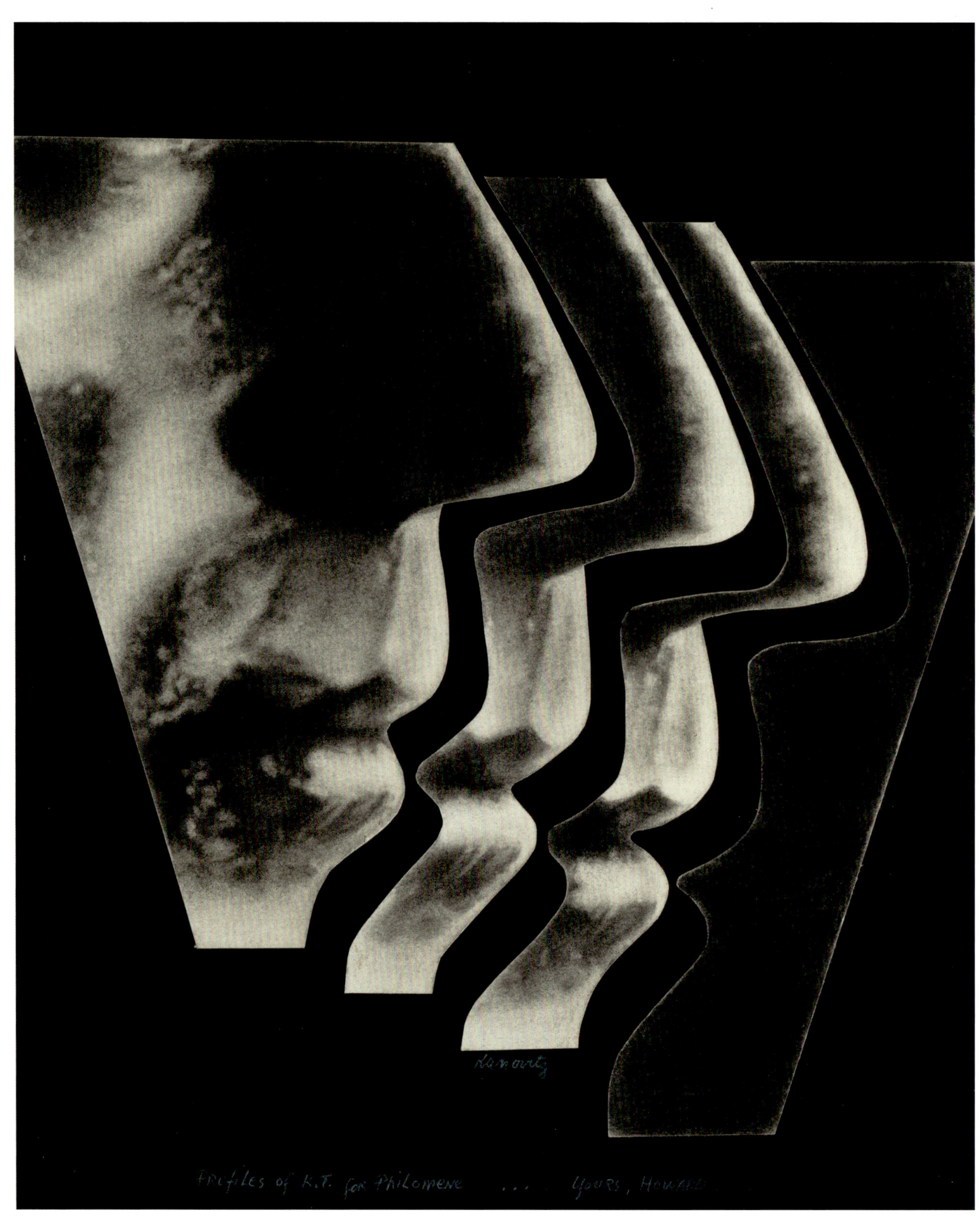

Profiles of K. T., Studie zu / Study for *Wie es war*

um / c. 1997

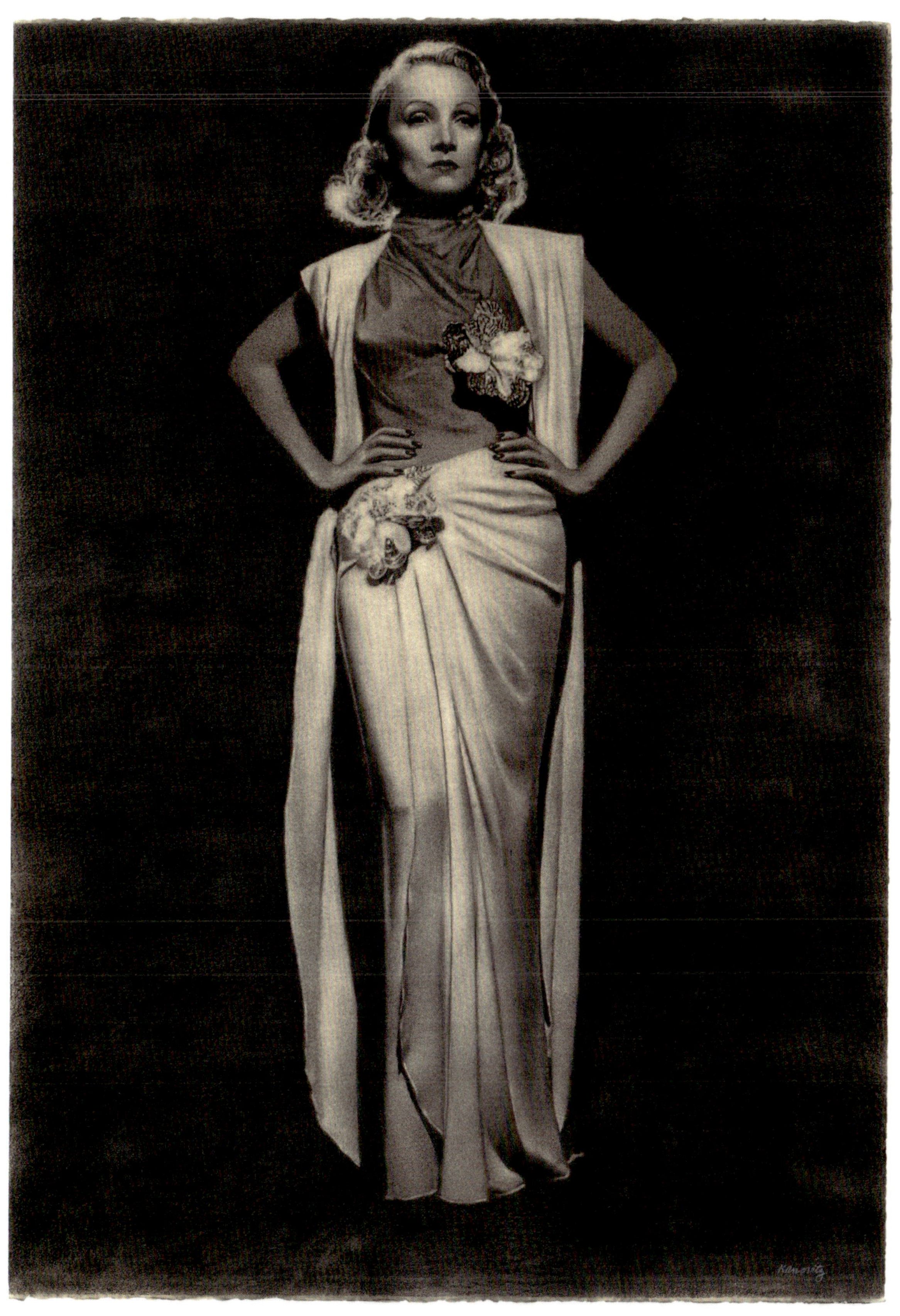

Marlene
1996

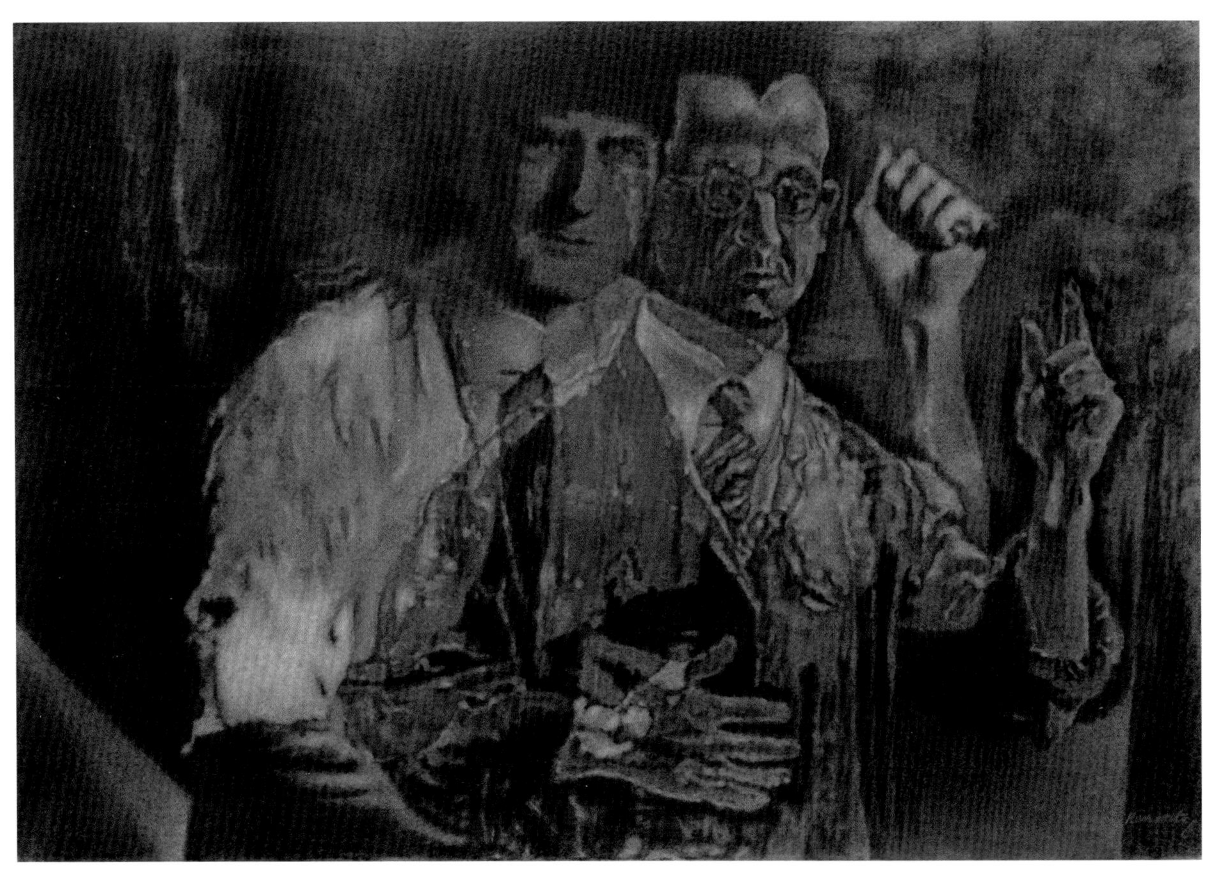

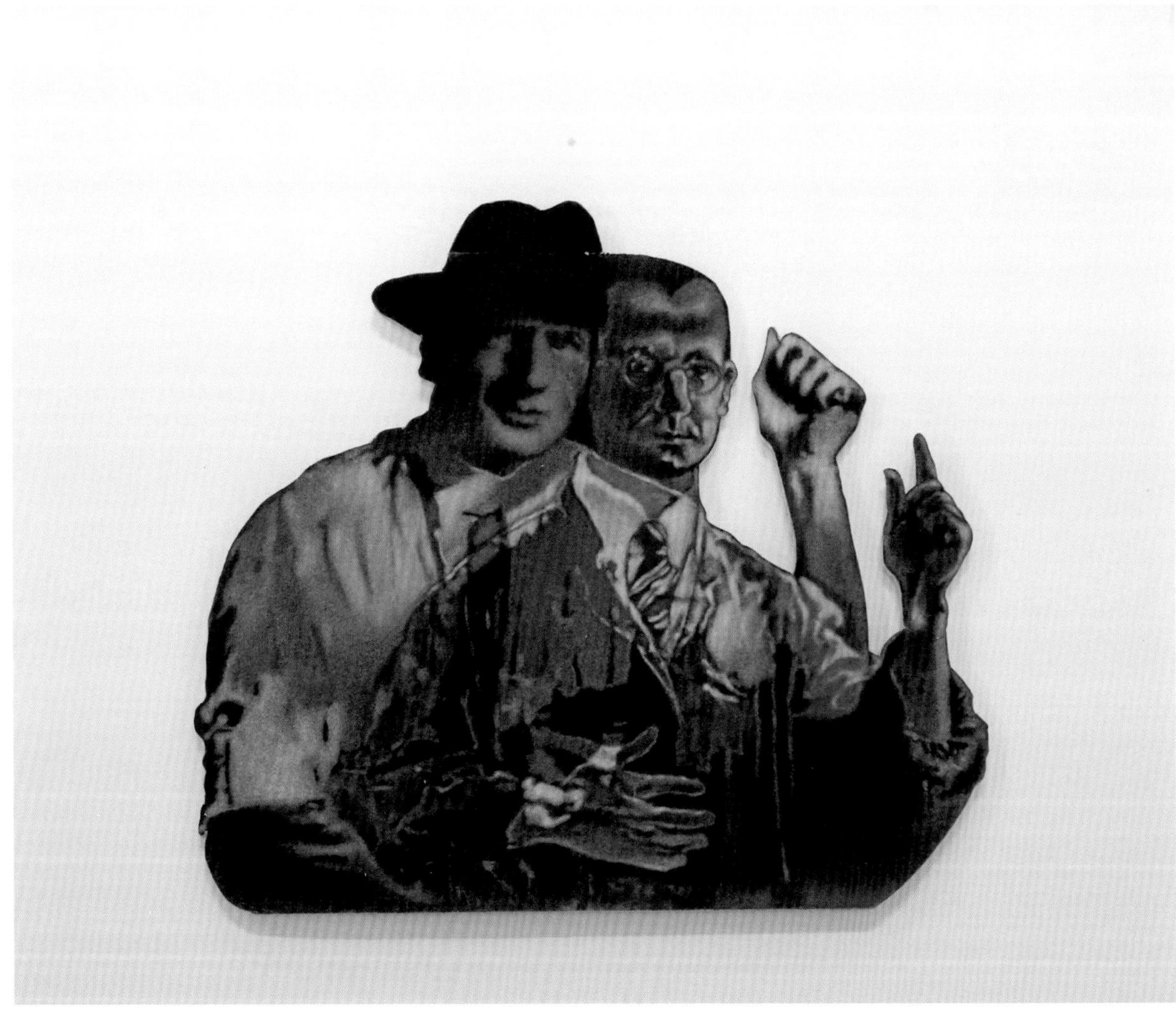

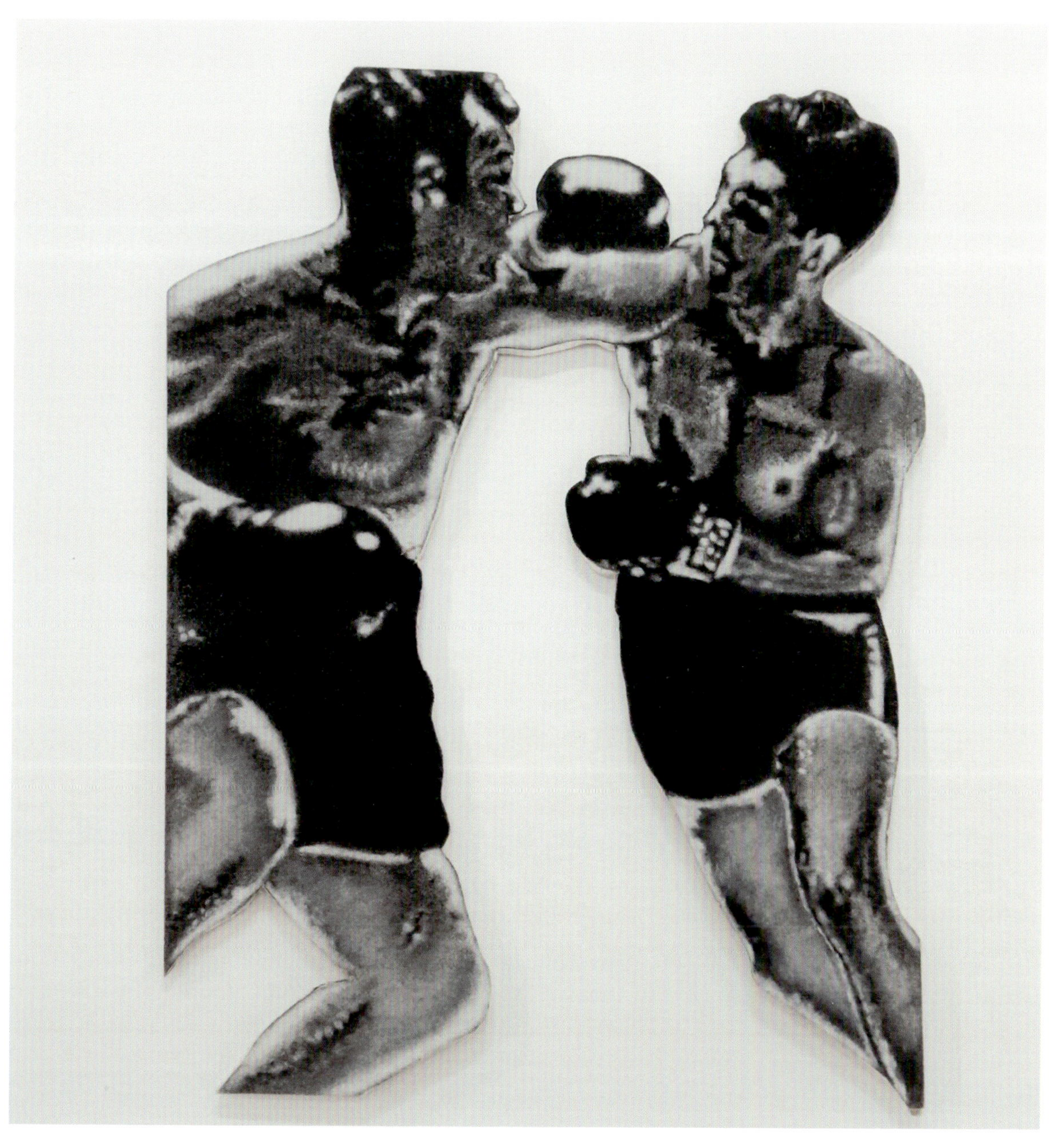

Double Grosz II

1996

Studie / Study *Double Grosz* für / for *Wie Es War*

um / c. 1996

Studie eines Boxkampfs zwischen Joe Louis (*The brown bomber*) und Max Schmeling für *Wie Es War* / Study of a boxing match between Joe Louis ("The Brown Bomber") and Max Schmeling, for *Wie Es War*

um / c. 1996

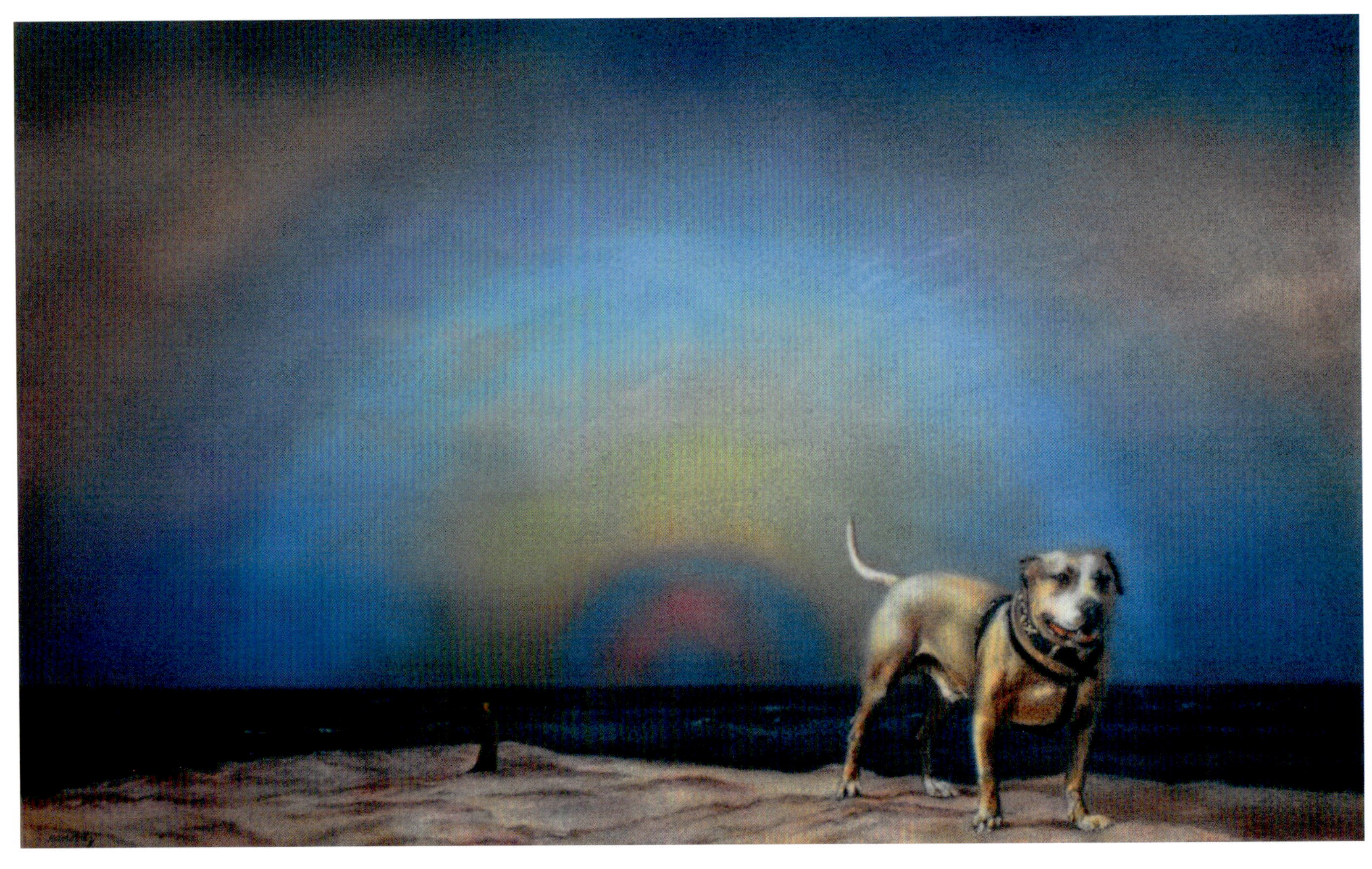

Dog at Sea
1998

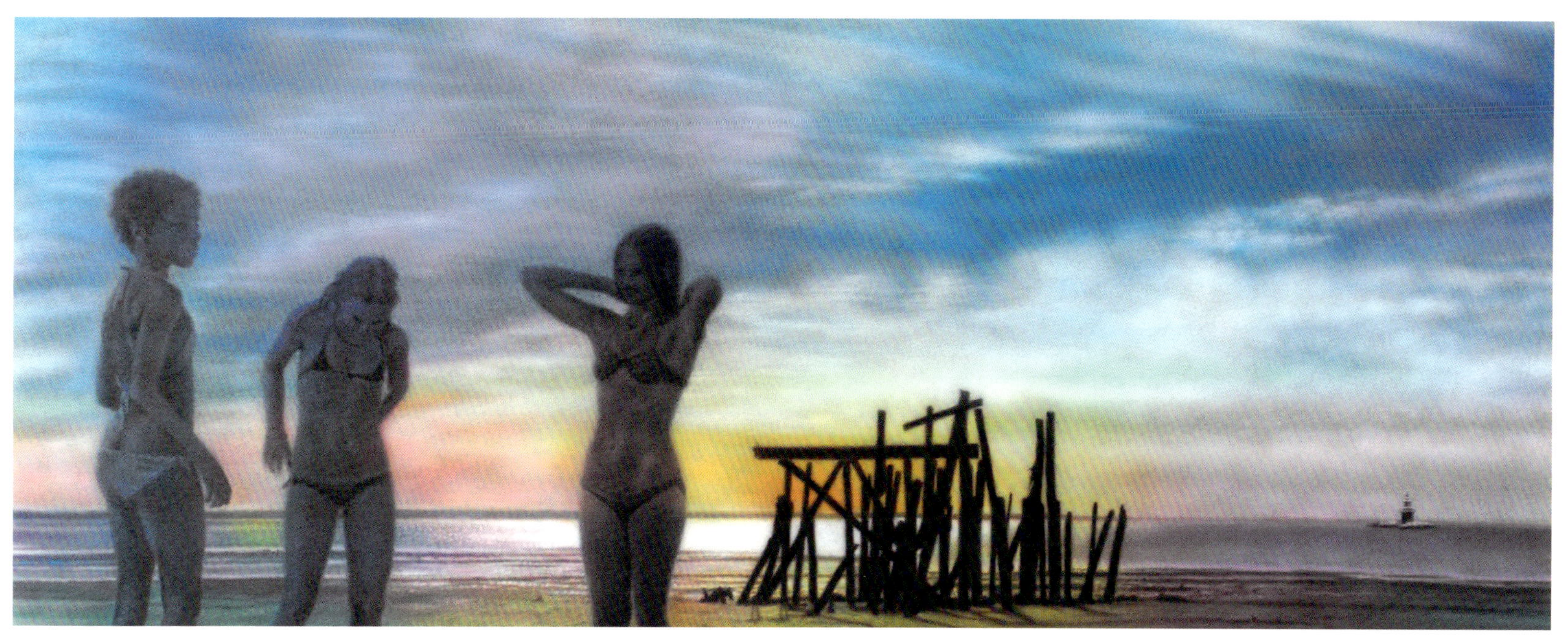

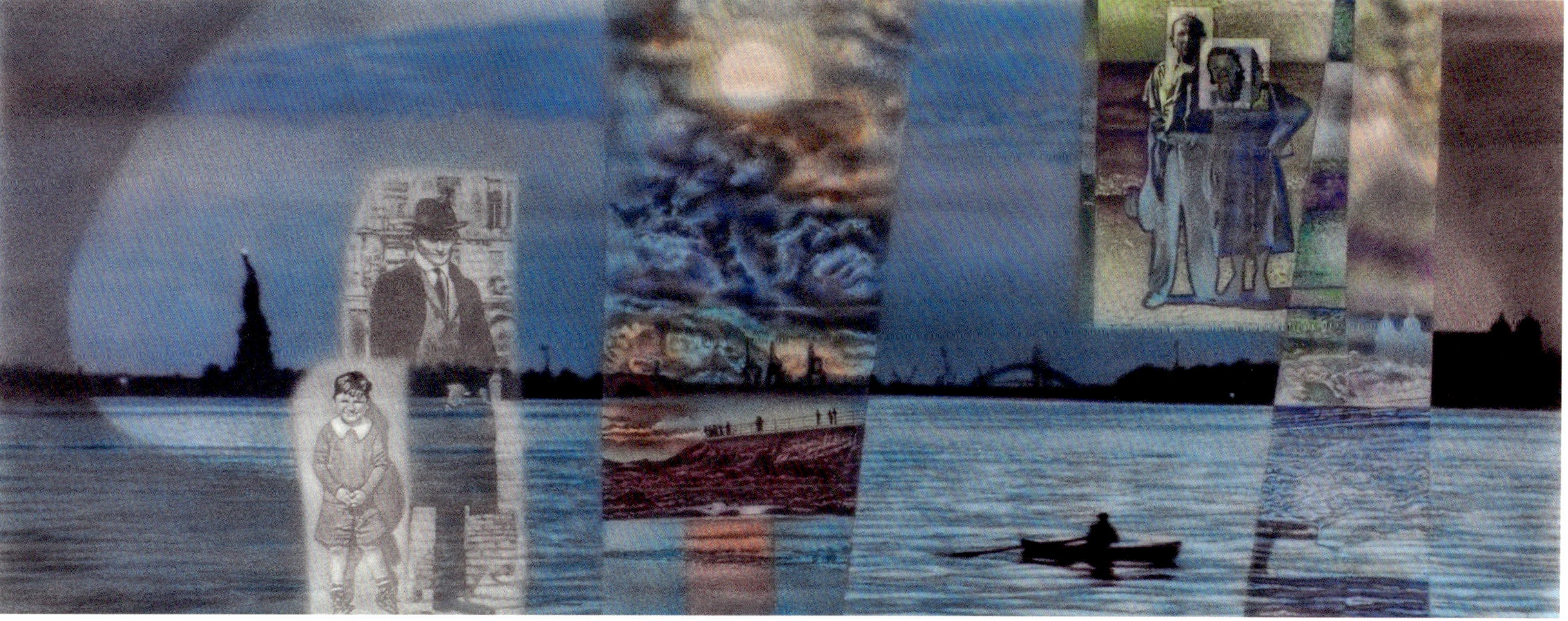

Near by Pharos
1998

Familie Gris
1998

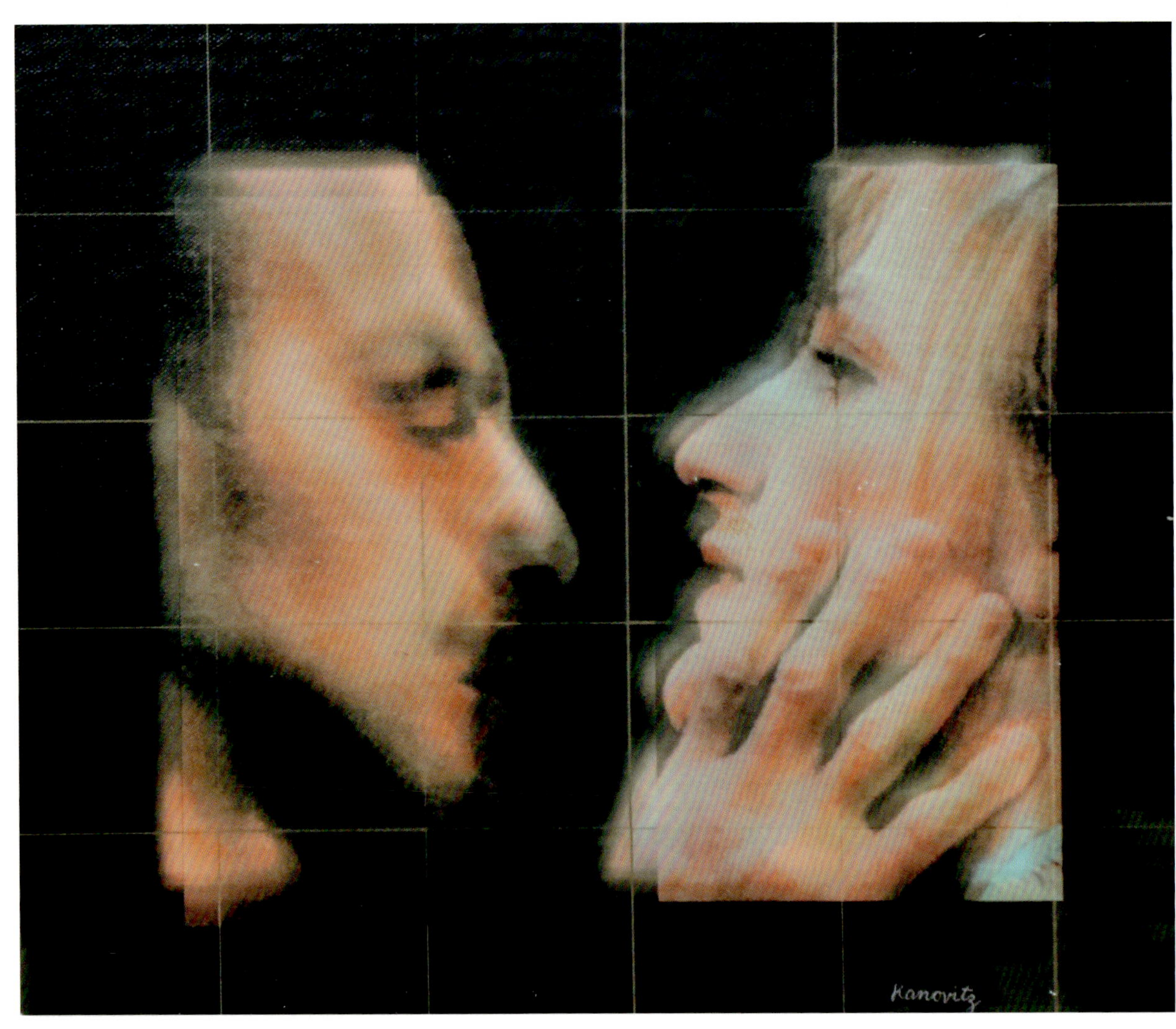

Szene mit dem Schauspieler Stanley Tucci und der Schauspielerin Eddie Falco / Scene with Actors Stanley Tucci and Eddie Falco

um / c. 2000

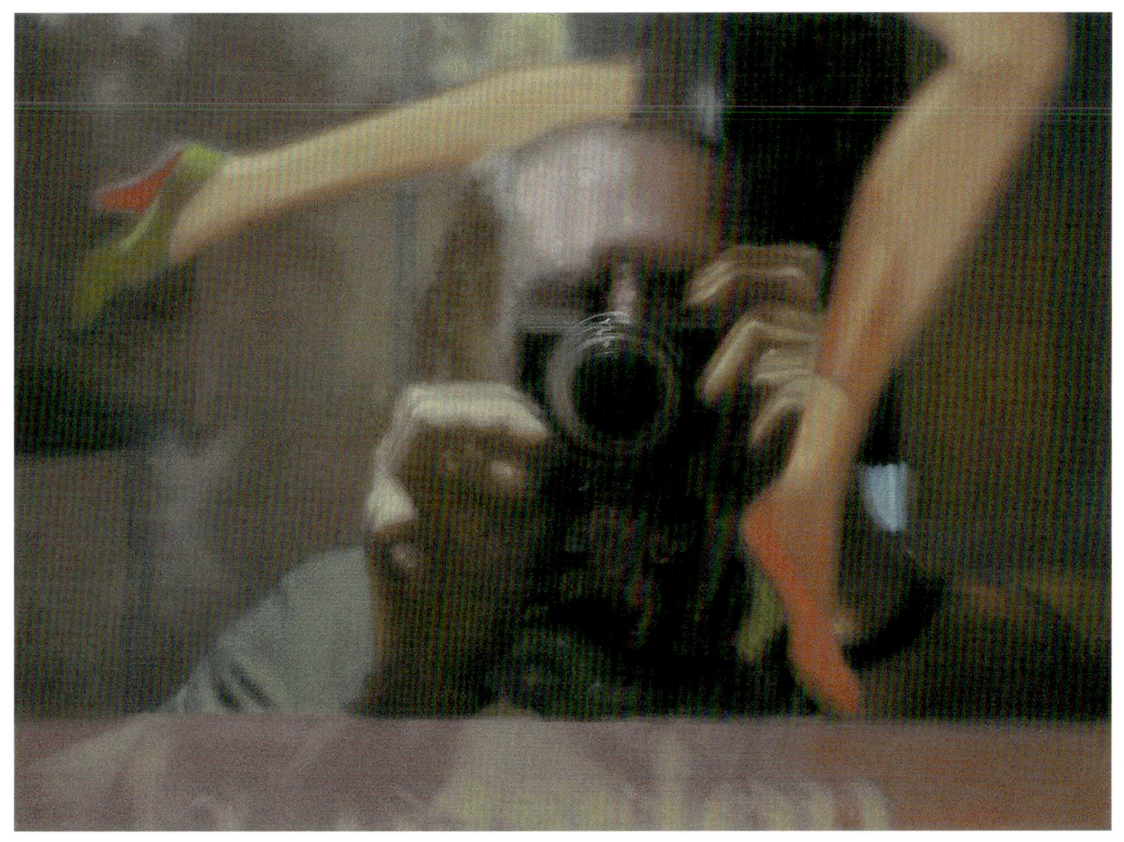

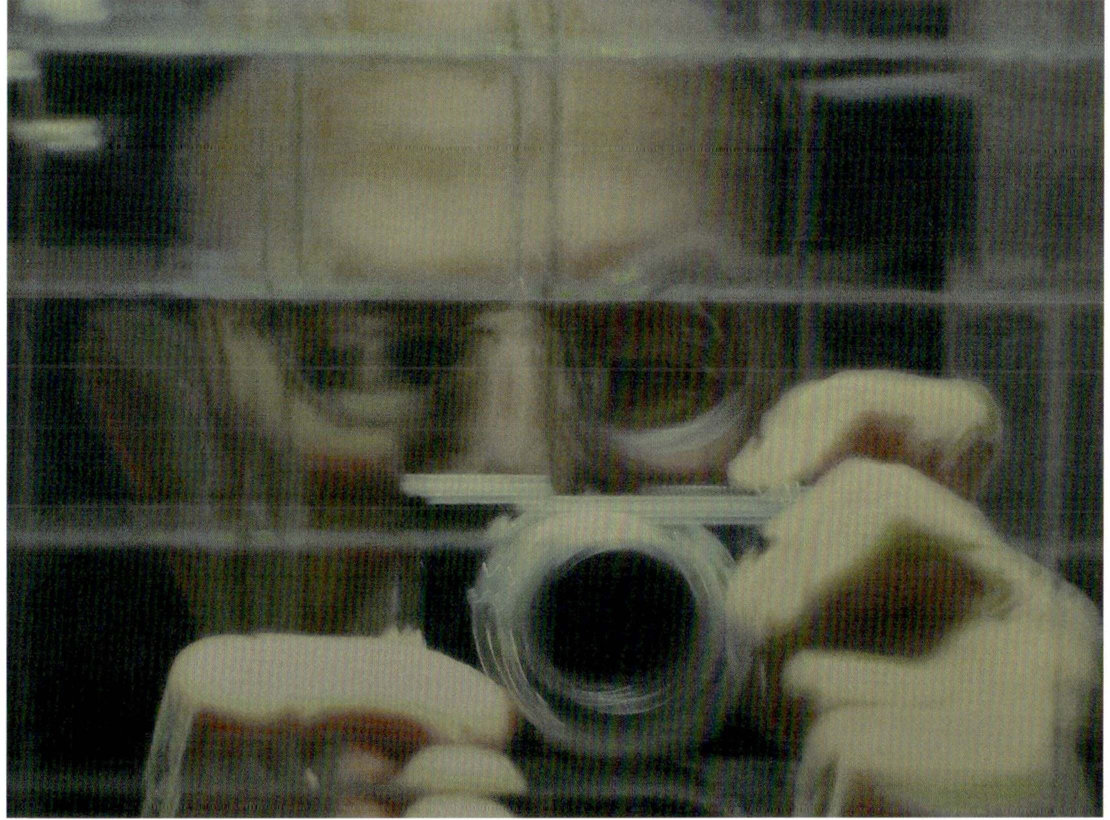

HK van Dongen
2007

Big Head
2007

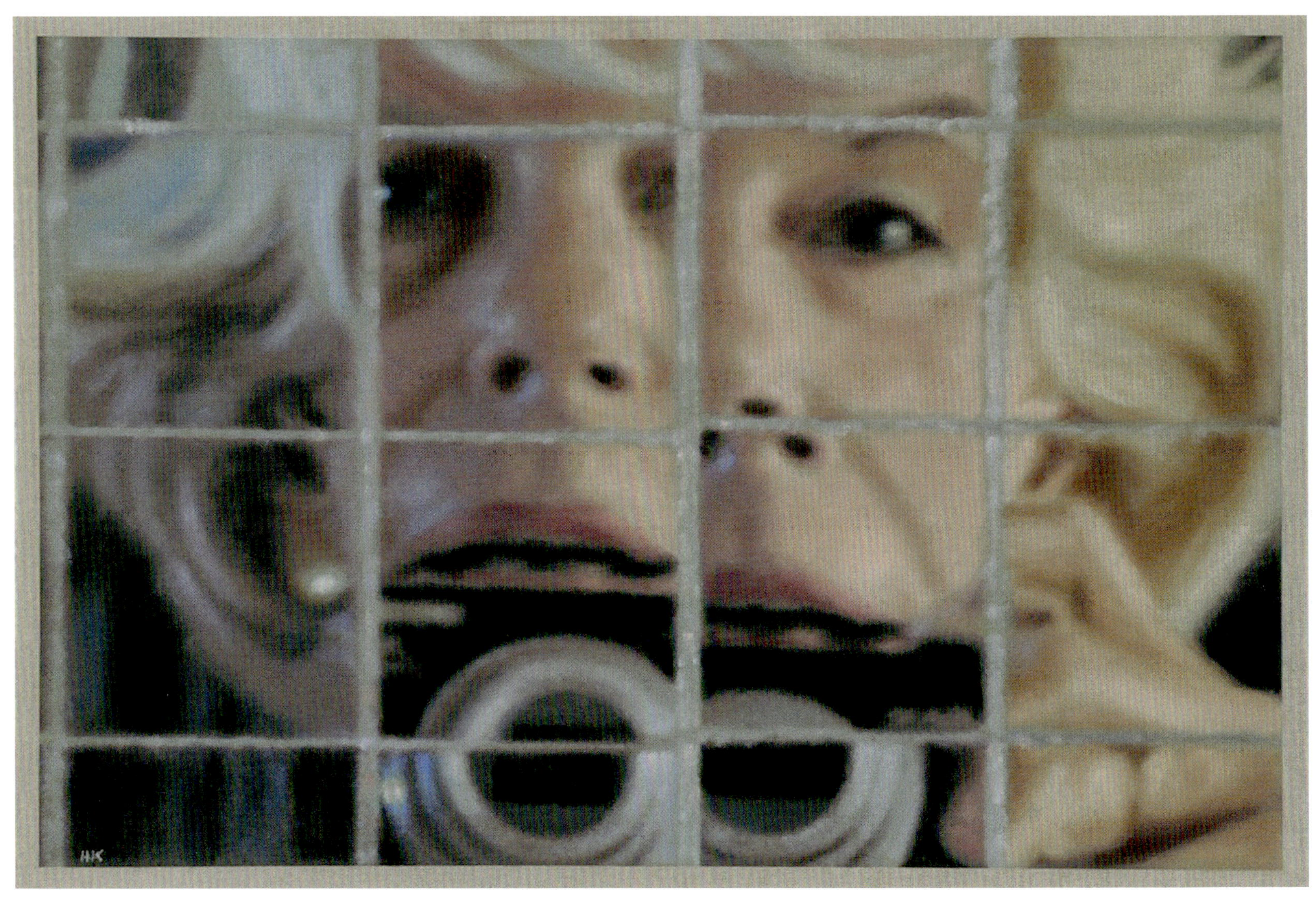

CO Reflected

2007

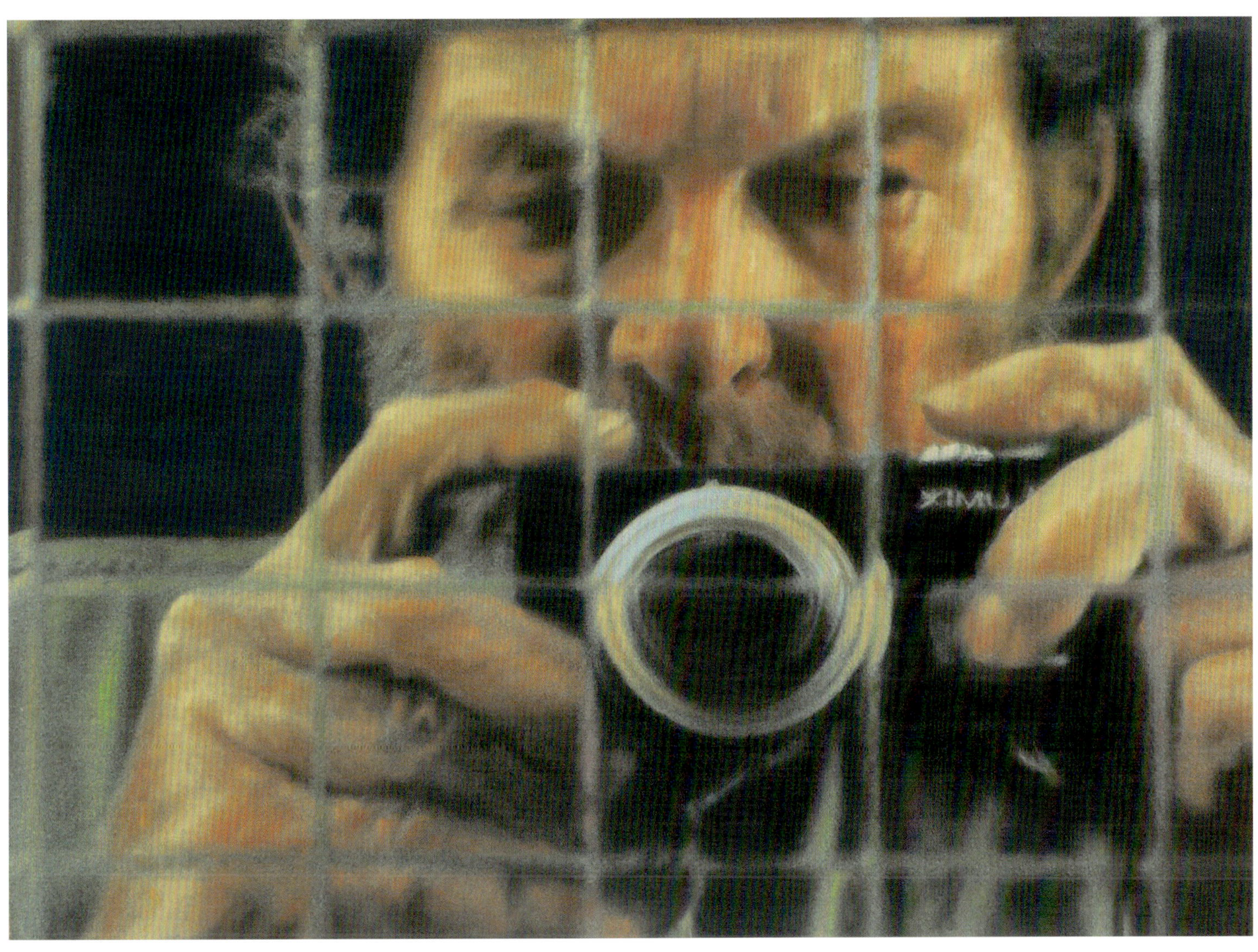

HK Realist

2007

Apparate / Appendices

Liste der Werke

Studie zu *The Lovers* [Sammlung Ludwig, St. Petersburg 1965], um 1965. Bleistift auf Pauspapier, auf Karton montiert, 17,3 × 40 cm. The Howard Kanovitz Foundation, Foto: © Mark R. Hesslinger

Studie zu *Nude Greek Reclining*, 1965. Bleistift auf Karton, Blatt 43 × 55,8 cm. The Howard Kanovitz Foundation, Foto: © Mark R. Hesslinger

Nude Greek Reclining, 1965. Acryl auf Leinwand, 106 × 156 cm. Privatsammlung, Schweden. Foto: The Howard Kanovitz Foundation

Nude Greek Standing, 1965, und *The Man*, 1968. Acryl auf Leinwand, 157,5 × 96,5 cm und Acryl auf Leinwand auf Holz, 162,5 × 55,9 cm. Foto: The Howard Kanovitz Foundation

The Dance, 1965. Acryl auf Leinwand, 203 × 178 cm. Foto: The Howard Kanovitz Foundation

The New Yorkers I, 1965. Acryl auf Leinwand, 177 × 238 cm. Whitney Museum of American Art, New York, Foto: The Howard Kanovitz Foundation

The New Yorkers II, 1966. Acryl auf Leinwand, 177 × 238 cm. Foto: The Howard Kanovitz Foundation

The Drinks, 1966. Acryl auf Leinwand, 86,4 × 111,7 cm. Foto: The Howard Kanovitz Foundation

Studie zu *The Drinks*, 1965. Bleistift auf Papier, 42,8 × 55,8 cm. Foto: The Howard Kanovitz Foundation

Canvas Backs, 1967-68. Acryl auf Leinwand auf Holz, 127 × 177,8 cm. Foto: The Howard Kanovitz Foundation

The Painting Wall. The Water Bucket Stool, 1968. Acryl auf Leinwand, 240 × 295 cm. mumok - Museum moderner Kunst Stiftung Ludwig Wien, Leihgabe der Österreichischen Ludwig-Stiftung

The People (Center), 1968 (vor *The Opening*, 1967). 171,5 × 176 × 10 cm, Acryl auf Leinwand auf Kunststoffplatte, auf Stahlsockel montiert. Wilhelm-Lehmbruck-Museum Duisburg, Foto: © Bernd Kirtz/ Lehmbruck Museum Duisburg

Studien zu *The People*, 1967. Drei Zeichnungen der drei Gruppen mit Maß- und Montierungsangaben, Bleistift auf Pauspapier, je 21,3 × 27,5 cm, Foto-Cut-Outs, diverse Größen, gesamt 90 × 70 cm. The Howard Kanovitz Foundation, Foto: © Helmut Beier

Studie zu *Mazola and Ronzoni*, 1969. Dunkelblaue Heliogravüre in Form einer Strichzeichnung auf dunkelblauem Plattenton, auf leichtem Karton, Probedruck, Motiv 45,8, × 72,5 cm, Blatt 53 × 80,7 cm. The Howard Kanovitz Foundation, Foto: © Helmut Beier

Mazola and Ronzoni, 1969. Acryl auf Leinwand auf Holz, 66 × 122 × 2 cm. Privatsammlung, Schweden. Foto: The Howard Kanovitz Foundation

English Refrigerator, 1969. Lithografie auf Papier, 70 × 101 cm. Sammlung Waechter Berlin, Foto: © Uwe Walter Berlin

American Refrigerator, 1969. Lithografie auf Papier, 70 × 101 cm. Sammlung Waechter Berlin, Foto: © Uwe Walter Berlin

Studie zu *Basketball Players*, 1969. Lithografie auf Papier, 65 × 89 cm. Sammlung Waechter Berlin, Foto: © Uwe Walter Berlin

Britannia Walk, um 1969. Siebdruck, 84/100, 80 × 40 cm. Sammlung Carol Johnssen München, o. Abb.

People, 1970. Siebdruck, 15/75, 70 × 90 cm. Sammlung Carol Johnssen München, Foto: © Antje Hanebeck

Death in Tremé, 1970. Acryl auf Leinwand und Holz, 6-teilig, 2 Wandgemälde und 4 Aufsteller. Privatsammlung, Courtesy Hauser & Wirth, Foto: © Lepkowski Studios GmbH Berlin

Cloud Window, 1970. Acryl und Öl auf Leinwand, Fensterrahmen, 123 × 95 cm. Sammlung Klaus und Anneliese Wolf, Essen

Still Life On 18th Street, 1971. Acryl auf Leinwand, 151 × 228 cm. Privatsammlung, Foto: The Howard Kanovitz Foundation

Doors, 1971. Pastell, ca. 25 × 35 cm. Privatsammlung

Six Pinned To A Wall (Five Possibilities), 1971. Acryl auf Leinwand, 91,5 × 76,2 cm. Foto: The Howard Kanovitz Foundation

Studie zu *Sky Hook* und *One By Threes*, um 1971. Bleistift auf Pauspapier, 47,7 × 27,7 cm. The Howard Kanovitz Foundation, o. Abb.

The Projected Street Scene, 1971-72. Acryl auf Leinwand, 203 × 287 cm. Museum Folkwang Essen, Foto: © Museum Folkwang Essen – Artothek

New Sky With André, 1972. Acryl auf Leinwand, 203 × 151 cm. Foto: The Howard Kanovitz Foundation

The Journal, 1972. Lithografie in Ocker, Grau und Schwarz nach dem Titelblatt des *Ladies' Home Journal*, August 1968, 65 × 44 cm. Sammlung Waechter Berlin, Foto: © Uwe Walter Berlin

Großes Kleinbild, 1972. Acryl auf Leinwand, 76,2 × 101,6 cm. Foto: The Howard Kanovitz Foundation

Studie zu *Maroc*, 1973. Bleistift auf Papier, 97 × 113 cm, The Howard Kanovitz Foundation, Foto: © Paul Nozynski Bochum

Living Room, 1973. Öl auf Leinwand, 140 × 100 cm. Sammlung Klaus und Anneliese Wolf, Essen, Foto: © Helmut Beier

List of Works

Study for *The Lovers* [Ludwig Museum, St Petersburg 1965], c. 1965. Pencil on tracing paper, mounted on card, 17.3 × 40 cm. The Howard Kanovitz Foundation, Photo: © Mark R. Hesslinger

Study for *Nude Greek Reclining*, 1965. Pencil on card, Page 43 × 55.8 cm. The Howard Kanovitz Foundation, Photo: © Mark R. Hesslinger

Nude Greek Reclining, 1965. Acrylic on canvas, 106 × 156 cm. Private collection, Sweden. Photo: The Howard Kanovitz Foundation

Nude Greek Standing, 1965, and *The Man*, 1968. Acrylic on canvas, 157.5 × 96.5 cm and Acrylic on canvas and wood, 162.5 × 55.9 cm. Photo: The Howard Kanovitz Foundation

The Dance, 1965. Acrylic on canvas, 203 × 178 cm. Photo: The Howard Kanovitz Foundation

The New Yorkers I, 1965. Acrylic on canvas, 177 × 238 cm. Whitney Museum of American Art, New York, Photo: The Howard Kanovitz Foundation

The New Yorkers II, 1966. Acrylic on canvas, 177 × 238 cm. Photo: The Howard Kanovitz Foundation

The Drinks, 1966. Acrylic on canvas, 86.4 × 111.7 cm. Photo: The Howard Kanovitz Foundation

Study for *The Drinks*, 1965. Pencil on paper, 42.8 × 55.8 cm. Photo: The Howard Kanovitz Foundation

Canvas Backs, 1967-68. Acrylic on canvas and wood, 127 × 177.8 cm. Photo: The Howard Kanovitz Foundation

The Painting Wall. The Water Bucket Stool, 1968. Acrylic on canvas, 240 × 295 cm. mumok - Museum moderner Kunst Stiftung Ludwig Wien, Loan from the Österreichischen Ludwig-Stiftung

The People (Center), 1968 (in front of *The Opening*, 1967). 171.5 × 176 × 10 cm, Acrylic on canvas mounted on plastic ground and steel plinth. Wilhelm-Lehmbruck-Museum Duisburg, Photo: © Bernd Kirtz/ Lehmbruck Museum Duisburg

Studies for *The People*, 1967. Three drawings of the three groups with measurements and mounting instructions, pencil on tracing paper, each 21.3 × 27.5 cm, photo cut- outs, different sizes, 90 × 70 cm overall. The Howard Kanovitz Foundation, Photo: © Helmut Beier

Study for *Mazola and Ronzoni*, 1969. Dark blue photogravure in the form of a line drawing on a dark blue plate tone, on thin card, Proof print, Image 45.8 × 72.5 cm, Page 53 × 80.7 cm. The Howard Kanovitz Foundation, Photo: © Helmut Beier

Mazola and Ronzoni, 1969. Acrylic on canvas and wood, 66 × 122 × 2 cm. Private collection, Sweden. Photo: The Howard Kanovitz Foundation

English Refrigerator, 1969. Lithograph on paper, 70 × 101 cm. Sammlung Waechter Berlin, Photo: © Uwe Walter Berlin

American Refrigerator, 1969. Lithograph on paper, 70 × 101 cm. Sammlung Waechter Berlin, Photo: © Uwe Walter Berlin

Study for *Basketball Players*, 1969. Lithograph on paper, 65 × 89 cm. Sammlung Waechter Berlin, Photo: © Uwe Walter Berlin

Britannia Walk, c. 1969. Screenprint, 84/100, 80 × 40 cm. Sammlung Carol Johnssen Munich, not illustrated.

People, 1970. Screenprint, 15/75, 70 × 90 cm. Sammlung Carol Johnssen Munich, Photo: © Antje Hanebeck

Death in Tremé, 1970. Acrylic on canvas and wood, 6-part group, 2 wall paintings and 4 shaped canvases. Private collection, Courtesy Hauser & Wirth, Photo: © Lepkowski Studios GmbH, Berlin

Cloud Window, 1970. Acrylic and oil on canvas, window frame, 123 × 95 cm. Sammlung Klaus und Anneliese Wolf, Essen

Still Life On 18th Street, 1971. Acrylic on canvas, 151 × 228 cm. Private collection, Photo: The Howard Kanovitz Foundation

Doors, 1971. Pastel, c. 25 × 35 cm. Private collection

Six Pinned To A Wall (Five Possibilities), 1971. Acrylic on canvas, 91.5 × 76.2 cm. Photo: The Howard Kanovitz Foundation

Study for *Sky Hook* and *One By Threes*, c. 1971. Pencil on tracing paper, 47.7 × 27.7 cm. The Howard Kanovitz Foundation, not illustrated

The Projected Street Scene, 1971-72. Acrylic on canvas, 203 × 287 cm. Museum Folkwang Essen, Photo: © Museum Folkwang Essen – Artothek

New Sky With André, 1972. Acrylic on canvas, 203 × 151 cm. Photo: The Howard Kanovitz Foundation

The Journal, 1972. Lithograph in ochre, grey and black after the title page of the *Ladies' Home Journal*, August 1968, 65 × 44 cm. Sammlung Waechter Berlin, Photo: © Uwe Walter Berlin

Großes Kleinbild, 1972. Acrylic on canvas, 76.2 × 101.6 cm. Photo: The Howard Kanovitz Foundation

Study for *Maroc*, 1973. Pencil on paper, 97 × 113 cm, The Howard Kanovitz Foundation, Photo: © Paul Nozynski Bochum

Living Room, 1973. Oil on canvas, 140 × 100 cm. Sammlung Klaus and Anneliese Wolf, Essen, Photo: © Helmut Beier

Hamptons Drive-In, 1973. Acryl auf Leinwand, 106,5 × 228,5 cm. Foto: The Howard Kanovitz Foundation

East Side Drive, 1974. Acryl auf Leinwand, 106,7 × 228,6 cm. Foto: The Howard Kanovitz Foundation

The Sugar Plum Taxi, 1974. Acryl auf Leinwand, 81 × 127 cm. Foto: The Howard Kanovitz Foundation

Hotel Quai Voltaire, 1974. Acryl auf Leinwand, 157,5 × 228,6 cm. Foto: The Howard Kanovitz Foundation

The Muse, 1975. Acryl auf Leinwand, 81,3 × 152,4 cm. Foto: The Howard Kanovitz Foundation

Studie zu *Cornish View*, 1975. Bleistift auf Papier, 60,5 × 91,4 cm. The Howard Kanovitz Foundation, Foto: © Paul Nozynski Bochum

Bay Taxi, 1976. Wachskreide und Acryl auf Papier, 50 × 64,5 cm. Sammlung Carol Johnssen München, Foto: © Antje Hanebeck

Drawing Room Couple, 1976. Kohle auf bräunlichem Velin, Motiv 57,3 × 40,5 cm, Blatt 77,2 × x 55,9 cm. The Howard Kanovitz Foundation, o. Abb.

Kitchen Couple, 1976. Kohle auf Velin, Motiv 24,8 × 36,5 cm, Blatt 56,8 × 75,8 cm. The Howard Kanovitz Foundation Foto: © Mark R. Hesslinger

Two and One, 1976. Pastell auf Papier, 58 × 82 cm. Sammlung Carol Johnssen München, Foto: © Antje Hanebeck

Fashion Plate, um 1976. Buntstift und Wachskreide auf Papier, 79 × 59 cm. Sammlung Klaus und Anneliese Wolf, Essen, o. Abb.

Man Reading (Rudolph Zwirner), 1976. Buntstift und Wachskreide auf Papier, Motiv 68 × 43 cm, Blatt 78 × 58 cm. Privatsammlung, Foto: © Helmut Beier

Straw Hat, 1976. Wachskreide auf Papier, 46 × 58 cm. Privatsammlung Köln, Foto: © Paul Nozynski Bochum

Plum Jam (Windmill At Antibes), 1976. Pastell auf Papier. Foto: The Howard Kanovitz Foundation

Bread and Books, 1977, Pastellkreide auf Papier, 154 × 112 cm. Privatsammlung Köln, Foto: © Paul Nozynski Bochum

Stop Look, 1977. Pastell auf Papier, 153 × 112 cm. Privatsammlung, Foto: © Tom Jasny

January Day, 1978. Pastellkreide auf Papier, 110,7 × 76 cm. Privatsammlung Köln, o. Abb.

As It Is, 1978. Acryl auf Leinwand, 142 × 330 cm. Sammlung Waechter Berlin, Foto: © Uwe Walter Berlin

Looking at me, 1979. Lithografie auf Papier, 20,4 × 20,4 cm. Sammlung Carol Johnssen München, Foto: © Antje Hanebeck

Plum Jam, 1979. Pastell auf Papier, auf Holz aufgezogen, in Objektrahmen montiert, 43 × 65,5 × 7 cm. Sammlung Waechter Berlin, Foto: © Uwe Walter Berlin

Supermarket Chartres, 1979. Pastell auf Papier, 165 × 115 cm. Privatsammlung, Foto: © Helmut Beier

Supermarket Chartres, 1979. Siebdruck 59/175, Motiv 74 × 53 cm, Blatt 88 × 59 cm. Sammlung Carol Johnssen München, o. Abb.

Berlin Flowers, um 1979. Acryl und Pastell auf Leinwand, 101 × 81 cm. Privatsammlung, Foto: © Helmut Beier

Visible Difference, 1980. Lithografie, 83 × 60 cm. Sammlung Waechter Berlin, Foto: © Uwe Walter Berlin

Hannover Lunch, 1980. Pastellkreide und Kohle auf leichtem Karton, 76 × 121 cm. The Howard Kanovitz Foundation, Foto: © Helmut Beier

Lilo, Studie zu *Hannover Lunch*, 1980. Acryl auf Leinwand, 45,5, × 45,5 cm. The Howard Kanovitz Foundation, Foto: © Helmut Beier

Lilo, Studie zu *Hannover Lunch*, 1980. Bleistiftvorzeichnung, Pastellkreide auf leichtem Karton, Blatt 46 × 37,3 cm. The Howard Kanovitz Foundation, Foto: © Mark R. Hesslinger

Lilo, Tracing für *Hannover Lunch*, 1980. Umriss- und Binnenlinienzeichnung zur Übertragung, Bleistift und roter Kugelschreiber auf Pauspapier, Blatt 40,2 × 47 cm. The Howard Kanovitz Foundation, Foto: © Mark R. Hesslinger

Lilo, Studien zu *Hannover Lunch*, 1980. Drei gemeinsam montierte Zeichnungen, Rötel und Kreide auf Papier, je ca. 27,5 × 20,5 cm, montiert auf Karton, 46,8 × 81,3 cm. The Howard Kanovitz Foundation, o. Abb.

Kopfstudie einer Frau zu *Hannover Lunch*, um 1980. Kohle auf cremefarbenem Velin, 32,5 × 25 cm. The Howard Kanovitz Foundation, Foto: © Mark R. Hesslinger

Kopfstudie einer Frau zu *Hannover Lunch*, um 1980. Pastellkreide auf leichtem cremefarbenem Karton, Blatt 29,2 × 38,9 cm. The Howard Kanovitz Foundation, Foto: © Mark R. Hesslinger

Kopfstudie einer Frau im Dreiviertelprofil zu *Hannover Lunch*, um 1980. Pastell auf cremefarbenem Karton, 37 × 30,6 cm. The Howard Kanovitz Foundation, o. Abb.

Kopfstudie eines Mannes zu *Hannover Lunch* (?) und *If It Be*, um 1980. Kohle auf elfenbeinfarbenem Velin, Blatt 32,4 × 24,8 cm. The Howard Kanovitz Foundation, Foto: © Mark R. Hesslinger

Kopfstudie eines Mannes zu *Hannover Lunch* (?) und *If It Be*, um 1980. Pastell auf cremefarbenem Karton, 38,2 × 29,7 cm. The Howard Kanovitz Foundation, o. Abb.

If It Be, 1981, Acryl auf Leinwand, 198 × 292 cm. Sprengel Museum, Hannover, Foto: © Michael Herling, Aline Gwose / bpk, Sprengel Museum, Hannover

Lola Waiting (Big Red Grand), 1981. Pastell auf Papier, 75 × 112 cm. Privatsammlung, Foto: © Helmut Beier

What Did Bani Sadr Say, 1982. Acryl auf Leinwand, 198 × 159 cm. Sammlung Waechter Berlin, Foto: © Uwe Walter Berlin

Full Moon Doors III, 1984. Pastell auf Papier, 76,2 × 55,8 cm. The Howard Kanovitz Foundation, Foto: © Paul Nozynski Bochum

Hamptons Drive-In, 1973. Acrylic on canvas, 106.5 × 228.5 cm. Photo: The Howard Kanovitz Foundation

East Side Drive, 1974. Acrylic on canvas, 106.7 × 228.6 cm. Photo: The Howard Kanovitz Foundation

The Sugar Plum Taxi, 1974. Acrylic on canvas, 81 × 127 cm. Photo: The Howard Kanovitz Foundation

Hotel Quai Voltaire, 1974. Acrylic on canvas, 157.5 × 228.6 cm. Photo: The Howard Kanovitz Foundation

The Muse, 1975. Acrylic on canvas, 81.3 × 152.4 cm. Photo: The Howard Kanovitz Foundation

Study for *Cornish View*, 1975. Pencil on paper, 60.5 × 91.4 cm. The Howard Kanovitz Foundation, Photo: © Paul Nozynski Bochum

Bay Taxi, 1976. Crayon and acrylic on paper, 50 × 64.5 cm. Sammlung Carol Johnssen Munich, Photo: © Antje Hanebeck

Drawing Room Couple, 1976. Charcoal on brownish wove paper, Image 57.3 × 40.5 cm, Page 77.2 × 55.9 cm. The Howard Kanovitz Foundation, not illustrated

Kitchen Couple, 1976. Charcoal on wove paper, Image 24.8 × 36.5 cm, Page 56.8 × 75.8 cm. The Howard Kanovitz Foundation, not illustrated

Two and One, 1976. Pastel on paper, 58 × 82 cm. Sammlung Carol Johnssen Munich, Photo: © Antje Hanebeck

Fashion Plate, c. 1976. Coloured pencil and crayon on paper, 79 × 59 cm. Sammlung Klaus and Anneliese Wolf, Essen, not illustrated

Man Reading (Rudolph Zwirner), 1976. Coloured pencil and crayon on paper, Image 68 × 43 cm, Page 78 × 58 cm. Private collection, Photo: © Helmut Beier

Straw Hat, 1976. Crayon on paper, 46 × 58 cm. Private collection Cologne, Photo: © Paul Nozynski Bochum

Plum Jam (Windmill At Antibes), 1976. Pastel on paper. Photo: The Howard Kanovitz Foundation

Bread and Books, 1977. 154 × 112 cm, Pastel chalk on paper. Private collection Cologne, Photo: © Paul Nozynski Bochum

Stop Look, 1977. Pastel on paper, 153 × 112 cm. Private collection, Photo: © Tom Jasny

January Day, 1978. Pastel chalk on paper, 110.7 × 76 cm. Private collection Cologne, not illustrated

As It Is, 1978. Acrylic on canvas, 142 × 330 cm. Sammlung Waechter Berlin, Photo: © Uwe Walter Berlin

Looking at me, 1979. Lithograph on paper, 20.4 × 20.4 cm. Sammlung Carol Johnssen Munich, Photo: © Antje Hanebeck

Plum Jam, 1979. Pastel on paper, and wood framed, 43 × 65.5 × 7 cm. Sammlung Waechter Berlin, Photo: © Uwe Walter Berlin

Supermarket Chartres, 1979. Pastel on paper, 165 × 115 cm. Private collection, Photo: © Helmut Beier

Supermarket Chartres, 1979. Screenprint 59/175, Image 74 × 53 cm, Page 88 × 59 cm. Sammlung Carol Johnssen Munich, not illustrated

Berlin Flowers, c. 1979. Acrylic and pastel on canvas, 101 × 81 cm. Private collection, Photo: © Helmut Beier

Visible Difference, 1980. Lithograph, 83 × 60 cm. Sammlung Waechter Berlin, Photo: © Uwe Walter Berlin

Hannover Lunch, 1980. Pastel chalks and charcoal on thin card, 76 × 121 cm. The Howard Kanovitz Foundation, Photo: © Helmut Beier

Lilo, Study for *Hannover Lunch*, 1980. Acrylic on canvas, 45.5, × 45.5 cm. The Howard Kanovitz Foundation, Photo: © Helmut Beier

Lilo, Study for *Hannover Lunch*, 1980. pencil preparatory sketch, pastel chalks on thin card, page 46 × 37.3 cm. The Howard Kanovitz Foundation, Photo: © Mark R. Hesslinger

Lilo, Tracing for *Hannover Lunch*, 1980. Drawing with contour and internal lines for transfer, pencil and red ballpoint pen on tracing paper, Page 40.2 × 47 cm. The Howard Kanovitz Foundation, Photo: © Mark R. Hesslinger

Lilo, Studies for *Hannover Lunch*, 1980. Three drawings mounted together, Sanguine and chalk on paper, each c. 27.5 × 20.5 cm, mounted on card, 46.8 × 81.3 cm. The Howard Kanovitz Foundation, not illustrated

Female head study for *Hannover Lunch*, c. 1980. Charcoal on cream wove paper, 32.5 × 25 cm. The Howard Kanovitz Foundation, Photo: © Mark R. Hesslinger

Female head study for *Hannover Lunch*, c. 1980. Pastel chalks on light cream-coloured card, Page 29.2 × 38.9 cm. The Howard Kanovitz Foundation, Photo: © Mark R. Hesslinger

Study of woman's head in three-quarter profile for *Hannover Lunch*, c. 1980. Pastel on cream-coloured card, 37 × 30.6 cm. The Howard Kanovitz Foundation, not illustrated

Male head study for *Hannover Lunch* (?) and *If It Be*, c. 1980. Charcoal on ivory-coloured wove paper, Page 32.4 × 24.8 cm. The Howard Kanovitz Foundation, Photo: © Mark R. Hesslinger

Male head study for *Hannover Lunch* (?) and *If It Be*, c. 1980. Pastel on cream-coloured card, 38.2 × 29.7 cm. The Howard Kanovitz Foundation, not illustrated

If It Be, 1981, Acrylic on canvas, 198 × 292 cm. Sprengel Museum, Hannover, Photo: © Michael Herling, Aline Gwose / bpk, Sprengel Museum, Hannover

Lola Waiting (Big Red Grand), 1981. Pastel on paper, 75 × 112 cm. Private collection, Photo: © Helmut Beier

What Did Bani Sadr Say, 1982. Acrylic on canvas, 198 × 159 cm. Sammlung Waechter Berlin, Photo: © Uwe Walter Berlin

Full Moon Doors III, 1984. Pastel on paper, 76.2 × 55.8 cm. The Howard Kanovitz Foundation, Photo: © Paul Nozynski Bochum

Full Moon Doors IV, 1984. Pastell auf Papier, 75 × 111,25 cm. The Howard Kanovitz Foundation, Foto: © Paul Nozynski Bochum

Moonlit Wall, 1984. Acryl auf Leinwand, 273 × 273 cm. Galerie Inge Baecker, Bad Münstereifel, Foto: © Paul Nozynski Bochum

Flowers of Moonlit Wall, 1985. Pastell auf Papier, 56 × 77 cm. The Howard Kanovitz Foundation, o. Abb.

Studie zu *The East 13th Street Band*, um 1985. Ausgeschnittene und mit Wachskreiden überarbeitete Grafik (Siebdruck), darüber der Schriftzug der Band in Wachskreide auf festem Transparentpapier. The Howard Kanovitz Foundation, Foto: © Mark R. Hesslinger

The East Thirteenth Street Band. Howard Kanovitz, Larry Rivers, 1985. Entwurf für Langspielplatten-Cover, Druck signiert von Howard Kanovitz und Larry Rivers, 82 × 60 cm. Sammlung Waechter Berlin, Foto:© Uwe Walter Berlin

Night Silhouette I, 1986. Kohle auf Papier, 113 × 76,7 cm. The Howard Kanovitz Foundation, Foto: © Paul Nozynski Bochum

Cessna-Flugzeug vor blau-bewölktem Himmel, um 1987. Pastell auf Papier, Collage, 27,5 × 35,1 cm. The Howard Kanovitz Foundation, o. Abb.

Cessna-Flugzeug, um 1987. Bleistift auf Transparency, 23,6 × 47,9 cm. The Howard Kanovitz Foundation, o. Abb.

Walker's View, 1987. Pastell auf Leinwand, 80 × 102 cm. Privatsammlung, Foto: © Helmut Beier

Dark Monet, 1987. Pastell auf Papier, 110 × 76 cm. Privatsammlung, Foto: © Helmut Beier

Highgate Tombs, 1988. Kohle auf Papier, 48 × 63 cm. The Howard Kanovitz Foundation, o. Abb.

Studie zu *The Town At The River*, 1988. Kohle, Tusche, Pastell auf Papier, 51,25 × 38 cm. The Howard Kanovitz Foundation, Foto: © Paul Nozynski Bochum

Isle, 1989. Acryl auf Leinwand, Polymer, Holz, 127 × 197 × 12 cm. Galerie Inge Baecker, Bad Münstereifel, Foto: © Paul Nozynski Bochum

River Edge, 1989. Objekt, 207 × 170 cm. The Howard Kanovitz Foundation, Foto: © Paul Nozynski Bochum

Studie zu *Harbour*, 1989. Pastell auf Papier, 113 × 75 cm. The Howard Kanovitz Foundation, Foto: © Paul Nozynski Bochum

Night Sailboat, 1989. Pastell auf Papier, 111,25 × 75 cm. The Howard Kanovitz Foundation, Foto: © Paul Nozynski Bochum

Howard Kanovitz, *Selbstbildnis*, um 1990. Pastell. The Howard Kanovitz Foundation

Bronze Sky, 1991. Pastell auf Papier, 30,5 × 68,8 cm. The Howard Kanovitz Foundation, Foto: © Paul Nozynski Bochum

Tree Standing by the Water, 1991. Pastell auf Papier, 86,3 × 56 cm. The Howard Kanovitz Foundation, Foto: © Paul Nozynski Bochum

Ellen Adler's Tree, 1991. Pastell auf Papier, 76,3 × 56,5 cm. The Howard Kanovitz Foundation, Foto: © Paul Nozynski Bochum

The Gideon, 1991. Objekt, Acryl auf Polymerrelief, 59,4 × 110,2 cm. The Howard Kanovitz Foundation, o. Abb.

Red Sky in the Morning, 1991. Kohle auf Papier, 76,5 × 112,4 cm. The Howard Kanovitz Foundation, Foto: © Paul Nozynski Bochum

Travel with Elizabeth, 1992. Kohle, Acryl auf Papier, auf Leinwand, 75 × 112 cm. Privatsammlung Köln, Foto: © Paul Nozynski Bochum

Palladio, 1992. Acryl und Mischtechnik auf Leinwand, Polymer und Holz, 40 × 244 × 8 cm. Sammlung Dr. Hans Custodis Köln, Foto: © Van Ham Kunstauktionen/Sasa Fuis

Yellow Tatti, 1993. Pastell auf Papier, 57,8 × 77,5 cm. The Howard Kanovitz Foundation, Foto: © Paul Nozynski Bochum

I Tatti, 1993. Acryl auf Leinwand, 125 × 186 cm. Galerie Inge Baecker, Bad Münstereifel, Foto: © Paul Nozynski Bochum

A Day's Dream Travel, 1994. Multiple, 107 × 74 × 16 cm. Auflage 30, Edition Galerie Ulrich Gering, Frankfurt a. M., Privatsammlung

Travelling, 1994. Grafik, 45 × 31 cm. Sammlung Waechter Berlin, Foto: © Uwe Walter Berlin

Exhibition Space, um 1995. Grafik, 45 × 31 cm. Sammlung Waechter Berlin, Foto: © Uwe Walter Berlin

Starring Mickey and Gil, 1995. Kohle auf Papier, 76,4 × 81,9 cm. The Howard Kanovitz Foundation, Foto: © Paul Nozynski Bochum

Riverbird, 1996. Pastell auf Papier, 67,3 × 103,2 cm. The Howard Kanovitz Foundation, Foto: © Paul Nozynski Bochum

One Need Never Leave, 1996. Pastell auf Papier, 73,7 × 104,5 cm. The Howard Kanovitz Foundation, Foto: © Paul Nozynski Bochum

City Of The Sea, 1996. Pastell auf Papier, 65,5 × 104,2 cm. The Howard Kanovitz Foundation, Foto: © Paul Nozynski Bochum

Brother And Sister, 1996-97. Pastell auf Papier, 56,9 × 77 cm. The Howard Kanovitz Foundation, o. Abb.

Profiles of K. T., Studie zu *Wie es war*, um 1996. Wachskreide auf Papier, 45 × 36 cm. Sammlung Waechter Berlin, Foto: © Uwe Walter Berlin

Marlene, 1996. Wachskreide auf Papier, 112 × 76 cm. Sammlung Waechter Berlin, Foto: © Uwe Walter Berlin

Double Grosz II, 1996. Studie zu *Wie es war* (1997), Kohle auf leichtem Karton, Blatt 43,3 × 61 cm. The Howard Kanovitz Foundation, Foto: © Mark R. Hesslinger

Studie nach George Grosz zu *Wie es war*, um 1996. Kohle und weiße Kreide auf Papier, auf Platte, 38 × 28 cm, The Howard Kanovitz Foundation, o. Abb.

Studie *Double Grosz* zu *Wie es war*, um 1996. Cut-Out, Kohle auf Papier, auf Platte, 32,5 × 34,5 cm. The Howard Kanovitz Foundation, Foto: © Helmut Beier

Full Moon Doors IV, 1984. Pastel on paper, 75 × 111.25 cm. The Howard Kanovitz Foundation, Photo: © Paul Nozynski Bochum

Moonlit Wall, 1984. Acrylic on canvas, 273 × 273 cm. Galerie Inge Baecker, Bad Münstereifel, Photo: © Paul Nozynski Bochum

Flowers of Moonlit Wall, 1985. Pastel on paper, 56 × 77 cm. The Howard Kanovitz Foundation, not illustrated

Study for *The East 13th Street Band*, c. 1985. crayon on top of cut-out screenprint, band logo in crayon on thick transparency paper. The Howard Kanovitz Foundation, Photo: © Mark R. Hesslinger

The East Thirteenth Street Band. Howard Kanovitz, Larry Rivers, 1985. Design for LP album cover, print signed by Howard Kanovitz and Larry Rivers, 82 × 60 cm. Sammlung Waechter Berlin, Photo:© Uwe Walter Berlin

Night Silhouette I, 1986. Charcoal on paper, 113 × 76.7 cm. The Howard Kanovitz Foundation, Photo: © Paul Nozynski Bochum

Cessna-Flugzeug vor blau-bewölktem Himmel, c. 1987. Pastel on paper, Collage, 27.5 × 35,1 cm. The Howard Kanovitz Foundation, not illustrated

Cessna-Flugzeug, c. 1987. Pencil on transparency, 23.6 × 47.9 cm. The Howard Kanovitz Foundation, not illustrated

Walker's View, 1987. Pastel on canvas, 80 × 102 cm. Private collection, Photo: © Helmut Beier

Dark Monet, 1987. Pastel on paper, 110 × 76 cm. Private collection, Photo: © Helmut Beier

Highgate Tombs, 1988. Charcoal on paper, 48 × 63 cm. The Howard Kanovitz Foundation, not illustrated

Study for *The Town At The River*, 1988. Charcoal, ink wash, pastel on paper, 51.25 × 38 cm. The Howard Kanovitz Foundation, Photo: © Paul Nozynski Bochum

Isle, 1989. Acrylic on canvas, polymer, wood, 127 × 197 × 12 cm. Galerie Inge Baecker, Bad Münstereifel, Photo: © Paul Nozynski Bochum

River Edge, 1989. Object, 207 × 170 cm. The Howard Kanovitz Foundation, Photo: © Paul Nozynski Bochum

Study for *Harbour*, 1989. Pastel on paper, 113 × 75 cm. The Howard Kanovitz Foundation, Photo: © Paul Nozynski Bochum

Night Sailboat, 1989. Pastel on paper, 111.25 × 75 cm. The Howard Kanovitz Foundation, Photo: © Paul Nozynski Bochum

Howard Kanovitz, Self-portrait, c. 1990. Pastel. The Howard Kanovitz Foundation

Bronze Sky, 1991. Pastel on paper, 30.5 × 68.8 cm. The Howard Kanovitz Foundation, Photo: © Paul Nozynski Bochum

Tree Standing by the Water, 1991. Howard Kanovitz Foundation, Photo: © Paul Nozynski Bochum

Ellen Adler's Tree, 1991. Pastel on paper, 76.3 × 56.5 cm. The Howard Kanovitz Foundation, Photo: © Paul Nozynski Bochum

The Gideon, 1991. Object, Acrylic on polymer relief, 59.4 × 110.2 cm. The Howard Kanovitz Foundation, not illustrated

Red Sky in the Morning, 1991. Charcoal on paper, 76.5 × 112.4 cm. The Howard Kanovitz Foundation, Photo: © Paul Nozynski Bochum

Travel with Elizabeth, 1992. Charcoal, acrylic on paper, on canvas, 75 × 112 cm. Private collection Cologne, Photo: © Paul Nozynski Bochum

Palladio, 1992. Acrylic and mixed media on canvas, polymer and wood, 40 × 244 × 8 cm. Sammlung Dr. Hans Custodis Cologne, Photo: © Van Ham Kunstauktionen/ Sasa Fuis

Yellow Tatti, 1993. Pastel on paper, 57.8 × 77.5 cm. The Howard Kanovitz Foundation, Photo: © Paul Nozynski Bochum

I Tatti, 1993. Acrylic on canvas, 125 × 186 cm. Galerie Inge Baecker, Bad Münstereifel, Photo: © Paul Nozynski Bochum

A Day's Dream Travel, 1994. Multiple, 107 × 74 × 16 cm. Part of a 30 copy edition, Galerie Ulrich Gering, Frankfurt a. M., Private collection

Travelling, 1994. Graphic work, 45 × 31 cm. Sammlung Waechter Berlin, Photo: © Uwe Walter Berlin

Exhibition Space, c. 1995. Graphic work, 45 × 31 cm. Sammlung Waechter Berlin, Photo: © Uwe Walter Berlin

Starring Mickey and Gil, 1995. Charcoal on paper, 76.4 × 81.9 cm. The Howard Kanovitz Foundation, Photo: © Paul Nozynski Bochum

Riverbird, 1996. Pastel on paper, 67.3 × 103.2 cm. The Howard Kanovitz Foundation, Photo: © Paul Nozynski Bochum

One Need Never Leave, 1996. Pastel on paper, 73.7 × 104.5 cm. The Howard Kanovitz Foundation, Photo: © Paul Nozynski Bochum

City Of The Sea, 1996. Pastel on paper, 65.5 × 104.2 cm. The Howard Kanovitz Foundation, Photo: © Paul Nozynski Bochum

Brother And Sister, 1996-97. Pastel on paper, 56.9 × 77 cm. The Howard Kanovitz Foundation, not illustrated

Profiles of K. T., Study for *Wie Es War*, c. 1996. Crayon on paper, 45 × 36 cm. Sammlung Waechter Berlin, Photo: © Uwe Walter Berlin

Marlene, 1996. Crayon on paper, 112 × 76 cm. Sammlung Waechter Berlin, Photo: © Uwe Walter Berlin

Double Grosz II, 1996. Study for *Wie Es War* (1997), Charcoal on thin card, Page 43.3 × 61 cm. The Howard Kanovitz Foundation, Photo: © Mark R. Hesslinger

Studies after George Grosz for *Wie Es War*, c. 1996. Charcoal and white chalk on paper, on board, 38 × 28 cm, The Howard Kanovitz Foundation, not illustrated

Double Grosz studies for *Wie Es War*, c. 1996. Cut-Out, charcoal on paper, on board, 32.5 × 34.5 cm. The Howard Kanovitz Foundation, Photo: © Helmut Beier

Boxkampf zwischen Joe Louis („The brown bomber") und Max Schmeling, Studie zu *Wie es war*, um 1996. Cut-Out, Kohle auf Papier, auf Platte, 30,2 × 21 cm. The Howard Kanovitz Foundation, Foto: © Helmut Beier

Wie es war, 1997. Acryl auf Leinwand bzw. Holz, Gemälde 230 × 372 cm, Cut-Out 200 × 77 × 29 cm. Sammlung Waechter Berlin, Foto: © Uwe Walter Berlin

Hudson On A Cold Night, 1997. Pastell auf Papier, 54 × 75,9 cm. The Howard Kanovitz Foundation, Foto: © Paul Nozynski Bochum

East River Queens Bridge, 1997. Pastell auf Papier, 56,6 × 76,2 cm. The Howard Kanovitz Foundation, Foto: © Paul Nozynski Bochum

Breakwater II, 1997. Pastell auf Papier, 113,4 × 77,5 cm. The Howard Kanovitz Foundation, Foto: © Paul Nozynski Bochum

After Rainbird, 1998. Pastell auf Papier, 46,7 × 113,4 cm. The Howard Kanovitz Foundation, o. Abb.

Dog At Sea, 1998. Pastell auf Papier, 58,5 × 92,4 cm. The Howard Kanovitz Foundation, Foto: © Paul Nozynski Bochum

Near By Pharos, 1998. Pastell auf Papier, 71,8 × 173,5 cm. The Howard Kanovitz Foundation, Foto: © Paul Nozynski Bochum

Famille Gris, 1998. Pastell auf Papier, 71,8 × 173,4 cm. The Howard Kanovitz Foundation, Foto: © Paul Nozynski Bochum

Szene mit dem Schauspieler Stanley Tucci und der Schauspielerin Eddie Falco, Nahaufnahme der Köpfe unter Gitterraster, um 2000. Acryl auf Leinwand, auf MDF-Platte, 29,1, × 31,2 cm. The Howard Kanovitz Foundation, Foto: © Helmut Beier

Selbstbildnis vor *Rain (in 12 parts)*, 2004. Fotograf: Howard Kanovitz, Farbfotografie. The Howard Kanvovitz Foundation

HK van Dongen, 2007. Inkjet und Pastell auf Papier, 47,5 × 63,5 cm. Galerie Ulrich Gering Frankfurt a. M.

Big Head, 2007. Installation, Inkjet Print auf Leinwand, ca. 200 × 250 cm. Galerie Ulrich Gering, Frankfurt a. M., o. Abb.

CO Horizontal, 2007. Installation, Inkjet Print auf Leinwand, ca. 120 × 300 cm. Galerie Ulrich Gering Frankfurt a. M., o. Abb.

CO Reflected, 2007. Inkjet und Pastell auf Papier, 18 × 25 cm. Galerie Ulrich Gering Frankfurt a. M.

HK Realist, 2007. Inkjet und Pastell auf Papier, 34 × 46 cm. Galerie Ulrich Gering Frankfurt a. M.

Letztes Selbstbildnis, 2008. Fotograf: Howard Kanovitz, Farbfotografie. The Howard Kanovitz Foundation

Boxing match between Joe Louis ("The Brown Bomber") and Max Schmeling, Study for *Wie Es War*, c. 1996. Cut-out, charcoal on paper, on board, 30.2 × 21 cm. The Howard Kanovitz Foundation, Photo: © Helmut Beier

Wie Es War, 1997. Acrylic on canvas or wood, Painting 230 × 372 cm, Cut-Out 200 × 77 × 29 cm. Sammlung Waechter Berlin, Photo: © Uwe Walter Berlin

Hudson On A Cold Night, 1997. Pastel on paper, 54 × 75.9 cm. The Howard Kanovitz Foundation, Photo: © Paul Nozynski Bochum

East River Queens Bridge, 1997. Pastel on paper, 56.6 × 76.2 cm. The Howard Kanovitz Foundation, Photo: © Paul Nozynski Bochum

Breakwater II, 1997. Pastel on paper, 113.4 × 77.5 cm. The Howard Kanovitz Foundation, Photo: © Paul Nozynski Bochum

After Rainbird, 1998. Pastel on paper, 46.7 × 113.4 cm. The Howard Kanovitz Foundation, not illustrated

Dog At Sea, 1998. Pastel on paper, 58.5 × 92.4 cm. The Howard Kanovitz Foundation, Photo: © Paul Nozynski Bochum

Near By Pharos, 1998. Pastel on paper, 71.8 × 173.5 cm. The Howard Kanovitz Foundation, Photo: © Paul Nozynski Bochum

Famille Gris, 1998. Pastel on paper, 71.8 × 173.4 cm. The Howard Kanovitz Foundation, Photo: © Paul Nozynski Bochum

Scene with actors Stanley Tucci and Eddie Falco, Close-up of heads under grid, c. 2000. Acrylic on canvas, on MDF-board, 29,1, × 31.2 cm. The Howard Kanovitz Foundation, Photo: © Helmut Beier

Self-portrait in front of *Rain (in 12 parts)*, 2004. Photo: Howard Kanovitz, colour photograph. The Howard Kanvovitz Foundation

HK van Dongen, 2007. Inkjet and pastel on paper, 47.5 × 63.5 cm. Galerie Ulrich Gering Frankfurt a. M.

Big Head, 2007. Installation, Inkjet print on canvas, c. 200 × 250 cm. Galerie Ulrich Gering, Frankfurt a. M., not illustrated

CO Horizontal, 2007. Installation, Inkjet print on canvas, c. 120 × 300 cm. Galerie Ulrich Gering Frankfurt a. M., not illustrated

CO Reflected, 2007. Inkjet and pastel on paper, 18 × 25 cm. Galerie Ulrich Gering Frankfurt a. M.

HK Realist, 2007. Inkjet and Pastel on Paper, 34 × 46 cm. Galerie Ulrich Gering Frankfurt a. M.

Last self-portrait, 2008. Photo: Howard Kanovitz, colour photograph. The Howard Kanovitz Foundation

Biografie

9. Februar 1929
Geboren in Fall River, Massachusetts, als Sohn litauischer, vor Judenpogromen aus Wilna geflohener Eltern.

1943-50
Reist als Jazz-Posaunist durch die USA. Kanovitz war Jazz-Posaunist. Ende der vierziger Jahre gründet er seine eigene Band, The Earl Kay Quartett. Der Schlagzeuger Athos Zacharias, der gleichzeitig Malerei studiert, regt Howard Kanovitz dazu an, sich ebenfalls an der Kunsthochschule einzuschreiben.

1945-49
Studiert am Providence College, Providence.

1949
Bachelor of Science, B.S.

1949-51
Studiert Malerei an der Rhode Island School of Design, Providence.

1951
Zieht nach New York und studiert an der New School for Social Research, New York.

1951-52
Assistent von Yasuo Kuniyoshi (1893-1953) in Woodstock und von Franz Kline (1910-1962) in New York.
Komme in New York an, richte ein Atelier ein, treffe andere junge Maler und die Abstrakten Expressionisten, unter ihnen Franz Kline. Werde sein Schüler und Assistent. Teile die Zeit zwischen Malerei und einem Studium an der New School for Social Research. Arbeit beeinflusst durch die Bilder, die in der Ninth Street Show ausgestellt werden.

1951-56
Arbeitet als Schaufensterdekorateur für das Department Store B. Altman & Co. in New York und seit 1952 als freier Künstler.

1952-55
Beginne mit der Teilnahme an Gruppenausstellungen. Die Bilder dieser Jahre sind großformatig, starkfarbig, die Farbe dick und in breiten Pinselstrichen aufgetragen. Figurative und narrative Qualitäten werden ebenso vermieden wie komplizierte Techniken und das verfeinerte Detail.

1956-58
Reist durch Frankreich, Italien, Spanien und Marokko.
Gehe von New York nach Europa. Reise und male, mache viele Skizzen und Aquarelle in Museen. Finde später ein Atelier in Florenz und beginne, nach der Natur zu malen und zu zeichnen. Das Interesse für klassische Zeichnungen und Malerei beeinflusst den abstrakt expressionistischen Stil der frühen fünfziger Jahre.

1958-62
Kehre nach New York zurück und arbeite an einer Serie von Bildern, die aus großen reinen Flächen in dünn aufgetragener heller Farbe komponiert sind. Die Formen, obwohl abstrakt, suggerieren Architektur von Raum-Interieurs mit rudimentären Figuren. Die erste Einzelausstellung in der Stable Gallery, 1962.

1959-62
Studiert Kunstgeschichte bei H. W. Janson und Erwin Panofsky am Institute of Fine Arts, New York University. Gibt das Studium auf, um sich ganz der Malerei zu widmen.

1961
Heiratet seine erste Frau Mary Rattray und hat mit ihr die Tochter Cleo. Die Ehe wird später geschieden.

1961-64
Lehrt Malerei und Design am Brooklyn College in New York.

1962
Die Stable Gallery in New York widmet ihm die erste Einzelausstellung und zeigt Werke des abstrakten Expressionismus.

1963
Tod des Vaters.
Beginne mit dem Komponieren nach fotografischen Vorlagen (Schnappschüsse, Zeitungsfotos), die kombiniert und größenmäßig angeglichen werden. Die Bilder sind eher symbolisch als realistisch. Die Techniken sind malerisch, fotografische Qualität ist vermieden.

1964-66
Unterrichtet den Einführungskurs Design am Pratt Institute in New York. Das Jewish Museum widmet ihm die erste museale Einzelausstellung. Seine Gemälde erregen Aufsehen und für sie wird der Begriff „fotorealistisch" geprägt. In der Folge thematisiert ein Symposium der New York Studio School diesen Stil.
Lerne fortgeschrittenere fotografische Techniken und beginne, mit einem Projektor zu arbeiten. Kombiniere Zeitungsfotos mit eigenen Fotos. Entwickle einen realistischeren Stil, indem ich die tonalen Bezüge und Feinheiten der Fotografie nutze. Erste Einzelausstellung dieser Bilder im Jewish Museum, 1966.

1967-70
Beginne mit dem Gebrauch der Spritzpistole, eliminiere Hintergründe, suche nach Darstellungsgegenständen, die keinen Hintergrund brauchen, wie Fenster, Türen, Wände. Beginne, ausgeschnittene, silhouettierte Figuren und architektonische Details zu machen, die an der Wand aufgestellt werden oder frei stehen. Stelle Environments her durch die Kombination von isolierten Formen unter Anwendung von trompe-l'œil-Techniken und „realem" Raum. Einzelausstellung in der Waddell Gallery, März 1968.

1969
Köln, Wallraf-Richartz-Museum: *Kunst der sechziger Jahre.*

1970-71
Einzelausstellungen in Deutschland und Schweden. Beende zwei Auftragsarbeiten, Collector's Wall *und* A Death in Tremé, *beides Wandgemälde mit großen freistehenden Figuren.*
Sommer 1971 in Provincetown, höre auf, silhouettierte Bilder zu malen, kehre zum rechtwinkligen Bildformat zurück. Drei große Bilder, Projected Street Scene, Composition *und* One by Threes *werden für die documenta 5 ausgesucht. In diesen Gemälden werden Arbeits- und StudioSituationen wiedergegeben, sehr genauer trompe-l'œilStil; sie definieren und kommentieren ihren eigenen Herstellungsprozess.*
Gehe im Oktober 71 nach Köln und arbeite dort sieben Monate.
In Köln wird Rainer Gross Assistent von Howard Kanovitz und geht später mit nach London und New York. Wolfgang Niedecken wird Assistent bei Kanovitz' Freund, dem Maler und Musiker Larry Rivers.

1972
Teilnahme an der documenta 5 in Kassel auf Einladung von Harald Szeemann.

Biography

9 February 1929
Born in Fall River, Massachusetts, to Lithuanian parents who had fled the Jewish pogroms in Vilna.

1943–50
Travels through the US playing the jazz trombone. He plays the trombone professionally, and founds his own band, the Earl Kay Quartett, at the end of the 1940s. The drummer, Athos Zacharias, who was also studying painting, convinced Howard to enrol in art school too.

1945–49
Studies at Providence College, Providence.

1949
Bachelor of Science, B.S.

1949–51
Studies painting at the Rhode Island School of Design, Providence.

1951
Moves to New York where he studies at the New School for Social Research, New York.

1951–52
Assistant to Yasuo Kuniyoshi (1893–1953) in Woodstock and Franz Kline (1910–1962) in New York.
Arrive in New York, set up my studio, meet other young painters and Abstract Expressionists, including Franz Kline. Become his student and assistant. Divide my time between painting and my studies at the New School for Social Research. Work influenced by the paintings exhibited in the Ninth Street Show.

1951–56
Works as a window dresser for the B. Altman & Co. department store in New York and from 1952 as an independent artist.

1952-55
Start by participating in group exhibitions. Paintings from this period are large format brightly coloured works with paint laid on thickly using wide brushstrokes. Figurative and narrative qualities are absent as are complicated techniques and fine detail.

1956-58
Travels in France, Italy, Spain, and Morocco.
Leave New York for Europe. Travel around and paint, do a lot of sketches and watercolours in museums. Later I find a studio in Florence and start painting and drawing from life. In the early 1950s my Abstract Expressionist style is influenced by my interest in classical drawings and painting.

1958–62
Return to New York where I work on a series of paintings characterized by large clean areas of thinly applied light colours. Though abstract, the forms evoke the architecture of room interiors with rudimentary figures. First solo show at the Stable Gallery, 1962.

1959–62
Studies art history with H. W. Janson and Erwin Panofsky at the Institute of Fine Arts, New York University, drops out to devote himself completely to his painting.

1961
Marries first wife Mary Rattray and has a daughter, Cleo. They later divorce.

1961–64
Teaches painting and design at Brooklyn College, New York.

1962
First solo show of Abstract Expressionist works at the Stable Gallery, New York.

1963
His father dies.
Start composing from photographic sources (snapshots, newspaper photos) combined and squared up to scale. Images are more symbolic than realistic. Use painting techniques and avoid all photographic quality.

1964–66
Teaches the introductory design course at the Pratt Institute, New York. The Jewish Museum hosts Howard Kanovitz' first solo exhibition in a museum. His paintings cause a stir and the term "photorealism" is coined to describe them. As a result the New York Studio School holds a symposium on this technique.
Learn advanced photographic techniques and start using a projector for my work. Combine newspaper photos with my own photos. Develop a more realistic style drawing upon the tonal graduations and refinements of photography. First solo exhibition of these paintings at the Jewish Museum, 1966.

1967–70
Start using spray gun, eliminate backgrounds, search for objects requiring no backgrounds like doors, windows or walls. Start producing cut-out silhouette figures and architectural details that can be wall-mounted or free-standing. Create environments by combining isolated forms and using trompe l'oeil techniques and "real" space. Solo show at the Waddell Gallery, March 1968.

1969
Cologne, Wallraf-Richartz-Museum: 'Kunst der sechziger Jahre' ('Sixties Art').

1970–71
Solo shows in Germany and Sweden. Complete two commissions – Collector's Wall *and* A Death in Treme *– both of which wall paintings with large free-standing figures.*
Summer of 1971 in Provincetown, stop painting silhouette paintings and go back to rectangular formats. Three large paintings – Projected Street Scene, Composition *and* One by Threes *– are selected for documenta 5. Depictions of work and studio situations, very accurate trompe l'oeil style; they define and comment on their own process of creation.*
In October 1971, I go to Cologne, remaining there for 7 months.
In Cologne Kanovitz hires Rainer Gross to be his assistant. Gross later accompanies him to London and back to New York. Wolfgang Niedecken is hired to work as assistant to a friend of Kanovitz, the painter and jazz musician, Larry Rivers.

1972
Participates in documenta 5, Kassel, at the invitation of Harald Szeemann.
Do more work on the concept of the past year. The true portrayal of the object as it is perceived takes second place and elements not normally associated with this theme acquire a symbolic meaning.
Leave Cologne in April to go to London. Spend June to September in Provincetown then go back to London to set up a new studio. Start work on the Journal *and* Roses *wall paintings. The paintings are both 9-feet-high mural-sized paintings designed to be hung next to each other to form an environment-like space. However, the project is never completed.*

Entwickle das Konzept des letzten Jahres weiter. Die Darstellungstreue gegenüber dem Gegenstand, so wie er gesehen wird, tritt zurück, da die Elemente, die normalerweise nicht mit dem Thema in Zusammenhang gebracht werden, eine symbolische Bedeutung bekommen.
Verlasse Köln im April und gehe nach London. Juni bis September in Provincetown, dann Rückkehr nach London, um ein neues Atelier einzurichten. Beginne mit der Arbeit an wandgroßen Bildern, Journal *und* Roses. *Alle sind neun Fuß hoch und sollten direkt aneinanderstoßend ausgestellt werden und dadurch einen environment-artigen Raum bilden. Wie auch immer. Das Projekt wurde nie beendet.*

1972-73
Lebt in London und kehrt 1973 nach New York zurück.

1973
Die einzelnen Arbeiten werden in Köln ausgestellt, Roses *wurde von Hedendaagse Kunst in Utrecht gekauft und* Journal *vom Wallraf-Richartz-Museum in Köln.*
Serpentine Gallery, Foto-Realisten, London und Einzelausstellung in der Galerie M. E. Thelen, Köln.
Juli bis September in Provincetown und East Hampton. Im September Rückkehr nach New York.

1974
Beginne an neuen Bildern zu arbeiten, die die malerische Differenziertheit erweitern, weil mich das im Zusammenhang mit bestimmten bildnerischen Traditionen interessiert.
Drehe einen Film über den Herstellungsprozess von Hampton's Drive In *mit dem Titel* Painted with Air.

1975
Einzelausstellung der neuen Arbeiten in der Stefanotty Gallery, New York. Baue mir Atelier und Wohnhaus in Amagansett auf Long Island.

1976
Beginne mit Bleistift- und Farbstiftzeichnungen auf Papier. Konzentriere mich auf diese Technik fast ein ganzes Jahr lang. Diese Arbeiten werden zuerst in Köln, später auf der documenta 6 ausgestellt.

1977
Teilnahme an der documenta 6 in Kassel in der von Wieland Schmied kuratierten Sektion Zeichnung.

1977-78
Lehrt Malerei am Southampton College in Southampton, New York.
Die Arbeit läuft jetzt zweigleisig, Gemälde und Pastelle. Die letzte Entwicklung in den Arbeiten auf Papier beginnt, meinen malerischen Stil zu beeinflussen. Die Pastell-Technik taucht teilweise in den Gemälden auf. Stelle As it is *in der Ausstellung* Aspects of Realism *in der Guild Hall, East Hampton, aus. Konzentriere mich auf großformatige Pastelle, die den sanften Spritzpistolen-Stil energisch zum direkten Gebrauch der Farbe „in der Hand" hin verändern. Ausstellung in der Alex Rosenberg Gallery, New York.*

1979
Gehe im Januar auf Einladung des DAAD nach Berlin, um dort zu leben und zu arbeiten.

1979-80
In Folge des DAAD-Stipendiums wird eine große Einzelausstellung in der Akademie der Künste in Berlin und in der Kestner-Gesellschaft in Hannover sowie im Kunstverein Freiburg und im Forum Künste Rottweil gezeigt.

1981-85
Lehrt an der School of Visual Arts in New York.

Ab 1989
Greift wiederum Architekturelemente und *shaped canvasses* der späten 1960er Jahre auf und entwickelt seine Landschaftsmalerei weiter.
In meinen jetzigen Arbeiten erscheint ein neuer Aspekt, eine Idee, die mich ursprünglich schon von 1967 bis 1970 beschäftigte, nämlich die Abbildung von architektonischen Motiven wie Fenstern, Türen und Wänden, oft mit ausgeschnittenen Umrissen von lebensgroßen Figuren. Gemeinsam bildeten diese Elemente Umgebungen und Teilhabe am realen Raum. Aber diese im Grunde immer noch zweidimensionalen Arbeiten konnten die Ansicht von Skulptur nur suggerieren. Was sich jetzt entwickelt, kombiniert Aspekte gemalter Illusion mit dreidimensionaler Konstruktion. Das Ergebnis ist, dass diese neuen Arbeiten nun solide im wirklichen Raum verankert sind und zugleich eine spezifische Stimmung im Kontext eines ätherischen Spiels des Lichts zur Geltung bringen.
Ich war begeistert von einigen wild romantischen Bildern, die ich in einem Reiseprospekt fand, und schuf eine meiner ersten hybriden Skulpturen mit dem Titel Night Ryder, als eine Art Hommage an Albert Pinkham. Ich experimentierte weiterhin mit der Verwendung von architektonischen Elementen, und Wirkliches, Gemaltes und Imaginiertes vermischen sich.

1991
Beginnt, mit dem Computer und mit Photoshop zu arbeiten.

1994
Mitte der 1990er Jahre arbeitet er an einer Serie emotional aufgeladener Werke in Grisaille-Technik. Das Bild Robert Shapiros im Vordergrund des Gemäldes *Starring Mickey and Gil* (1995) stammt ursprünglich aus Nachrichtenclips während des O. J. Simpson-Prozesses.

1997
Das Wandbild *Wie es war* (1997) wurde in Auftrag gegeben, um Deutschen, die nicht Nazis waren, im Bild ein Denkmal zu setzen. Dargestellt sind: Marlene Dietrich, Albert Einstein, Kurt Weill, George Grosz, Bruno Taut, Kurt Tucholsky und Max Schmeling. Als er danach gefragt wird, ob Joe Lewis eingefügt werden könnte, antwortet Kanovitz:
Ich könnte mir nicht vorstellen, Max Schmeling darzustellen, ohne auch meinen Kindheitshelden, The Brown Bomber, zu malen. (I couldn't imagine depicting Max Schmeling without also painting my boyhood hero The Brown Bomber.)

2002
Heiratet seine zweite Frau Carolyn Oldenbusch.

3. Februar 2009
Stirbt in New York.

1972–73
Lives in London and returns to New York in 1973.

1973
The individual works are shown in Cologne: Roses *is bought by Hedendaagse Kunst, Utrecht, and* Journal *by the Wallraf-Richartz-Museum, Cologne.*
Serpentine Gallery, 'Photo-Realism', *London and solo show at Galerie M. E. Thelen, Cologne. July to September in Provincetown and East Hampton. September back to New York.*

1974
Start working on new paintings expanding pictorial diversity because I am interested in exploring these themes in connection with certain artistic traditions.
Direct a film about the creation of Hampton's Drive In *called Painted with Air.*

1975
Solo show with his new works at the Stefanotty Gallery, New York. Build myself a studio and home in Amagansett on Long Island.

1976
Begin making pencil and coloured pencil drawings on paper. Dedicate myself to this technique for nearly a year. I show these works in Cologne and then at documenta 6.

1977
Participates in documenta 6, Kassel, in the Drawing section curated by Wieland Schmied.

1977–78
Teaches painting at Southampton College, Southampton, New York.

My work develops along the parallel paths of painting and pastels. My more recent progress in works on paper start to influence my painting style. Pastel techniques also crop up in my paintings. Show Aspects of Realism *at the Guild Hall, East Hampton. Focus on large-format pastels transforming the subtle spray gun style to a more energetic, direct use of colour "in the hand". Show at the Alex Rosenberg Gallery, New York.*

1979
In January I move to Berlin to live and work at the invitation of DAAD.

1979–80
Following my DAAD Fellowship a major exhibition of my works is held at the Akademie der Künste, Berlin, at the Kestner-Gesellschaft, Hanover, as well as at the Kunstverein Freiburg and Forum Künste Rottweil.

1981–85
Teaches at the School of Visual Arts, New York.

From 1989 onwards
Howard Kanovitz turns back to the architectural elements and "shaped canvasses" of the late 1960s, and develops his landscape painting further.
My recent work is a new aspect of an idea, which already originally occupied me from 1967 to 1970, namely the depiction of such architectural subjects as windows, doors and walls, often with cut-out silhouetted life size figures. Together, these formed environments and partaking of real space. But these works still fundamentally two-dimensional, could only suggest the prospect of sculpture. What is now evolving combines aspects of painted illusion with three-dimensional construction. The result places these new works solidly in real space while asserting a specific mood in the context of an ethereal play of light.
I was taken with some wildly romantic images I found in a travel magazine and created one of my first hybrid sculptures called Night Ryder, as a sort of homage to Albert Pinkham. I continued experimenting with the use of architectural elements where the real, the painted, the imaged intermingle.

1991
Starts working with computers and Photoshop.

1994
In the mid-1990s he works on a series of emotionally charged works in grisailles. The image of Robert Shapiro in the foreground of *Starring Mickey and Gil* (1995) was taken from a news clip during the O. J. Simpson trial.

1997
The *Wie es war* mural (1997) was commissioned as a memorial to the Germans who were not Nazis. It depicts Marlene Dietrich, Albert Einstein, Kurt Weill, George Grosz, Bruno Taut, Kurt Tucholsky and Max Schmeling. When asked about the inclusion of Joe Lewis, Kanovitz replied:
I couldn't imagine depicting Max Schmelling without also painting my boyhood hero The Brown Bomber.

2002
Marries his second wife Carolyn Oldenbusch.

3 February 2009
Dies in New York.

Bibliografie / Bibliography

Abadie, Daniel/ Kultermann, Udo (Hrsg.): *Hyperréalistes Américains.* Ausstellungskat. Galerie des 4 Mouvements. Paris 1972.

Aldrich, Larry: *Highlights of the 1968-69 Season.* Ausstellungskat. The Aldrich Museum. Ridgefield/ Connecticut 1969.

Alloway, Lawrence: „Art“, in: *Nation Magazine,* Dezember 1969.

American Art Today. Contemporary Landscape. Ausstellungskat. The Art Museum of Florida International University. Miami/Florida 1989.

Ammann, Jean-Christophe: *Realismus.* Ausstellungskat. documenta 5. Kassel 1972.

Ammann, Jean-Christophe: „Fotorealisme. Methode ed receptie“, in: *Werkelijkheid is Meervoud.* Ausstellungskat. Groninger Museum voor Stad en Lande. Groningen 1973, S. 15-19.

Arte Americana Anni Sessanta dal Ludwig Museum di Colonia. Ausstellungskat. Galleria d'Arte Moderna di Ca' Pesaro. Venedig, Mailand 1987.

Ashberry, John: „Howard Kanovitz“, in: *Art News,* März 1969.

Ashton, Dore: „An illustrator of different antecedents“, in: *Studio International,* Bd. 177, April 1969, S. 196.

Auffermann, Verena: „Gemaltes Gespräch“, in: *Westermans Monatshefte,* November 1985.

Baumann, Günter: „Internationaler Kontext. Der Realismus der 1970er Jahre in Europa und in den USA“, in: *Aufbruch Realismus. Die Neue Wirklichkeit im Bild nach ‚68.* Ausstellungskat. Städtische Museen Heilbronn. Bielefeld 2012, S. 47-69.

Becker, Wolfgang: „Gespräch mit Peter Ludwig“, in: Becker, Wolfgang (Hrsg.): *Kunst um 1970. Sammlung Ludwig in Aachen. Bestand ‚72.* Ausstellungskat. Neue Galerie der Stadt Aachen. Aachen 1972.

Becker, Wolfgang: „Die Fotografie eines Baumes ist kein Baum“, in: *Mit Kamera, Pinsel und Spritzpistole.* Ausstellungskat. Ruhrfestspiele Recklinghausen. Recklinghausen 1973.

Becker, Wolfgang: „Realisme van nu“, in: *Werkelijkheid is Meervoud.* Ausstellungskat. Groninger Museum voor Stad en Lande. Groningen 1973, S. 5-12.

Berkson, William (Hrsg.): *Howard Kanovitz. Recent Paintings and Drawings.* Ausstellungskat. The Jewish Museum. New York 1966.

Braff, Phyllis: „Howard Kanovitz“, in: *East Hampton Star,* 8. April 1982.

Buonagurio, Edgar: „Howard Kanovitz“, in: *Arts Magazine,* März 1979.

Calatchi, Maurice-Frederick: „Préface“, in: Cardin, Espace (Hrsg.): *Contemporary Art Department. First auction in Paris. Flash of U.S. avant-garde. Realism. New realism. Photo realism.* Ausstellungskat. Paris 1973.

Chambers, John: „Perceptual Realism“, in: *artscanada* 26, Nr. 136-137, Oktober 1969, S. 7-13.

Coke, van Deren: *The Painter and the Photograph, from Delacroix to Warhol.* Albuquerque 1972.

Constable, Rosalind: „Style of the Year: The Inhumanists“, in: *New York Magazine,* 1968, S. 44-50.

Contemporary American Painting and Sculpture 1963. Introduction by Allen S. Weller. Ausstellungskat. Krannert Art Museum, College of Fine and Applied Arts, University of Illinois, Urbana, 3. März – 7. April 1963. Urbana/Illinois 1963.

Cunningham, Peter: „Reunion“, in: *The Southampton Press,* 21. August 1986.

Delatiner, Barbara: „Art to Read as well as See“, in: *The New York Times,* 4. Juli 1982.

Farb, Oriole: „Introduction“, in: *Paintings from the Photo. Harold Bruder, Richard Estes, Audrey Flack, Howard Kanovitz, Malcom Morley, Joseph Raffael. Exhibition.* Ausstellungskat. The Riverside Museum. New York 1969.

Farb, Oriole: „The New Romantic Landscape“, in: *Visions/ Revisions: Contemporary Representation.* Ausstellungskat. Marlborough Gallery. New York 1988.

Felix, Zdenek: „Wirklichkeit und Illusion oder: Vom Realismus zum Fotorealismus“, in: *Kunstnachrichten,* Oktober/ November 1972.

Florescu, Michael: „Kanovitz“, in: *The New Work Arts Magazine,* Februar 1979.

Florescu, Michael: „The Impulse to Autobiography in the Works of Howard Kanovitz“, in: Akademie der Künste (Hrsg.): *Howard Kanovitz. Retrospective Exhibition.* Ausstellungskat. Berlin 1979, S. 11-17.

Frank, Peter: „Howard Kanovitz: Works of the 1980's“, in: *Howard Kanovitz. Works of the 1980's.* Ausstellungskat. Marlborough Gallery. New York 1988, S. 2-3.

Franzen, Brigitte/ Neuburger, Susanne (Hrsg.): *Hyper Real.* Ausstellungskat. mumok Museum Moderner Kunst Stiftung Ludwig, Wien, 22. Oktober 2010 – 13. Februar 2011; Ludwig Forum für Internationale Kunst, Aachen, 13. März 2011 – 19. Juni 2011; Ludwig Múzeum – Museum of Contemporary Art, Budapest, 28. Juli – 23. Oktober 2011. Köln 2010.

Friedman, B. H.: „Focus as Physical Reality“, in: *Art News,* Nr. 6, Oktober 1966, S. 47-49 und S. 75-76.

Fuchs, R. H.: „Over Realisme“, in: *Relativerend Realisme.* Ausstellungskat. Stedelijk Van Abbemuseum. Eindhoven 1977, S. 12-22.

Ginneken, Lily van: „Realisme. Het jaar in woord en beeld“, in: *Winkler Prins Jaarboek,* 1973.

Glueck, Grace: „Fooling the Eye“, in: *The New York Times,* 9. März 1969.

Gruen, John: „Howard Kanovitz“, in: *New York Magazine,* Oktober 1966.
Gruen, John: „The Extended Vision“, in: *New York Magazine,* Januar 1970.

Hanson, Lars: „Warmwind“, in: Ausstellungskat. Konsthall. Göteborg 1970.

Haryu Ichiro: *Sign and Image*. Tokyo 1973.

Henry, Gerrit: „Howard Kanovitz", in: *Art News*, April 1971/2, S. 15.

Henry, Gerrit: „The Real Thing", in: *Art International* XVI, 1972, S.6-7.

Henry, Gerrit: „Howard Kanovitz", in: *Art News*, Oktober 1982.

Henry, Gerrit: „Howard Kanovitz at Marlborough", in: *Art in America*, September 1988.

Henry, Gerrit: „Neo-Romantics", in: Ausstellungskat. Art Gallery, Williams Center for the Arts, Lafayette College. Easton/ Pennsylvania 1989.

Herzogenrath, Wulf/ Lueg, Gabriele (Hrsg.): *Die 60er Jahre Kölns zur Kunstmetropole. Vom Happening zum Kunstmarkt*. Ausstellungskat. Kölnischer Kunstverein. Köln 1986.

Hoffmann, Klaus: *Graphischer Realismus der Gegenwart*. Ausstellungskat. Kunstverein Wolfsburg. Wolfsburg 1973.

Holtmann, Heinz: „Der ewige Streit um den Begriff Realismus", in: *Amerikanischer Fotorealismus. Grafik*. Ausstellungskat. Kunstverein Braunschweig. Braunschweig 1973, S. 5-9.

Honisch, Dieter/ Jensen, Jens Christian (Hrsg.): *Amerikanische Kunst von 1945 bis heute*. Köln, Berlin 1976.

Honnef, Klaus: *Howard Kanovitz*, in: *Heutige Kunst*. Ausstellungskat. Suermondt-Museum. Aachen 1969.

Hunter, Sam: *Howard Kanovitz*. Ausstellungskat. The Jewish Museum. New York 1966.

Hunter, Sam: *Critic's Choice*. Ausstellungskat. New York State Council of the Arts. New York 1968.

Hunter, Sam: *Howard Kanovitz*. Ausstellungskat. Waddell Gallery. New York 1969.

Hunter, Sam: *180 Beacon Corporation Collection*. Boston 1970.

Hunter, Sam: *American Art of the 20th Century*. New York 1973.

Hunter, Sam: „Howard Kanovitz's New Paintings", in: *Arts Magazine*, Bd. 49, No. 8, April 1975, S. 75-77.

Hurley, Patricia M.: „Kanovitz's Realism", in: *Art/World*, 2. März 1982.

Kanovitz. Ausstellungskat. Wilhelm-Lehmbruck-Museum der Stadt Duisburg. Duisburg 1974.

Kanovitz, Howard. *Works of the Sea. Marlborough Gallery*. New York 1990.

Kerber, Bernhard: „Tendenzen im Neuen Realismus. Wort und Wahrheit", in: *Zeitschrift für Religion und Kultur*, Jg. XVIII, 1973, S. 390-399.

Klüsener, Erika: „From Sacra Conversazione to ‚The Drinks'", in: *Howard Kanovitz*. Retrospective exh. cat.- English translation, Akademie der Künste. Berlin 1979.

Kluyver-Cluysenaer, Margareet: „Realism. Emulsion and Omission", in: Ausstellungskat. Agnes Etherington Art Centre, Queen's University. Kingston/ Ontario-1972.

Kohen, Helen: „Landscape show rich in tradition", in: *The Miami Herald*, 15. Januar 1989, S. 5K.

Kotte, Wouter: „Notities over realistische kunst", in: Wouter Kotte (Hrsg.): *Howard Kanovitz*. Ausstellungskat. Hedendaagse Kunst. Utrecht 1973, S. 5-13.

Kultermann, Udo: *Neue Formen des Bildes*. Tübingen 1969.

Kultermann, Udo: „Kunst der sechziger Jahre", in: *Katalog Sammlung Ludwig im Wallraf-Richartz-Museum*. 3. erw. Aufl., Köln 1969, S. 52.

Kultermann, Udo: „Howard Kanovitz", in: *Bilder, Serigraphien*. Ausstellungskat. Galerie M. E. Thelen. Köln 1970, S. 5-10.

Kultermann, Udo: *Radikaler Realismus*. Tübingen 1972.

Kultermann, Udo: *New Realism*. Boston 1972.

Kultermann, Udo: „Realism Today", in: *Hyperréalistes Américains*. Ausstellungskat. Galerie des 4 Mouvements. Paris 1972.

Kultermann, Udo: „Howard Kanovitz und die Tradition", in: *Howard Kanovitz*. Ausstellungskat. Wilhelm-Lehmbruck-Museum der Stadt Duisburg [19. März – 28. April 1974]. Duisburg 1974, S. 17-33.

Kultermann, Udo: *The New Painting*. Boulder 1978.

Kurtz, Stephen: „Howard Kanovitz", in: *Art News*, Dezember 1969, S. 16.

Lahn, Peter: „Reality is Cubistic", in: *Artnet. de Magazin*, 26. April 2008.

Leering, H.: „Het relativerend realisme en de kwaliteit van zijn werkelijkheidsweergave", in: *Relativerend Realisme*. Ausstellungskat. Stedelijk Van Abbemuseum. Eindhoven 1972, S. 4-11.

Lucie-Smith, Edward: *Die Moderne Kunst. Grafik. Objektkunst. Malerei. Fotografie*. München 1992.

Mellow, James R.: „New York Letter", in: *Art International*, Bd. Xlll.4, April 1969, S. 34-37.

Jörn Merkert: „Zwischen den Welten – Howard Kanovitz. Ein Maler des Widerspruchs" (=„Between Worlds. Howard Kanovitz, Painter of Contradiction"), in: *Howard Kanovitz. Arbeiten 1951 bis 1978*. Ausstellungskat. Kestner-Gesellschaft Hannover, 7. Dezember 1979 – 27. Januar 1980. Berlin 1979, S. 19-36.

Nakahara, Yusuke: *Man-Made Nature*. Tokyo 1973.

Onnasch, Reinhard (Hrsg.): *Nineteen Artists*. Ausstellungskat. EL SOURDOG HEX e. V. Berlin. Bielefeld 2010.

Osterwald, Tilman: *Pop Art*. Köln 1991.

Ott, Gunter: *Pole der Gegenwart*. Köln 1970.

Peterson, Valerie: „Marisol Escobar and Howard Kanovitz", in: *Art News*, 60/2, April 1961, S. 10.

Preston, Malcolm: „Melding 2 Disciplines", in: *Newsday*, 21. Juli 1982.

Raynor, Vivien: „Gathering of the Avant-Garde", in: *The New York Times*, 31. Mai 1985.

Rohsmann, Arnulf: *Manifestationsmöglichkeiten von Zeit in der bildenden Kunst des 20. Jahrhunderts*. Diss. Univ. Graz. Hildesheim, Zürich, New York 1984.

Rosenthal, Judith: „Howard Kanovitz", in: *Arts Magazine*, Februar 1979.

Ruhrberg, Karl: „Virtuoses Doppelspiel mit der Wirklichkeit", in: *Art. Das Kunstmagazin*, Nr. 8, August 1989, S. 28-39.

Rump, G. Charles: „Exhibition at Inge Baecker", in: *Kölnische Rundschau*, 7. Mai 1987.

Sager, Peter: „Neue Formen des Realismus. Interview mit Howard Kanovitz", in: *Magazin Kunst*, 4. Quartal, 1971, S. 25-29.

Sager, Peter: „Schock beim Wiedererkennen", in: *Stuttgarter Zeitung*, 2. Februar 1972.

Sager, Peter: *Neue Formen des Realismus. Kunst zwischen Illusion und Wirklichkeit.* Köln 1973.

Sager, Peter: „Zu den Arbeiten von Howard Kanovitz", in: Wouter Kotte (Hrsg.): *Howard Kanovitz*. Ausstellungskat. Hedendaagse Kunst. Utrecht 1973, S. 14-24.

Salzmann, Siegfried: „Einige Bemerkungen zu Kanovitz und Manet", in: *Kanovitz*. Ausstellungskat. Wilhelm-Lehmbruck-Museum der Stadt Duisburg. Duisburg 1977, S. 34-40.

Sandler, Irving: „Howard Kanovitz", in: *Art News*, 61/4, Sommer 1962.

Schjeldahl, Peter: „Howard Kanovitz", in: *Village Voice*, 22. September 1966.

Schjeldahl, Peter: „The Flowering of the Super Real", in: *The New York Times*, 3. März 1969.

Schmied, Wieland: „Formen und Funktionen der Zeichnung in den sechziger und siebziger Jahren", in: Schneckenburger, Manfred (Hrsg.), *Documenta 6*, Bd. 3, Ausstellungskat. Kassel [24. Juni - 2. Oktober 1977]. Kassel 1977, S. 9-14.

Schmied, Wieland: „Howard Kanovitz' Paintings", in: *Howard Kanovitz. Retrospective exhibition*. Ausstellungskat. Akademie der Künste. Berlin 1979.

Schmoll gen. Eisenwerth, J. A.: „Malerei. Optische Hilfsmittel. Fotografie", in: *Mit Kamera, Pinsel und Spritzpistole*. Ausstellungskat. Ruhrfestspiele Recklinghausen. Recklinghausen 1973.

Schneede, Uwe: *Amerikanischer Fotorealismus*. Ausstellungskat. Württembergischer Kunstverein. Stuttgart 1972.

Sello, Gottfried: „Kunstkalender", in: *Die Zeit*, 17. April 1970.

Selz, Peter (Hrsg.): *American Painting 1970*. Ausstellungskat. The Virginia Museum. Richmond/ Virginia 1970.

Thomas, Karin: „Realismus", in: *DuMont's kleines Sachwörterbuch zur Kunst des 20. Jahrhunderts*. Köln 1973, S. 183-184.

Tillim, Sidney: „A Variety of Realisms", in: *Artforum*, Sommer 1969, S. 52-47.

Uitert, Evert van: *De dubbelzinnigheid van de realiteit*, in: *Relativerend Realisme*. Ausstellungskat. Stedelijk Van Abbemuseum. Eindhoven 1972, S. 23-29.

Weber, Bruce: „Howard Kanovitz, 79: Recreated the Real", in: *The New York Times*, 9. Februar 2009, S. A21.

Weiss, Evelyn: „Pop Art und Deutschland", in: Livingstone, Marco (Hrsg.): *Pop Art*. Ausstellungskat. Museum Ludwig. Köln 1992, S. 221-225.

Wellershoff, Dieter: „Konstruktion eines imaginären Raumes", in: *Howard Kanovitz*. Ausstellungskat. Galerie Jöllenbeck. Köln 1977.

Wellershoff, Dieter: *Howard Kanovitz. Retrospective*. Ausstellungskat. Akademie der Künste. Berlin 1979.

Wellershoff, Dieter: *Was die Bilder erzählen*. Köln 2013.

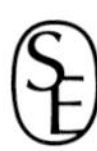

Silvana Editoriale S.p.A.
via dei Lavoratori, 78
20092 Cinisello Balsamo, Milano
tel. 02 453 951 01
fax 02 453 951 51
www.silvanaeditoriale.it

Reproduktionen, Druck und Einbindung
wurden in Italien ausgeführt
Reproductions, printing and binding in Italy
Gedruckt von / Printed by Faenza Group
Fertig gedruckt im Monat März 2017
Printed March 2017